北京文物与考古系列丛书

大兴魏善庄

永定河流域古代墓葬考古发掘报告

北京市考古研究院 编著

上海古籍出版社

图书在版编目(CIP)数据

大兴魏善庄: 永定河流域古代墓葬考古发掘报告 / 北京市考古研究院编著. —上海: 上海古籍出版社, 2024.5
(北京文物与考古系列丛书)
ISBN 978-7-5732-1059-3

Ⅰ.①大… Ⅱ.①北… Ⅲ.①永定河-流域-墓葬(考古)-发掘报告-大兴区 Ⅳ.①K878.85

中国国家版本馆CIP数据核字(2024)第065218号

责任编辑: 贾利民
装帧设计: 王楠莹
技术编辑: 耿莹祎

北京文物与考古系列丛书
大兴魏善庄
——永定河流域古代墓葬考古发掘报告
北京市考古研究院 编著
上海古籍出版社出版发行
(上海市闵行区号景路159弄1-5号A座5F 邮政编码201101)
(1)网址: www.guji.com.cn
(2)E-mail: guji1@guji.com.cn
(3)易文网网址: www.ewen.co
上海雅昌艺术印刷有限公司印刷
开本889×1194 1/16 印张12.25 插页59 字数300,000
2024年5月第1版 2024年5月第1次印刷
印数: 1—1,100
ISBN 978-7-5732-1059-3
K·3558 定价: 168.00元
如有质量问题, 请与承印公司联系

北京文物与考古系列丛书

内 容 简 介

　　大兴魏善庄地区共发掘清理古墓葬100座，其中明代墓葬46座，清代墓葬33座，时代不明墓葬21座，汉代窑址1座。发掘面积共计2 150平方米。该报告共分为六大部分，全面介绍了本次考古发掘的收获，丰富了大兴区魏善庄地区的明、清时期墓葬的材料，对该地区墓葬的形制、结构、特点有了一定的认识，对该地区明清时期家族墓地的丧葬习俗有了充分的了解。本报告为研究该区域内墓葬的分布范围、丧葬习俗及瓷器、陶器、金属器等种类、形制类型、工艺等提供了宝贵的材料。

　　本书可供从事考古、文物、历史等研究的学者及相关院校师生阅读和参考。

目　录

第一章　绪论 (1)
　　第一节　自然环境与历史沿革 (1)
　　　　一、自然环境 (1)
　　　　二、历史沿革 (2)
　　第二节　发掘经过与资料整理 (3)
第二章　明代墓葬 (5)
　　第一节　M1 (5)
　　　　一、墓葬形制与结构 (5)
　　　　二、随葬品 (5)
　　第二节　M2 (5)
　　　　一、墓葬形制与结构 (5)
　　　　二、随葬品 (7)
　　第三节　M15 (9)
　　　　一、墓葬形制与结构 (9)
　　　　二、随葬品 (9)
　　第四节　M33 (9)
　　　　一、墓葬形制与结构 (9)
　　　　二、随葬品 (10)
　　第五节　M34 (12)
　　　　一、墓葬形制与结构 (12)
　　　　二、随葬品 (12)
　　第六节　M35 (14)

一、墓葬形制与结构 …………………………………………………………………………（14）
　　二、随葬品 ……………………………………………………………………………………（14）
第七节　M36 …………………………………………………………………………………………（15）
　　一、墓葬形制与结构 …………………………………………………………………………（15）
　　二、随葬品 ……………………………………………………………………………………（16）
第八节　M38 …………………………………………………………………………………………（17）
　　一、墓葬形制与结构 …………………………………………………………………………（17）
　　二、随葬品 ……………………………………………………………………………………（17）
第九节　M39 …………………………………………………………………………………………（18）
　　一、墓葬形制与结构 …………………………………………………………………………（18）
　　二、随葬品 ……………………………………………………………………………………（18）
第十节　M40 …………………………………………………………………………………………（20）
　　一、墓葬形制与结构 …………………………………………………………………………（20）
　　二、随葬品 ……………………………………………………………………………………（20）
第十一节　M41 ………………………………………………………………………………………（20）
　　一、墓葬形制与结构 …………………………………………………………………………（20）
　　二、随葬品 ……………………………………………………………………………………（21）
第十二节　M42 ………………………………………………………………………………………（23）
　　一、墓葬形制与结构 …………………………………………………………………………（23）
　　二、随葬品 ……………………………………………………………………………………（23）
第十三节　M43 ………………………………………………………………………………………（24）
　　一、墓葬形制与结构 …………………………………………………………………………（24）
　　二、随葬品 ……………………………………………………………………………………（25）
第十四节　M44 ………………………………………………………………………………………（25）
　　一、墓葬形制与结构 …………………………………………………………………………（25）
　　二、随葬品 ……………………………………………………………………………………（25）
第十五节　M45 ………………………………………………………………………………………（25）
　　一、墓葬形制与结构 …………………………………………………………………………（25）

二、随葬品 …………………………………………………………………………（28）

第十六节　M47 …………………………………………………………………………（28）

一、墓葬形制与结构 ………………………………………………………………（28）

二、随葬品 …………………………………………………………………………（28）

第十七节　M49 …………………………………………………………………………（29）

一、墓葬形制与结构 ………………………………………………………………（29）

二、随葬品 …………………………………………………………………………（29）

第十八节　M50 …………………………………………………………………………（32）

一、墓葬形制与结构 ………………………………………………………………（32）

二、随葬品 …………………………………………………………………………（33）

第十九节　M51 …………………………………………………………………………（33）

一、墓葬形制与结构 ………………………………………………………………（33）

二、随葬品 …………………………………………………………………………（33）

第二十节　M52 …………………………………………………………………………（35）

一、墓葬形制与结构 ………………………………………………………………（35）

二、随葬品 …………………………………………………………………………（35）

第二十一节　M54 ………………………………………………………………………（37）

一、墓葬形制与结构 ………………………………………………………………（37）

二、随葬品 …………………………………………………………………………（39）

第二十二节　M56 ………………………………………………………………………（39）

一、墓葬形制与结构 ………………………………………………………………（39）

二、随葬品 …………………………………………………………………………（40）

第二十三节　M57 ………………………………………………………………………（41）

一、墓葬形制与结构 ………………………………………………………………（41）

二、随葬品 …………………………………………………………………………（41）

第二十四节　M58 ………………………………………………………………………（43）

一、墓葬形制与结构 ………………………………………………………………（43）

二、随葬品 …………………………………………………………………………（43）

第二十五节　M59 ··· (45)
　　一、墓葬形制与结构 ·· (45)
　　二、随葬品 ·· (46)
第二十六节　M60 ··· (46)
　　一、墓葬形制与结构 ·· (46)
　　二、随葬品 ·· (46)
第二十七节　M61 ··· (48)
　　一、墓葬形制与结构 ·· (48)
　　二、随葬品 ·· (48)
第二十八节　M62 ··· (50)
　　一、墓葬形制与结构 ·· (50)
　　二、随葬品 ·· (50)
第二十九节　M63 ··· (52)
　　一、墓葬形制与结构 ·· (52)
　　二、随葬品 ·· (52)
第三十节　M64 ·· (53)
　　一、墓葬形制与结构 ·· (53)
　　二、随葬品 ·· (54)
第三十一节　M65 ··· (54)
　　一、墓葬形制与结构 ·· (54)
　　二、随葬品 ·· (54)
第三十二节　M66 ··· (55)
　　一、墓葬形制与结构 ·· (55)
　　二、随葬品 ·· (56)
第三十三节　M67 ··· (57)
　　一、墓葬形制与结构 ·· (57)
　　二、随葬品 ·· (57)
第三十四节　M68 ··· (57)

一、墓葬形制与结构 …………………………………………………………………（57）
　　　二、随葬品 ……………………………………………………………………………（57）
　第三十五节　M69 …………………………………………………………………………（60）
　　　一、墓葬形制与结构 …………………………………………………………………（60）
　　　二、随葬品 ……………………………………………………………………………（60）
　第三十六节　M73 …………………………………………………………………………（60）
　　　一、墓葬形制与结构 …………………………………………………………………（60）
　　　二、随葬品 ……………………………………………………………………………（62）
　第三十七节　M76 …………………………………………………………………………（63）
　　　一、墓葬形制与结构 …………………………………………………………………（63）
　　　二、随葬品 ……………………………………………………………………………（64）
　第三十八节　M79 …………………………………………………………………………（64）
　　　一、墓葬形制与结构 …………………………………………………………………（64）
　　　二、随葬品 ……………………………………………………………………………（65）
　第三十九节　M80 …………………………………………………………………………（65）
　　　一、墓葬形制与结构 …………………………………………………………………（65）
　　　二、随葬品 ……………………………………………………………………………（66）
　第四十节　M81 ……………………………………………………………………………（67）
　　　一、墓葬形制与结构 …………………………………………………………………（67）
　　　二、随葬品 ……………………………………………………………………………（68）
　第四十一节　M85 …………………………………………………………………………（68）
　　　一、墓葬形制与结构 …………………………………………………………………（68）
　　　二、随葬品 ……………………………………………………………………………（70）
　第四十二节　M90 …………………………………………………………………………（70）
　　　一、墓葬形制与结构 …………………………………………………………………（70）
　　　二、随葬品 ……………………………………………………………………………（70）
　第四十三节　M92 …………………………………………………………………………（70）
　　　一、墓葬形制与结构 …………………………………………………………………（70）

二、随葬品 …………………………………………………………………………（71）

　第四十四节　M93 ………………………………………………………………………（72）

　　一、墓葬形制与结构 ……………………………………………………………（72）

　　二、随葬品 …………………………………………………………………………（73）

　第四十五节　M95 ………………………………………………………………………（74）

　　一、墓葬形制与结构 ……………………………………………………………（74）

　　二、随葬品 …………………………………………………………………………（74）

　第四十六节　M96 ………………………………………………………………………（76）

　　一、墓葬形制与结构 ……………………………………………………………（76）

　　二、随葬品 …………………………………………………………………………（77）

第三章　清代墓葬 ……………………………………………………………………………（78）

　第一节　M3 ………………………………………………………………………………（78）

　　一、墓葬形制与结构 ……………………………………………………………（78）

　　二、随葬品 …………………………………………………………………………（78）

　第二节　M4 ………………………………………………………………………………（78）

　　一、墓葬形制与结构 ……………………………………………………………（78）

　　二、随葬品 …………………………………………………………………………（80）

　第三节　M5 ………………………………………………………………………………（82）

　　一、墓葬形制与结构 ……………………………………………………………（82）

　　二、随葬品 …………………………………………………………………………（82）

　第四节　M7 ………………………………………………………………………………（82）

　　一、墓葬形制与结构 ……………………………………………………………（82）

　　二、随葬品 …………………………………………………………………………（84）

　第五节　M9 ………………………………………………………………………………（86）

　　一、墓葬形制与结构 ……………………………………………………………（86）

　　二、随葬品 …………………………………………………………………………（87）

　第六节　M10 ……………………………………………………………………………（88）

　　一、墓葬形制与结构 ……………………………………………………………（88）

二、随葬品 (88)

第七节　M12 (88)
　　一、墓葬形制与结构 (88)
　　二、随葬品 (88)

第八节　M13 (91)
　　一、墓葬形制与结构 (91)
　　二、随葬品 (91)

第九节　M14 (91)
　　一、墓葬形制与结构 (91)
　　二、随葬品 (92)

第十节　M17 (92)
　　一、墓葬形制与结构 (92)
　　二、随葬品 (95)

第十一节　M18 (95)
　　一、墓葬形制与结构 (95)
　　二、随葬品 (95)

第十二节　M19 (96)
　　一、墓葬形制与结构 (96)
　　二、随葬品 (96)

第十三节　M22 (98)
　　一、墓葬形制与结构 (98)
　　二、随葬品 (99)

第十四节　M24 (99)
　　一、墓葬形制与结构 (99)
　　二、随葬品 (100)

第十五节　M25 (100)
　　一、墓葬形制与结构 (100)
　　二、随葬品 (100)

第十六节　M26 （100）
　　一、墓葬形制与结构 （100）
　　二、随葬品 （103）

第十七节　M27 （104）
　　一、墓葬形制与结构 （104）
　　二、随葬品 （104）

第十八节　M30 （105）
　　一、墓葬形制与结构 （105）
　　二、随葬品 （106）

第十九节　M32 （106）
　　一、墓葬形制与结构 （106）
　　二、随葬品 （106）

第二十节　M37 （107）
　　一、墓葬形制与结构 （107）
　　二、随葬品 （108）

第二十一节　M71 （108）
　　一、墓葬形制与结构 （108）
　　二、随葬品 （109）

第二十二节　M75 （110）
　　一、墓葬形制与结构 （110）
　　二、随葬品 （110）

第二十三节　M77 （113）
　　一、墓葬形制与结构 （113）
　　二、随葬品 （114）

第二十四节　M82 （115）
　　一、墓葬形制与结构 （115）
　　二、随葬品 （115）

第二十五节　M83 （118）

一、墓葬形制与结构 …………………………………………………………………………（118）

　　二、随葬品 ……………………………………………………………………………………（118）

第二十六节　M84 …………………………………………………………………………………（119）

　　一、墓葬形制与结构 …………………………………………………………………………（119）

　　二、随葬品 ……………………………………………………………………………………（119）

第二十七节　M87 …………………………………………………………………………………（122）

　　一、墓葬形制与结构 …………………………………………………………………………（122）

　　二、随葬品 ……………………………………………………………………………………（122）

第二十八节　M88 …………………………………………………………………………………（122）

　　一、墓葬形制与结构 …………………………………………………………………………（122）

　　二、随葬品 ……………………………………………………………………………………（123）

第二十九节　M89 …………………………………………………………………………………（124）

　　一、墓葬形制与结构 …………………………………………………………………………（124）

　　二、随葬品 ……………………………………………………………………………………（125）

第三十节　M91 ……………………………………………………………………………………（127）

　　一、墓葬形制与结构 …………………………………………………………………………（127）

　　二、随葬品 ……………………………………………………………………………………（128）

第三十一节　M97 …………………………………………………………………………………（128）

　　一、墓葬形制与结构 …………………………………………………………………………（128）

　　二、随葬品 ……………………………………………………………………………………（128）

第三十二节　M98 …………………………………………………………………………………（130）

　　一、墓葬形制与结构 …………………………………………………………………………（130）

　　二、随葬品 ……………………………………………………………………………………（132）

第三十三节　M99 …………………………………………………………………………………（132）

　　一、墓葬形制与结构 …………………………………………………………………………（132）

　　二、随葬品 ……………………………………………………………………………………（133）

第四章　时代不明墓葬 ……………………………………………………………………………（135）

　第一节　M6 ………………………………………………………………………………………（135）

　　　　一、墓葬形制与结构 …………………………………………………………（135）

　　　　二、随葬品 ……………………………………………………………………（135）

　第二节　M8 …………………………………………………………………………（136）

　　　　一、墓葬形制与结构 …………………………………………………………（136）

　　　　二、随葬品 ……………………………………………………………………（137）

　第三节　M11 …………………………………………………………………………（137）

　　　　一、墓葬形制与结构 …………………………………………………………（137）

　　　　二、随葬品 ……………………………………………………………………（137）

　第四节　M16 …………………………………………………………………………（137）

　　　　一、墓葬形制与结构 …………………………………………………………（137）

　　　　二、随葬品 ……………………………………………………………………（137）

　第五节　M20 …………………………………………………………………………（137）

　　　　一、墓葬形制与结构 …………………………………………………………（137）

　　　　二、随葬品 ……………………………………………………………………（139）

　第六节　M21 …………………………………………………………………………（139）

　　　　一、墓葬形制与结构 …………………………………………………………（139）

　　　　二、随葬品 ……………………………………………………………………（141）

　第七节　M23 …………………………………………………………………………（141）

　　　　一、墓葬形制与结构 …………………………………………………………（141）

　　　　二、随葬品 ……………………………………………………………………（141）

　第八节　M28 …………………………………………………………………………（142）

　　　　一、墓葬形制与结构 …………………………………………………………（142）

　　　　二、随葬品 ……………………………………………………………………（142）

　第九节　M29 …………………………………………………………………………（143）

　　　　一、墓葬形制与结构 …………………………………………………………（143）

　　　　二、随葬品 ……………………………………………………………………（143）

　第十节　M31 …………………………………………………………………………（144）

　　　　一、墓葬形制与结构 …………………………………………………………（144）

二、随葬品 …………………………………………………………………………（144）

第十一节　M46 …………………………………………………………………（146）
　　一、墓葬形制与结构 ………………………………………………………（146）
　　二、随葬品 …………………………………………………………………（147）

第十二节　M48 …………………………………………………………………（147）
　　一、墓葬形制与结构 ………………………………………………………（147）
　　二、随葬品 …………………………………………………………………（148）

第十三节　M53 …………………………………………………………………（148）
　　一、墓葬形制与结构 ………………………………………………………（148）
　　二、随葬品 …………………………………………………………………（148）

第十四节　M55 …………………………………………………………………（148）
　　一、墓葬形制与结构 ………………………………………………………（148）
　　二、随葬品 …………………………………………………………………（148）

第十五节　M70 …………………………………………………………………（148）
　　一、墓葬形制与结构 ………………………………………………………（148）
　　二、随葬品 …………………………………………………………………（150）

第十六节　M72 …………………………………………………………………（152）
　　一、墓葬形制与结构 ………………………………………………………（152）
　　二、随葬品 …………………………………………………………………（153）

第十七节　M74 …………………………………………………………………（153）
　　一、墓葬形制与结构 ………………………………………………………（153）
　　二、随葬品 …………………………………………………………………（153）

第十八节　M78 …………………………………………………………………（153）
　　一、墓葬形制与结构 ………………………………………………………（153）
　　二、随葬品 …………………………………………………………………（154）

第十九节　M86 …………………………………………………………………（155）
　　一、墓葬形制与结构 ………………………………………………………（155）
　　二、随葬品 …………………………………………………………………（155）

第二十节　M94 …………………………………………………………………………（156）
　　一、墓葬形制与结构 …………………………………………………………（156）
　　二、随葬品 ……………………………………………………………………（156）
第二十一节　M100 ………………………………………………………………………（157）
　　一、墓葬形制与结构 …………………………………………………………（157）
　　二、随葬品 ……………………………………………………………………（157）

第五章　窑　址 ……………………………………………………………………………（158）
第六章　结　语 ……………………………………………………………………………（160）
　第一节　明代墓葬综合分析 ……………………………………………………………（160）
　第二节　清代墓葬综合分析 ……………………………………………………………（161）
　第三节　墓葬布局与性质 ………………………………………………………………（161）
　第四节　其他类型古代遗迹综合分析 …………………………………………………（162）

插 图 目 录

图一	发掘区位置图	（3）
图二	世界月季洲际大会周边配套（国家新媒体产业基地AB组团）项目考古发掘总平面图	（拉页）
图三	M1平、剖面图	（6）
图四	M1出土铜钱拓片	（7）
图五	M1出土器物图	（7）
图六	M2平、剖面图	（8）
图七	M2出土铜钱拓片	（9）
图八	M2出土器物图	（9）
图九	M15平、剖面图	（10）
图一〇	M15出土铜钱拓片	（10）
图一一	M33平、剖面图	（11）
图一二	M33出土器物图	（11）
图一三	M33出土铜钱拓片	（12）
图一四	M34平、剖面图	（13）
图一五	M34出土器物图	（13）
图一六	M34出土铜钱拓片	（14）
图一七	M35平、剖面图	（15）
图一八	M35出土铜钱拓片	（15）
图一九	M36平、剖面图	（16）
图二〇	M36出土铜钱拓片	（17）
图二一	M36出土器物图	（17）
图二二	M38平、剖面图	（17）

图二三	M38 出土器物图	(18)
图二四	M39 平、剖面图	(19)
图二五	M39 出土器物图	(19)
图二六	M39 出土铜钱拓片	(20)
图二七	M40 平、剖面图	(21)
图二八	M40 出土器物图	(21)
图二九	M41 平、剖面图	(22)
图三〇	M41 出土器物图	(22)
图三一	M42 平、剖面图	(23)
图三二	M42 出土器物图	(23)
图三三	M43 平、剖面图	(24)
图三四	M43 出土器物图	(25)
图三五	M44 平、剖面图	(26)
图三六	M44 出土器物图	(26)
图三七	M45 平、剖面图	(27)
图三八	M45 出土铜钱拓片	(28)
图三九	M45 出土器物图	(28)
图四〇	M47 平、剖面图	(29)
图四一	M47 出土器物图	(29)
图四二	M49 平、剖面图	(30)
图四三	M49 出土器物图	(31)
图四四	M49 出土铜钱拓片	(31)
图四五	M50 平、剖面图	(32)
图四六	M50 出土器物图	(33)
图四七	M51 平、剖面图	(34)
图四八	M51 出土器物图	(35)
图四九	M51 出土铜钱拓片	(35)
图五〇	M52 平、剖面图	(36)
图五一	M52 出土铜钱拓片	(37)

图五二	M52出土器物图	(37)
图五三	M54平、剖面图	(38)
图五四	M54出土铜钱拓片	(39)
图五五	M56平、剖面图	(40)
图五六	M56出土器物图	(41)
图五七	M57平、剖面图	(42)
图五八	M57出土器物图	(43)
图五九	M57出土铜钱拓片	(43)
图六〇	M58平、剖面图	(44)
图六一	M58出土器物图	(44)
图六二	M59平、剖面图	(45)
图六三	M59出土器物图	(46)
图六四	M60平、剖面图	(47)
图六五	M60出土铜钱拓片	(48)
图六六	M61平、剖面图	(49)
图六七	M61出土铜钱拓片	(50)
图六八	M61出土器物图	(50)
图六九	M62平、剖面图	(51)
图七〇	M62出土器物图	(51)
图七一	M63平、剖面图	(52)
图七二	M63出土器物图	(52)
图七三	M64平、剖面图	(53)
图七四	M64出土器物图	(54)
图七五	M64出土铜钱拓片	(54)
图七六	M65平、剖面图	(55)
图七七	M65出土铜钱拓片	(55)
图七八	M66平、剖面图	(56)
图七九	M66出土器物图	(56)
图八〇	M67平、剖面图	(58)

图八一	M67 出土器物图	(59)
图八二	M68 平、剖面图	(59)
图八三	M68 出土器物图	(60)
图八四	M68 出土铜钱拓片	(60)
图八五	M69 平、剖面图	(61)
图八六	M69 出土铜钱拓片	(61)
图八七	M69 出土器物图	(61)
图八八	M73 平、剖面图	(62)
图八九	M73 出土铜钱拓片	(62)
图九〇	M76 平、剖面图	(63)
图九一	M76 出土器物图	(64)
图九二	M79 平、剖面图	(65)
图九三	M79 出土器物图	(65)
图九四	M80 平、剖面图	(66)
图九五	M80 出土器物图	(66)
图九六	M81 平、剖面图	(67)
图九七	M81 出土铜钱拓片	(68)
图九八	M85 平、剖面图	(69)
图九九	M85 出土器物图	(70)
图一〇〇	M90 平、剖面图	(71)
图一〇一	M90 出土器物图	(71)
图一〇二	M92 平、剖面图	(72)
图一〇三	M92 出土器物图	(72)
图一〇四	M93 平、剖面图	(73)
图一〇五	M93 出土器物图	(74)
图一〇六	M95 平、剖面图	(75)
图一〇七	M95 出土铜镜图	(76)
图一〇八	M95 出土器物	(76)
图一〇九	M96 平、剖面图	(77)

图一一〇	M96出土器物图	(77)
图一一一	M96出土铜钱拓片	(77)
图一一二	M3平、剖面图	(79)
图一一三	M3出土铜钱拓片	(79)
图一一四	M4平、剖面图	(80)
图一一五	M4出土器物图	(81)
图一一六	M4出土铜钱拓片	(82)
图一一七	M5平、剖面图	(83)
图一一八	M5出土铜钱拓片	(83)
图一一九	M7平、剖面图	(84)
图一二〇	M7出土铜钱拓片	(85)
图一二一	M7出土器物图	(85)
图一二二	M9平、剖面图	(86)
图一二三	M9出土铜钱拓片	(87)
图一二四	M9出土器物图	(87)
图一二五	M10平、剖面图	(89)
图一二六	M10出土铜钱拓片	(90)
图一二七	M12平、剖面图	(90)
图一二八	M12出土铜钱拓片	(91)
图一二九	M13平、剖面图	(92)
图一三〇	M13出土铜钱拓片	(92)
图一三一	M14平、剖面图	(93)
图一三二	M14出土铜钱拓片	(93)
图一三三	M17平、剖面图	(94)
图一三四	M17出土铜钱拓片	(95)
图一三五	M18平、剖面图	(96)
图一三六	M19平、剖面图	(97)
图一三七	M19出土器物图	(97)
图一三八	M22平、剖面图	(98)

图一三九　M22出土器物图 …………………………………………………………………（99）
图一四〇　M24平、剖面图 …………………………………………………………………（99）
图一四一　M25平、剖面图 …………………………………………………………………（101）
图一四二　M25出土铜钱拓片 ………………………………………………………………（102）
图一四三　M26平、剖面图 …………………………………………………………………（102）
图一四四　M26出土器物图 …………………………………………………………………（103）
图一四五　M26出土铜钱拓片 ………………………………………………………………（103）
图一四六　M27平、剖面图 …………………………………………………………………（104）
图一四七　M27出土铜钱拓片 ………………………………………………………………（104）
图一四八　M30平、剖面图 …………………………………………………………………（105）
图一四九　M30出土铜钱拓片 ………………………………………………………………（106）
图一五〇　M30出土器物图 …………………………………………………………………（106）
图一五一　M32平、剖面图 …………………………………………………………………（107）
图一五二　M32出土器物图 …………………………………………………………………（107）
图一五三　M32出土铜钱拓片 ………………………………………………………………（107）
图一五四　M37平、剖面图 …………………………………………………………………（108）
图一五五　M37出土铜钱拓片 ………………………………………………………………（108）
图一五六　M71平、剖面图 …………………………………………………………………（109）
图一五七　M71出土器物图 …………………………………………………………………（110）
图一五八　M71出土铜钱拓片 ………………………………………………………………（110）
图一五九　M75平、剖面图 …………………………………………………………………（111）
图一六〇　M75出土器物图 …………………………………………………………………（112）
图一六一　M75出土铜钱拓片 ………………………………………………………………（112）
图一六二　M77平、剖面图 …………………………………………………………………（113）
图一六三　M77出土器物图 …………………………………………………………………（114）
图一六四　M77出土铜钱拓片 ………………………………………………………………（114）
图一六五　M82平、剖面图 …………………………………………………………………（116）
图一六六　M82出土器物图 …………………………………………………………………（117）
图一六七　M82出土铜钱拓片 ………………………………………………………………（117）

图一六八	M83平、剖面图	(118)
图一六九	M83出土铜钱拓片	(118)
图一七〇	M84平、剖面图	(120)
图一七一	M84出土器物图	(121)
图一七二	M84出土铜钱拓片	(122)
图一七三	M87平、剖面图	(123)
图一七四	M87出土铜钱拓片	(123)
图一七五	M88平、剖面图	(124)
图一七六	M89平、剖面图	(125)
图一七七	M89出土器物图	(126)
图一七八	M89出土铜钱拓片	(126)
图一七九	M91平、剖面图	(127)
图一八〇	M91出土器物图	(128)
图一八一	M91出土铜钱拓片	(128)
图一八二	M97平、剖面图	(129)
图一八三	M97出土器物图	(130)
图一八四	M97出土铜钱拓片	(130)
图一八五	M98平、剖面图	(131)
图一八六	M98出土铜钱拓片	(132)
图一八七	M98出土器物图	(132)
图一八八	M99平、剖面图	(133)
图一八九	M99出土铜钱拓片	(134)
图一九〇	M99出土银耳环	(134)
图一九一	M6平、剖面图	(135)
图一九二	M8平、剖面图	(136)
图一九三	M11平、剖面图	(138)
图一九四	M16平、剖面图	(139)
图一九五	M20平、剖面图	(140)
图一九六	M21平、剖面图	(141)

图一九七　M23平、剖面图 ……………………………………………………………………（142）

图一九八　M28平、剖面图 ……………………………………………………………………（143）

图一九九　M29平、剖面图 ……………………………………………………………………（144）

图二〇〇　M31平、剖面图 ……………………………………………………………………（145）

图二〇一　M46平、剖面图 ……………………………………………………………………（146）

图二〇二　M48平、剖面图 ……………………………………………………………………（147）

图二〇三　M53平、剖面图 ……………………………………………………………………（149）

图二〇四　M55平、剖面图 ……………………………………………………………………（150）

图二〇五　M70平、剖面图 ……………………………………………………………………（151）

图二〇六　M72平、剖面图 ……………………………………………………………………（152）

图二〇七　M74平、剖面图 ……………………………………………………………………（153）

图二〇八　M78平、剖面图 ……………………………………………………………………（154）

图二〇九　M86平、剖面图 ……………………………………………………………………（155）

图二一〇　M94平、剖面图 ……………………………………………………………………（156）

图二一一　M100平、剖面图 …………………………………………………………………（157）

图二一二　Y1平、剖面图 ………………………………………………………………………（159）

插表目录

附录一：明代墓葬登记表 …………………………………………………………（163）
附录二：清代墓葬登记表 …………………………………………………………（168）

彩 版 目 录

彩版一　东区墓地全景
彩版二　西区墓地全景
彩版三　M1
彩版四　M1与出土器物
彩版五　M2
彩版六　M2与出土器物
彩版七　M15
彩版八　M33与出土器物
彩版九　M35
彩版一〇　M36与出土器物
彩版一一　M38与出土器物
彩版一二　M39
彩版一三　M39与出土器物
彩版一四　M40与出土器物
彩版一五　M41与出土器物
彩版一六　M42与出土器物
彩版一七　M43与出土器物
彩版一八　M44与出土器物
彩版一九　M45与出土器物
彩版二〇　M47与出土器物
彩版二一　M49与出土器物
彩版二二　M50与出土器物
彩版二三　M51与出土器物

彩版二四　M52与出土器物
彩版二五　M54
彩版二六　M56与出土器物
彩版二七　M57与出土器物
彩版二八　M58与出土器物
彩版二九　M59与出土器物
彩版三〇　M60
彩版三一　M61与出土器物
彩版三二　M62
彩版三三　M63
彩版三四　M64与出土器物
彩版三五　M65
彩版三六　M66与出土器物
彩版三七　M67与出土器物
彩版三八　M68与出土器物
彩版三九　M69与出土器物
彩版四〇　M73
彩版四一　M76与出土器物
彩版四二　M79与出土器物
彩版四三　M80与出土器物
彩版四四　M81
彩版四五　M85与出土器物
彩版四六　M90与出土器物

彩版四七	M92与出土器物	彩版七四	M71与出土器物
彩版四八	M93与出土器物	彩版七五	M75与出土器物
彩版四九	M95（一）	彩版七六	M77与出土器物
彩版五〇	M95（二）	彩版七七	M82与出土器物
彩版五一	M95与出土器物	彩版七八	M83
彩版五二	M96与出土器物	彩版七九	M84与出土器物
彩版五三	M3	彩版八〇	M87
彩版五四	M4	彩版八一	M88
彩版五五	M4出土器物	彩版八二	M89与出土器物
彩版五六	M5	彩版八三	M91与出土器物
彩版五七	M7与出土器物	彩版八四	M97与出土器物
彩版五八	M9与出土器物	彩版八五	M98与出土器物
彩版五九	M10	彩版八六	M99与出土器物
彩版六〇	M12	彩版八七	M6、M8
彩版六一	M13	彩版八八	M11、M16
彩版六二	M14	彩版八九	M20、M21
彩版六三	M17	彩版九〇	M23、M28
彩版六四	M18	彩版九一	M29、M31
彩版六五	M19与出土器物	彩版九二	M46、M48
彩版六六	M22与出土器物	彩版九三	M53、M55
彩版六七	M24	彩版九四	M70
彩版六八	M25	彩版九五	M72
彩版六九	M26与出土器物	彩版九六	M74、M78
彩版七〇	M27	彩版九七	M86、M94
彩版七一	M30与出土器物	彩版九八	M100
彩版七二	M32与出土器物	彩版九九	Y1
彩版七三	M37	彩版一〇〇	Y1

第一章 绪 论

第一节 自然环境与历史沿革

一、自然环境

大兴区位于北京市南郊,地处华北平原东北部,北与丰台区、朝阳区二区相连,西隔永定河与房山区相望,东与通州区毗邻,南及西南与河北省廊坊市、涿州市接壤。辖区总面积1 036.33平方千米。

大兴区属永定河洪积—冲积平原的一部分,地势平坦,呈西北高东南低的微倾状,海拔高度在15米至45米,土壤适宜农耕。按成因和形态分类,全区可分为6种地貌类型:老洪—冲积平原、近代洪—冲积平原、近代风积—洪冲积平原、带状低平地、现代河漫滩、洼地。

大兴区气候属暖温带半湿润大陆性季风气候,春、夏、秋、冬四季分明。夏季最热月平均气温为25.9℃,最高气温为40.6℃;冬季最冷月平均气温为-5℃,最低气温为-27.4℃;1959年至1989年年平均气温为11.6℃,全年大于0℃的活动积温平均为4 580℃,大于10℃的生长积温为4 168℃;年平均无霜期为181天,年平均降水量为569.4毫米;年平均日照时数为2 764小时,年日照百分率为63%;风向以东北风和西南风为主导,全年静风频率为22%。

大兴区内河流分属永定河、北运河两大水系。永定河为边界河流,自西北端高家堡入境,往南经立堡、鹅房、赵村、西麻各庄,绕行西南部辛庄、十里铺,至崔指挥营出境。区境内自西向东有天堂河、龙河(上游为大、小龙河)、凤河流布,均源于区境西北隅,流向东南入河北省廊坊市界内,注入永定河。北部新凤河自西往东入凉水河;东北部凉水河,自朝阳区流入大兴红星区,自二号村出境入通州,属北运河水系。北运河水系主体不在大兴区,下文不做展开。

永定河及流域,永定河绕区域西部、南部边界流过,左堤长55千米,堤内流域面积37.21平方千米。天堂河及流域,天堂河原源于丰台区北天堂村,入大兴区境后流向东南,经念坛村南至新桥村,折向东南至东宋各庄出境入廊坊市辖域。龙河及流域,龙河上游为大龙河、小龙河。大龙河,源于东芦城村东北,东南流至东白塔村。全长25.15千米,流域面积68.85平方千米。小龙河,源于芦城乡佟家场,流至东白塔村。全长24.55千米,流域面积82.57平方千米。大小龙河在东白塔汇合后,称龙河,流至廊坊市三小营出境。

大兴区域内土壤分风沙土、褐土、潮土、水稻土、沼泽土5个土类,下分8个亚类、21个土属、74个土种,主要有风沙土、褐土性土、潮褐土、褐潮土、潮土、盐潮土、碱潮土、湿潮土、水稻土、沼泽土。

二、历史沿革

大兴区的前身为古蓟县,以建于蓟城地区得名。蓟县当为先秦之县,为春秋战国时期燕国所建。

秦王政二十三年(前224),秦于蓟城地区置广阳郡,蓟县属之。

自汉至隋唐五代,蓟县之建制始终存在。西汉,蓟县相继隶属燕国、燕郡、广阳郡、广阳国。汉末王莽新朝时期(9~24),蓟县一度改名伐戎县,隶属广有郡,王莽新朝覆灭后恢复县名。东汉,蓟县相继隶属广阳国、广阳郡、上谷郡、广阳郡。

三国时期,蓟县属魏之幽州燕郡、燕国。

西晋、东晋、南北朝、隋、唐、五代各朝,蓟县相继隶属燕国、燕郡、幽州、范阳郡等。契丹会同元年(938),蓟县改名蓟北县,隶属幽都府;辽开泰元年(1012),蓟北县改名析津县,隶属析津府,为辽南京附郭京县。

宋宣和五年至七年(1123~1125),析津县归宋,隶属燕山府。

金贞元二年(1154),析津县更名大兴县,隶属大兴府,为金中都依郭县。

元至元九年(1272),中都改为大都,大兴县为元大都附郭赤县,隶属大都路。

明代初期,大兴县隶属北平府。永乐元年(1403),北平府改为顺天府,大兴属之。永乐十九年(1421),明迁都北京,大兴为依郭京县。

清代,大兴仍为依郭京县,隶属顺天府。

1914年10月,顺天府改为京兆地方,大兴属之。1928年6月,大兴县划归河北省,同年9月定为特等县,1929年1月降为二等县。至1937年"七七"事变前,隶属河北省第三专区。1937年7月至1945年8月,日伪统治时期,大兴县先后隶属河北省津海道和燕京道。1943年10月,中共领导的大宛安永固涿良办事处成立。1944年2月,更名为平南办事处,同年9月,设置平南县。1945年3月,平南县建制撤销,分设大兴县和涿良宛县。1945年8月日本投降至1948年12月,大兴县隶属河北省第五专区。1949年8月以前,中共创建的平南县、大兴县隶属冀中十专区。1949年8月,大兴县划归河北省通县专区。

1949年10月1日,中华人民共和国成立。其后大兴县仍隶属通县专区。1958年3月,大兴县划归北京市并将原属北京市南苑区的旧宫、亦庄、瀛海、西红门等地划归大兴,改为区建制。1960年1月,恢复县建制。

2001年1月9日,国务院批准撤销大兴县,设立大兴区,以原大兴县的行政区域为大兴区的行政区域,区人民政府驻黄村镇兴政街。

1999年,大兴县辖14个镇,即黄村镇、榆垡镇、瀛海镇、庞各庄镇、安定镇、青云店镇、西红门镇、采育镇、亦庄镇、旧宫镇、礼贤镇、北臧村镇、魏善庄镇、长子营镇,共526个村。

2002年,大兴区辖3个街道,即兴丰街道、清源街道、林校路街道,14个镇,即黄村镇、西红门镇、旧宫镇、青云店镇、采育镇、安定镇、礼贤镇、榆垡镇、庞各庄镇、北臧村镇、魏善庄镇、长子营镇、瀛海镇、亦庄镇。共有75个社区、526个村委会。

2021年10月,大兴区辖8个街道、5个地区、9个镇,即清源街道、兴丰街道、林校路街道、观音寺街道、天宫院街道、高米店街道、荣华街道、博兴街道，亦庄地区、黄村地区、旧宫地区、西红门地区、瀛海地区，青云店镇、长子营镇、采育镇、礼贤镇、安定镇、榆垡镇、魏善庄镇、庞各庄镇、北臧村镇；另辖3个乡级单位：北京经济技术开发区、中关村国家自主创新示范区大兴生物医药产业基地、国家新媒体产业基地。区政府驻兴丰街道。根据第七次人口普查数据，截至2020年11月1日零时，大兴区常住人口为199.36万人。

第二节 发掘经过与资料整理

2015年5月28日～7月1日，为配合2016年世界月季洲际大会周边配套（国家新媒体产业基地AB组团）项目建设，北京市考古研究院（原名：北京市文物研究所）在该项目占地范围内进行了考古勘探工作。考古勘探区域平面近似凸字状，东西长520～1 060米，南北宽645～714米，考古勘探总面积512 700平方米。在勘探范围内共发现各类遗迹99处，其中古墓葬94座（M1~M94）、搬迁墓1座（M96）、近代墓1座（M95）、近代坑1座（K1）、窑址1座（Y1）、近代井1眼（J1）。

2015年10月21日～12月7日，经北京市文物局、国家文物局批准（考函字［2016］第9号），北京市考古研究院（原名：北京市文物研究所）在前期考古勘探的基础上，对该项目工程占地范围的地下古代遗存进行了正式考古发掘。发掘区位于北京市大兴区魏善庄镇镇区的北部，西邻南中轴路，南邻魏永路，东、北部正在规划道路，西南角GPS坐标N39°40′27.8″，E116°24′27.7″，海拔21米（图一）。本次发掘由尚珩同志主持，现场由张志伟同志负责，共发掘清理窑址1座、古墓

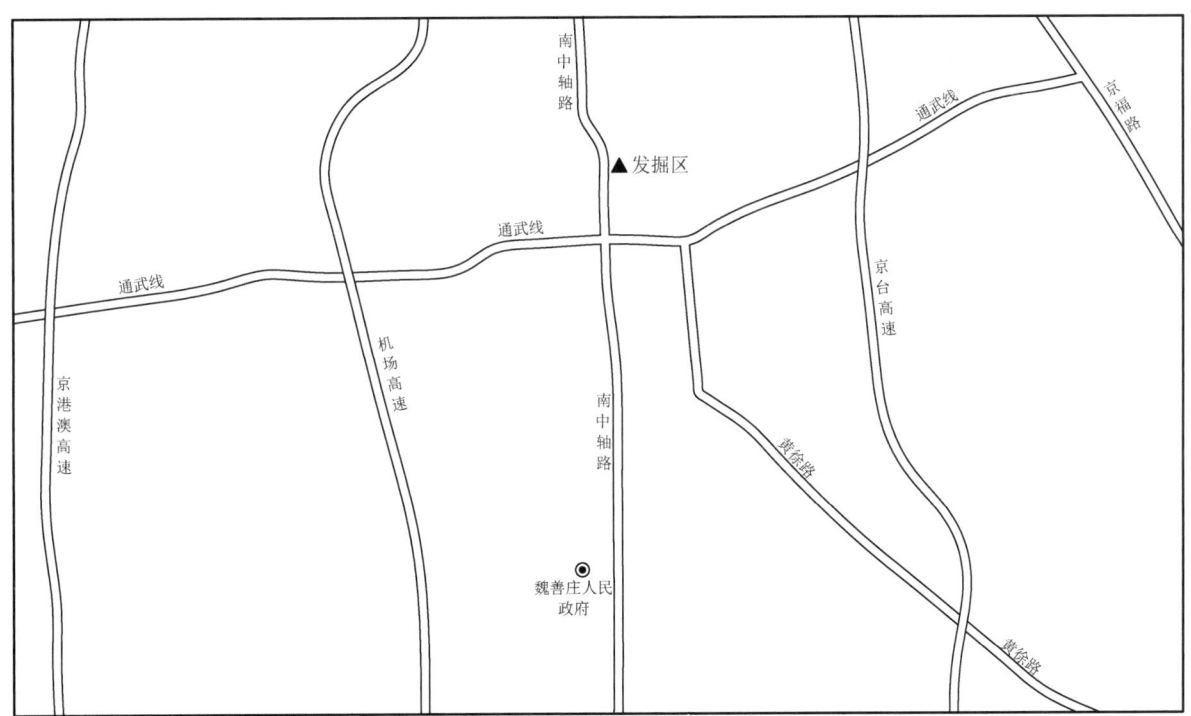

图一 发掘区位置图

葬100座,其中明代墓葬46座,清代墓葬33座,时代不明墓葬21座,汉代窑址1座。发掘面积共计2 150平方米(图二;彩版一、二)。

墓葬发掘区地层堆积如下:

第①层:厚0~0.4米,耕土层,内含植物根系。

第②层:厚0.5~0.9米,黄色土,内含树木根茎等。明清墓葬均开口于该层下。

第③层:厚0.9~1.4米,灰色土,土质较硬,内含少量细沙。

第④层:厚1.4~2.3米,灰白色土,沙土层,土质较软。

第④层下为生土。

发掘结束后便开始资料整理工作,至2023年6月整理工作结束。基础资料整理过程中,墓葬描述、墓葬照片由尚珩同志负责;墓葬图绘制、出土器物的修复、绘图、描述、拍摄工作由张志伟同志负责。本报告由尚珩、卜彦博、张志伟同志执笔。

第二章 明代墓葬

第一节 M1

一、墓葬形制与结构

M1 打破M2。长方形竖穴土圹双棺合葬墓，开口于②层下，方向0°，墓口距地表0.9米，墓圹长2.68米，宽1.84～2.08米，深0.9～1.2米。墓室四壁较整齐，内填花土，土质疏松。墓底置双棺，棺木已朽，西棺打破东棺，两棺间距0.58米，西棺高出东棺0.3米。东棺长1.86米，宽0.4～0.56米，残高0.38米，棺痕厚0.02米。棺内墓主人为女性，骨架保存较完整，长1.48米，头向北，面向南，仰身直肢葬，骨架下铺有青灰，厚约0.01米。西棺长1.46米，宽0.32～0.44米，残高0.2米，棺痕厚0.02米。棺内墓主人为男性，骨架保存一般，长1.3米，头向北，面向西。根据骨架摆放判断，其为迁葬墓，骨架下铺有青灰，厚约0.01米（图三；彩版三；彩版四，1、2）。

二、随葬品

瓷碗 1件。M1∶1，轮制，敞口，圆唇，弧腹，圈足。口径13.7、底径5.5、高5厘米（图五；彩版四，3～5）。

铜钱 2枚。

范铸，锈蚀严重，圆形方穿，正面铸有篆体"五铢"二字。M1∶2-1，外郭局部已剪。钱径2.3、穿径1厘米（图四，1）。

M1∶2-2，外郭已剪。钱径2、穿径1厘米（图四，2）。

第二节 M2

一、墓葬形制与结构

M2 被M1打破。长方形竖穴土圹双棺合葬墓，开口于②层下，方向3°，墓口距地表0.9米，墓圹长2.96～3米，宽1.68米，深1.16～1.36米。墓室四壁较整齐，内填花土，土质疏松。墓底置双棺，棺木已朽，东棺打破西棺，两棺间距0.08～0.12米，东棺高出西棺0.2米。东棺长1.9米，宽

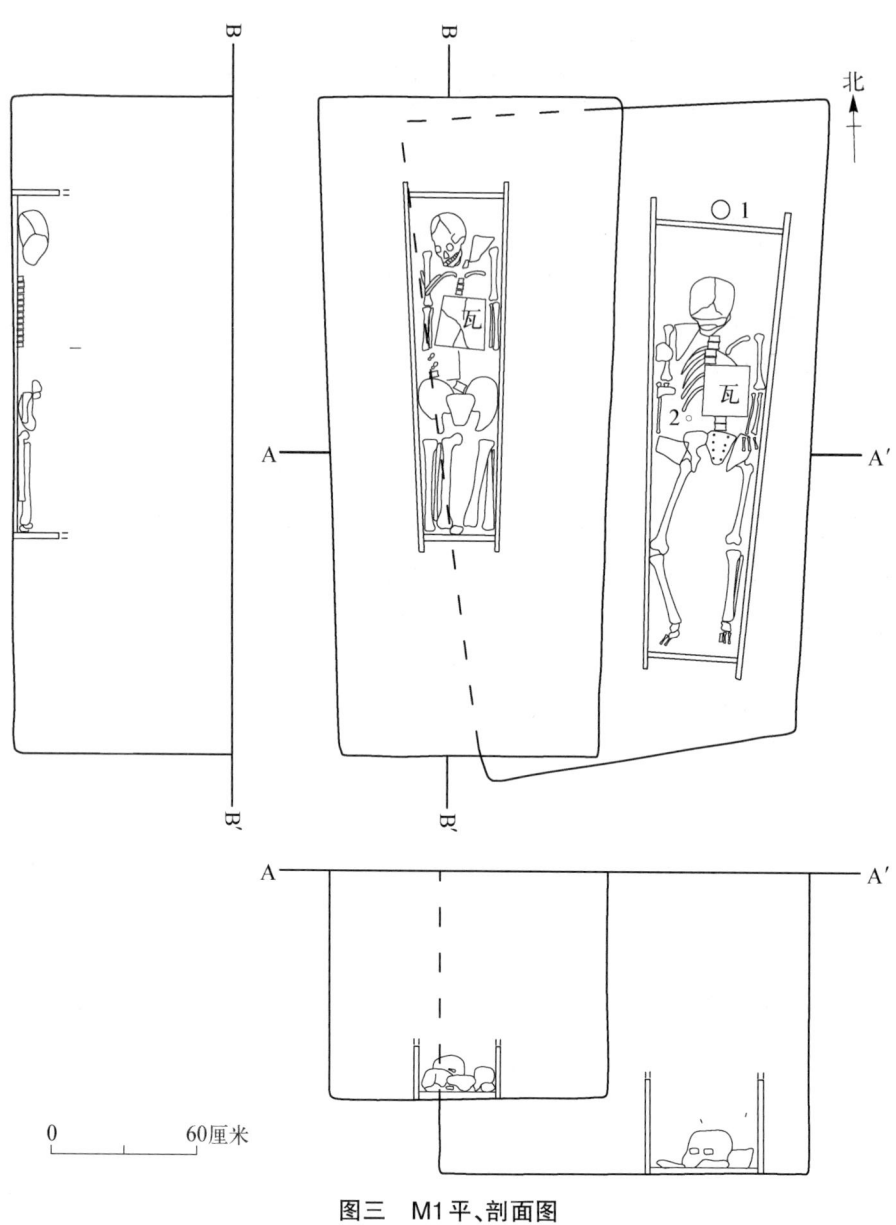

图三 M1平、剖面图

1. 瓷碗 2. 铜钱

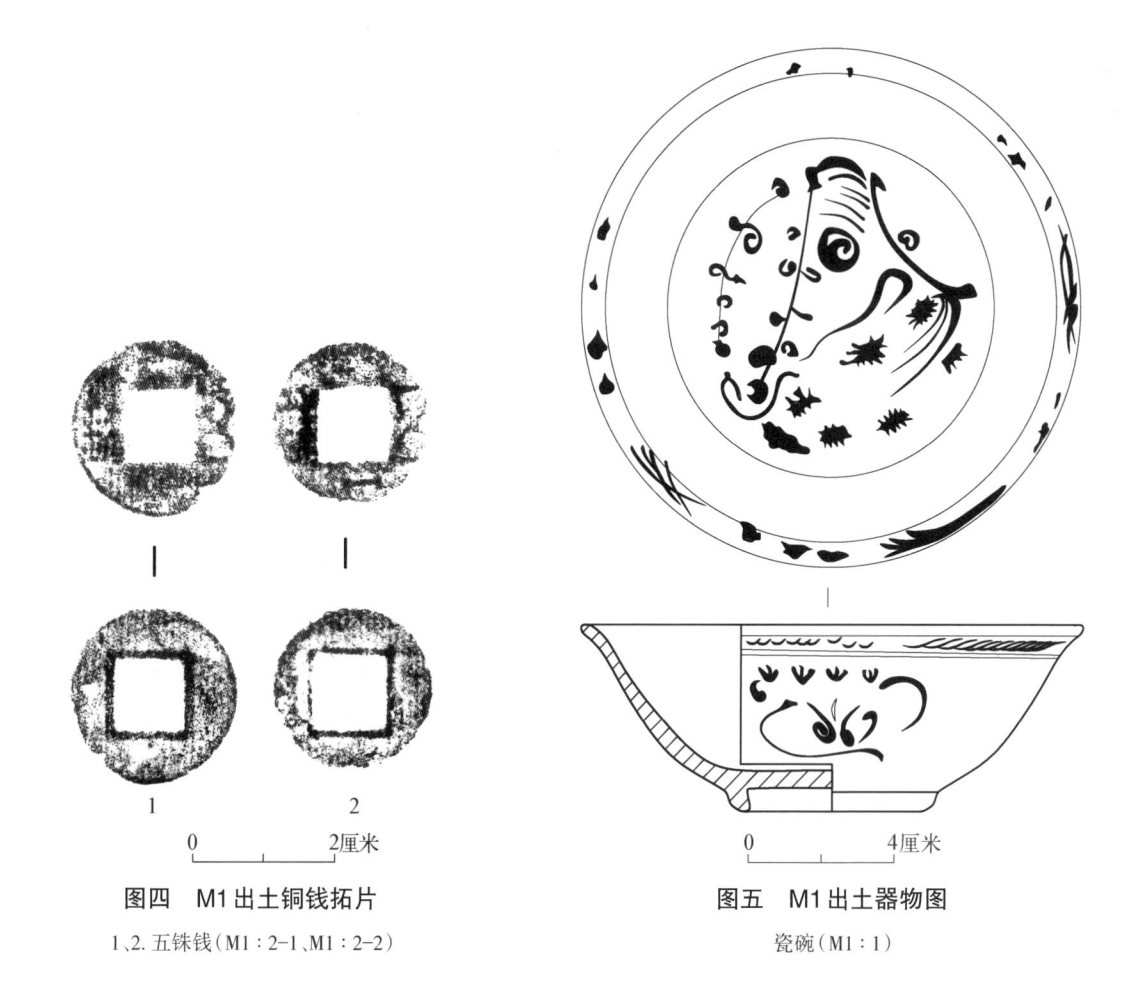

图四　M1出土铜钱拓片
1、2. 五铢钱（M1:2-1、M1:2-2）

图五　M1出土器物图
瓷碗（M1:1）

0.36～0.44米，残高0.2米，棺痕厚0.02米。棺内墓主人为男性，骨架保存一般，长1.52米，头向北，面向西，仰身直肢葬。骨架下铺有青灰，厚约0.01米。西棺长1.92米，宽0.48～0.56米，残高0.4米，棺痕厚0.02米。棺内墓主人为女性，骨架保存较差，长1.48米，头向北，面向上，仰身直肢葬。骨架下铺有青灰，厚约0.01米（图六；彩版五；彩版六，1）。

二、随葬品

铜钱　1枚。M2:1，范铸，圆形方穿，正面铸有楷书"万历通宝"四字，对读。钱径2.4、穿径0.5厘米（图七）。

镇墓石　1件。M2:2，长条状。长13.6、直径3.8厘米（图八，3；彩版六，4）。

陶壶　1件。M2:3，夹砂灰陶，直口、圆唇、鼓腹、平底，腹部饰一短流，肩部饰手柄，柄已残缺。口径8.7、腹径13.2、底径7.6、流长3.9、高9.2（图八，2；彩版六，2）。

陶罐　1件。M2:4，泥质灰陶，敛口、圆唇、鼓腹、平底内凹，肩部饰对称双系，系残缺。口径13、腹径17.4、底径12.5、高12.4厘米（图八，1；彩版六，3）。

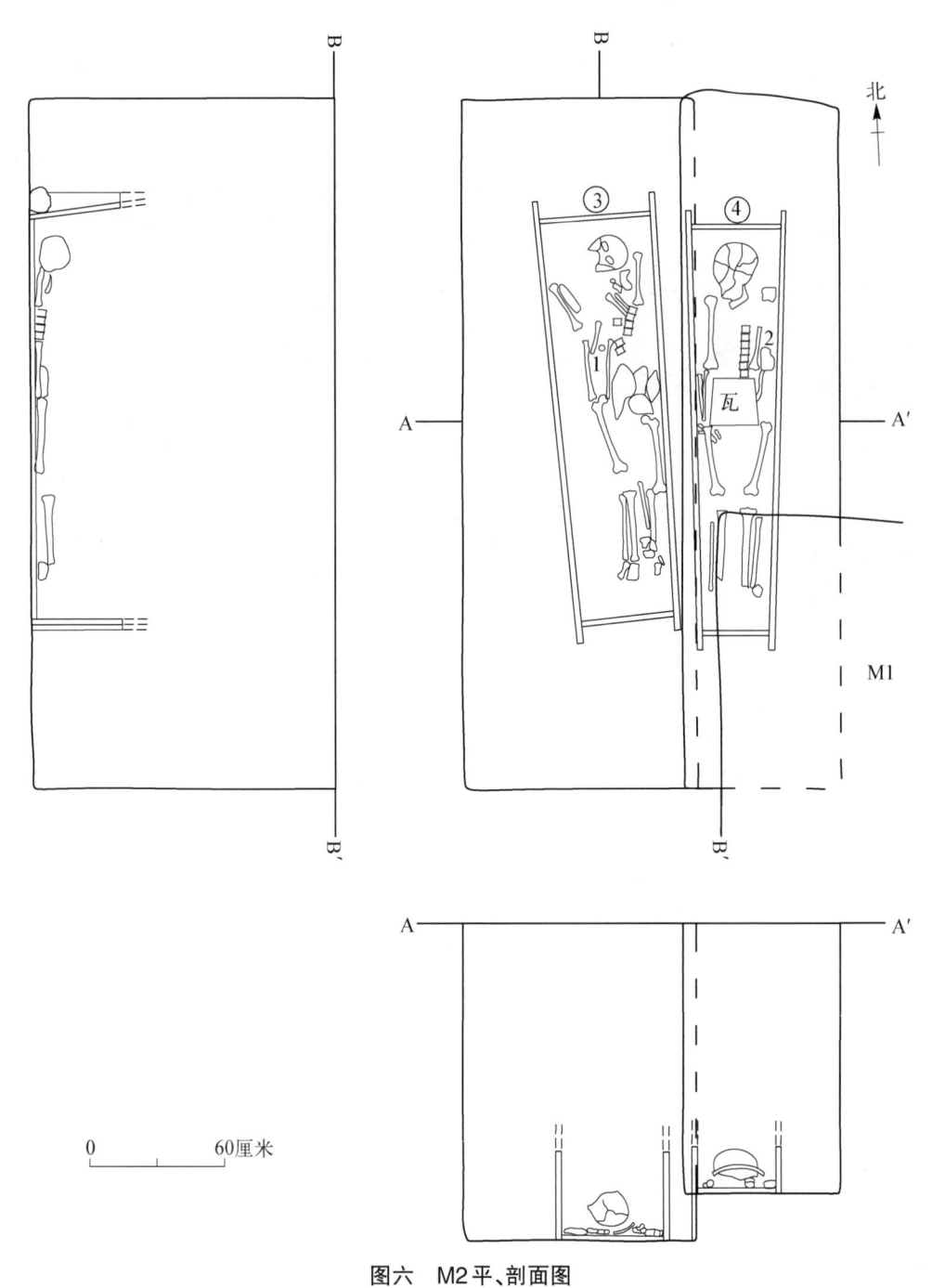

图六 M2 平、剖面图
1. 铜钱 2. 镇墓石 3. 陶壶 4. 陶罐

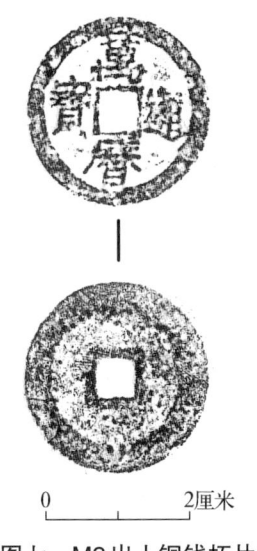

图七　M2出土铜钱拓片

万历通宝（M2:1）

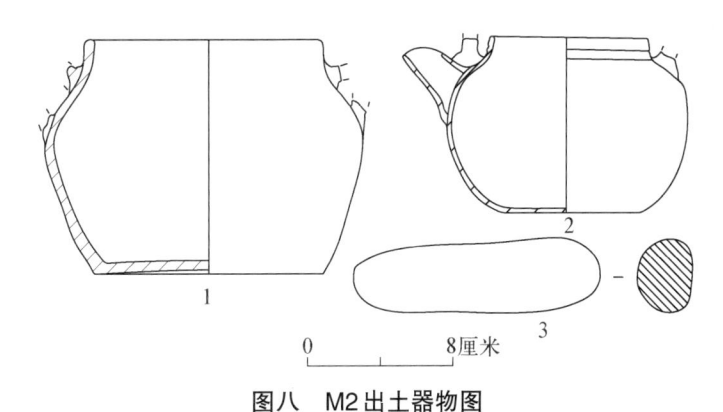

图八　M2出土器物图

1. 陶罐（M2:4）　2. 陶壶（M2:3）　3. 镇墓石（M2:2）

第三节　M15

一、墓葬形制与结构

M15　东邻M14，长方形竖穴土圹单棺墓，开口于②层下，方向352°，墓口距地表0.9米，墓圹长2.72米，宽1.42~1.68米，深0.72米。墓室四壁较整齐，内填花土，土质疏松。墓底置单棺，棺木已朽。棺长1.94米，宽0.44~0.54米，残高0.24米，棺痕厚0.02米。棺内仅残存少量墓主人肢骨，初步判断其为搬迁墓。棺底铺有青灰，厚约0.01米（图九；彩版七）。

二、随葬品

铜钱　2枚。标本M15:1，范铸，圆形方穿，正面铸有楷书"万历通宝"四字，对读。钱径2.4、穿径0.5厘米（图一〇）。

第四节　M33

一、墓葬形制与结构

M33西南邻M38，长方形竖穴土圹双棺合葬墓，开口于②层下，方向20°，墓口距地表0.9米，墓圹长3.02米，宽1.9米，深1.1米。墓室四壁较整齐，内填花土，土质较硬。墓底置双棺，棺木已朽，东棺保存较好，西棺仅残存棺痕。东棺长2.08~2.2米，宽0.42~0.47米，残高0.55米。棺内墓主人为男性，骨架保存较差，长1.56米，头向北，面向不详，仰身直肢葬，骨架下有少量的

图九　M15平、剖面图
1.铜钱

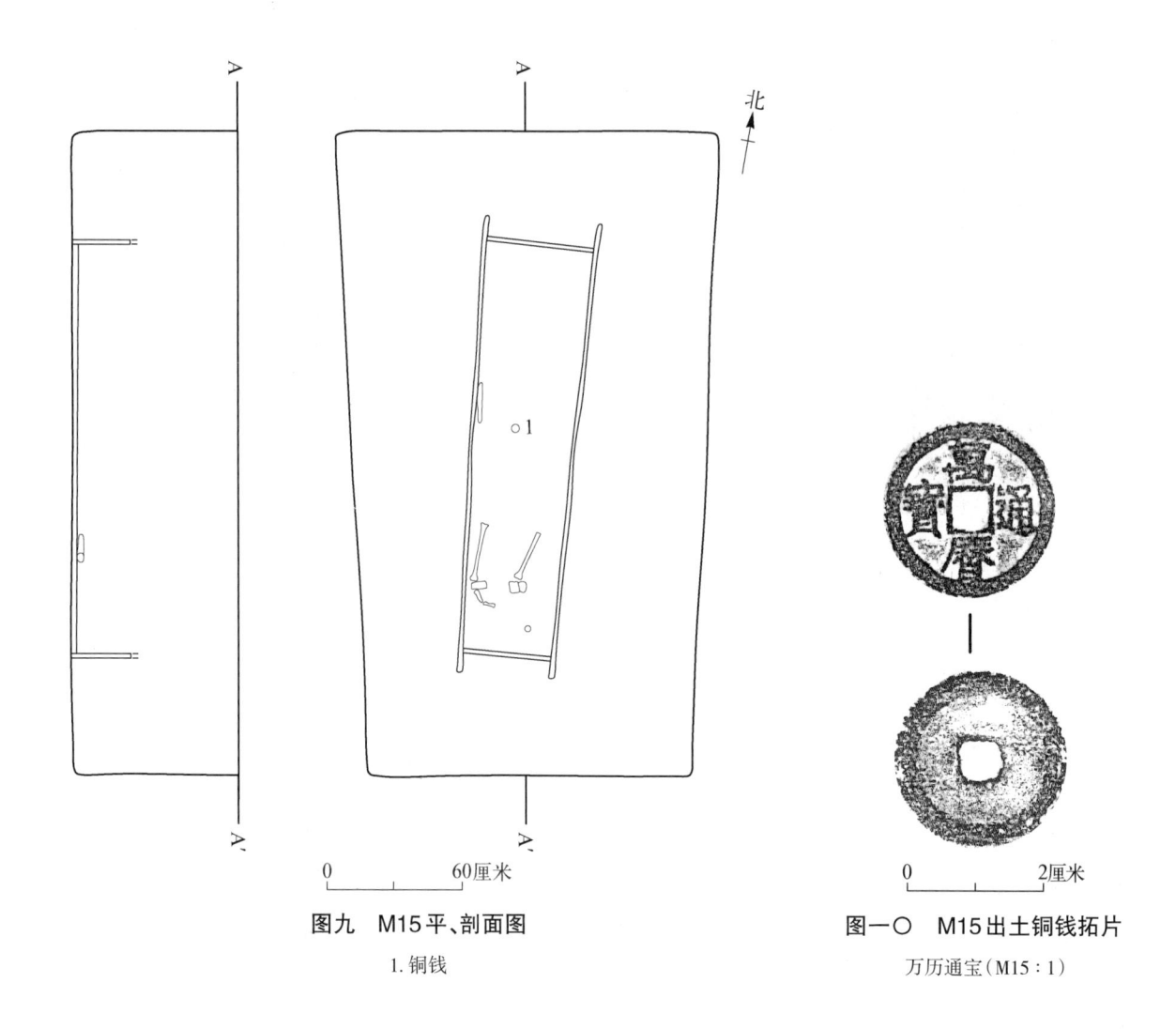

图一〇　M15出土铜钱拓片
万历通宝（M15∶1）

青灰。西棺长1.88米，宽0.5米，残高0.55米，棺痕厚0.01米。棺内墓主人为女性，骨架保存较差，长1.26米，头向北，面向下，仰身屈肢葬，棺内南端摆放有两块青砖（图一一；彩版八，1）。

二、随葬品

釉陶罐　2件。

M33∶1，泥质红陶，轮制，敞口，圆唇，鼓腹，圈足，器身外壁上部施黄釉。口径9.4、腹径15.2、底径8.1、高14.4厘米（图一二，1；彩版八，2）。

M33∶2，泥质红陶，轮制，敞口，圆唇，鼓腹，圈足，器身外壁上部施黄釉。口径8.8、腹径14.9、底径8.3、高13.7厘米（图一二，2；彩版八，3）。

铜钱　13枚。

"天圣元宝"铜钱11枚。标本M33∶3-1，范铸，圆形方穿，正面铸有楷书"天圣元宝"四字，旋读。钱径2.3、穿径0.6厘米（图一三，1）。

图一一 M33平、剖面图

1、2. 釉陶罐 3. 铜钱

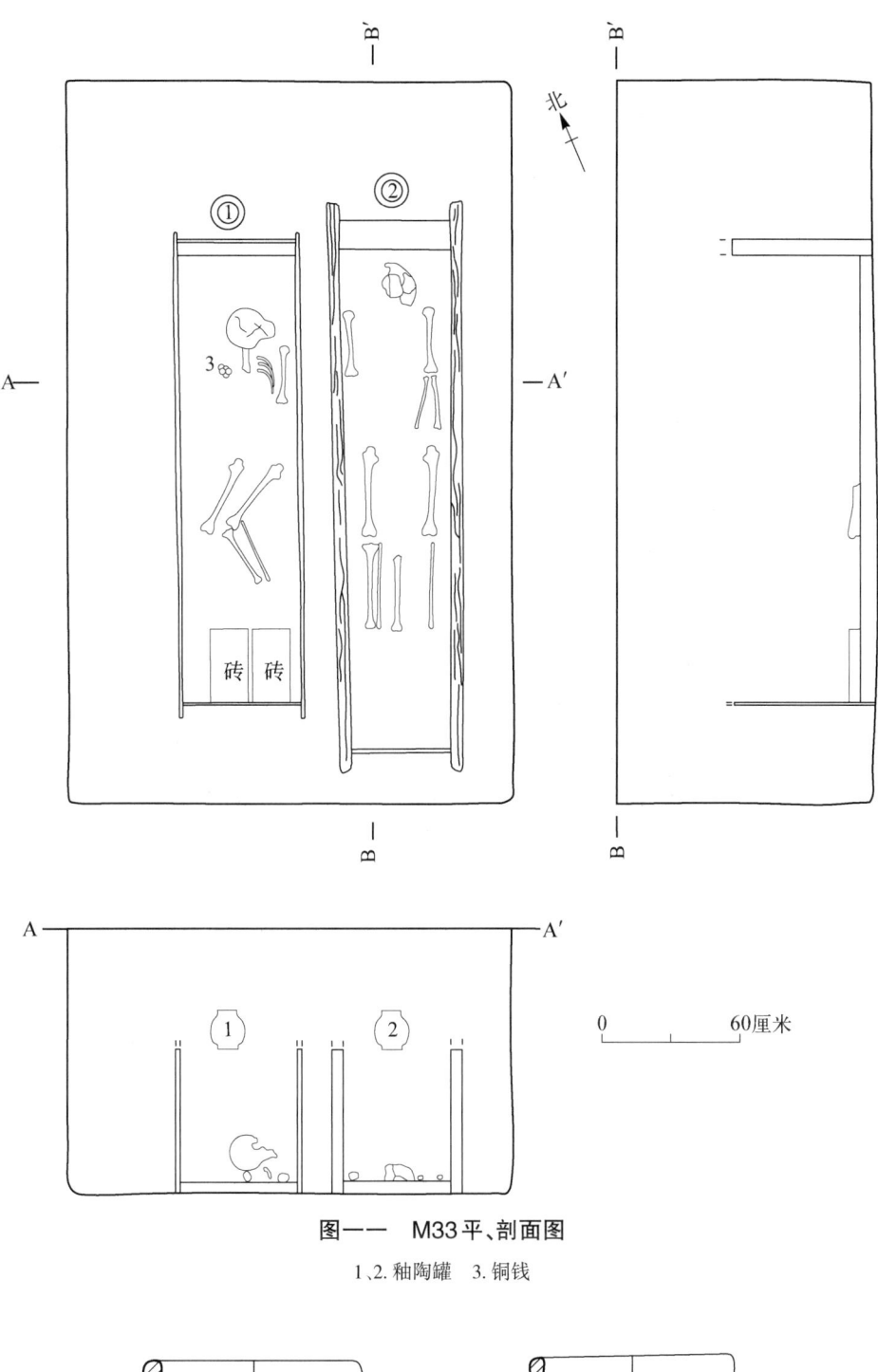

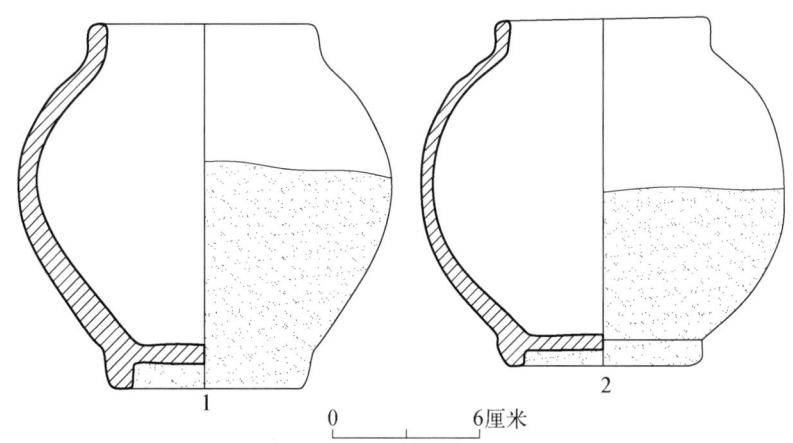

图一二 M33出土器物图

1、2. 釉陶罐（M33∶1、M33∶2）

"绍圣元宝"铜钱1枚。M33：3-2,范铸,圆形方穿,正面铸有楷书"绍圣元宝"四字,旋读。钱径2.3、穿径0.6厘米(图一三,2)。

"熙宁元宝"铜钱1枚。M33：3-3,范铸,圆形方穿,正面铸有楷书"熙宁元宝"四字,旋读。钱径2.3、穿径0.7厘米(图一三,3)。

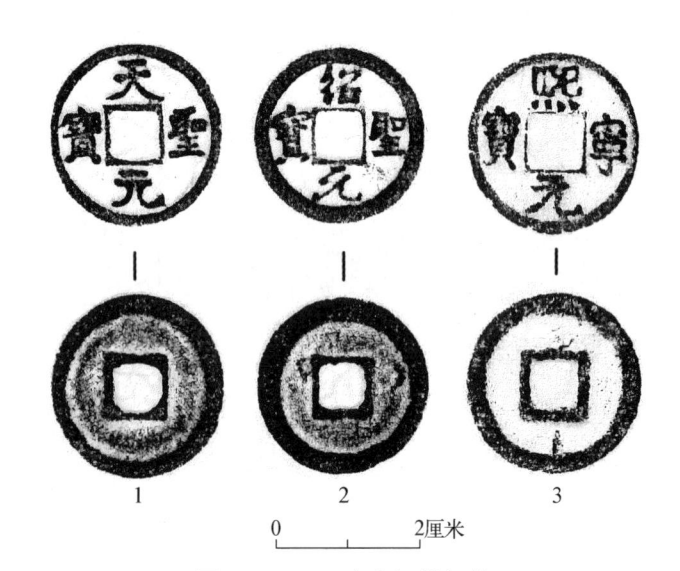

图一三　M33出土铜钱拓片
1.天圣元宝(M33：3-1)　2.绍圣元宝(M33：3-2)　3.熙宁元宝(M33：3-3)

第五节　M34

一、墓葬形制与结构

M34南邻M39,长方形竖穴土圹双棺合葬墓,开口于②层下,方向0°,墓口距地表0.9米,墓圹长2.2～2.85米,宽2.45～2.5米,深0.8～1米。墓室四壁较整齐,内填花土,土质较松。墓底置双棺,棺木已朽,仅残存棺痕。西棺打破东棺,与东棺间隔0.12米。东棺长1.88米,宽0.48～0.5米,残高0.25米,棺痕厚0.01米。棺内墓主人为男性,骨架保存较差,长1.3米,头向北,面向上,仰身直肢葬。西棺长1.84米,宽0.46～0.48米,残高0.4米,棺痕厚0.01米。棺内墓主人为女性,骨架保存较差,长1米,头向北,面向不详,仰身屈肢葬(图一四)。

二、随葬品

陶罐　1件。M34：1,泥质红陶,轮制,敞口,圆唇,鼓腹,圈足,器身肩部饰对称双系。口径12.8、腹径16.5、底径7.7、高15.7厘米(图一五,1)。

釉陶罐　1件。M34：2,泥质红陶,轮制,敞口,圆唇,鼓腹,圈足,器身外壁上部施黄绿色酱釉。口径8、腹径13.7、底径7、高12.7厘米(图一五,2)。

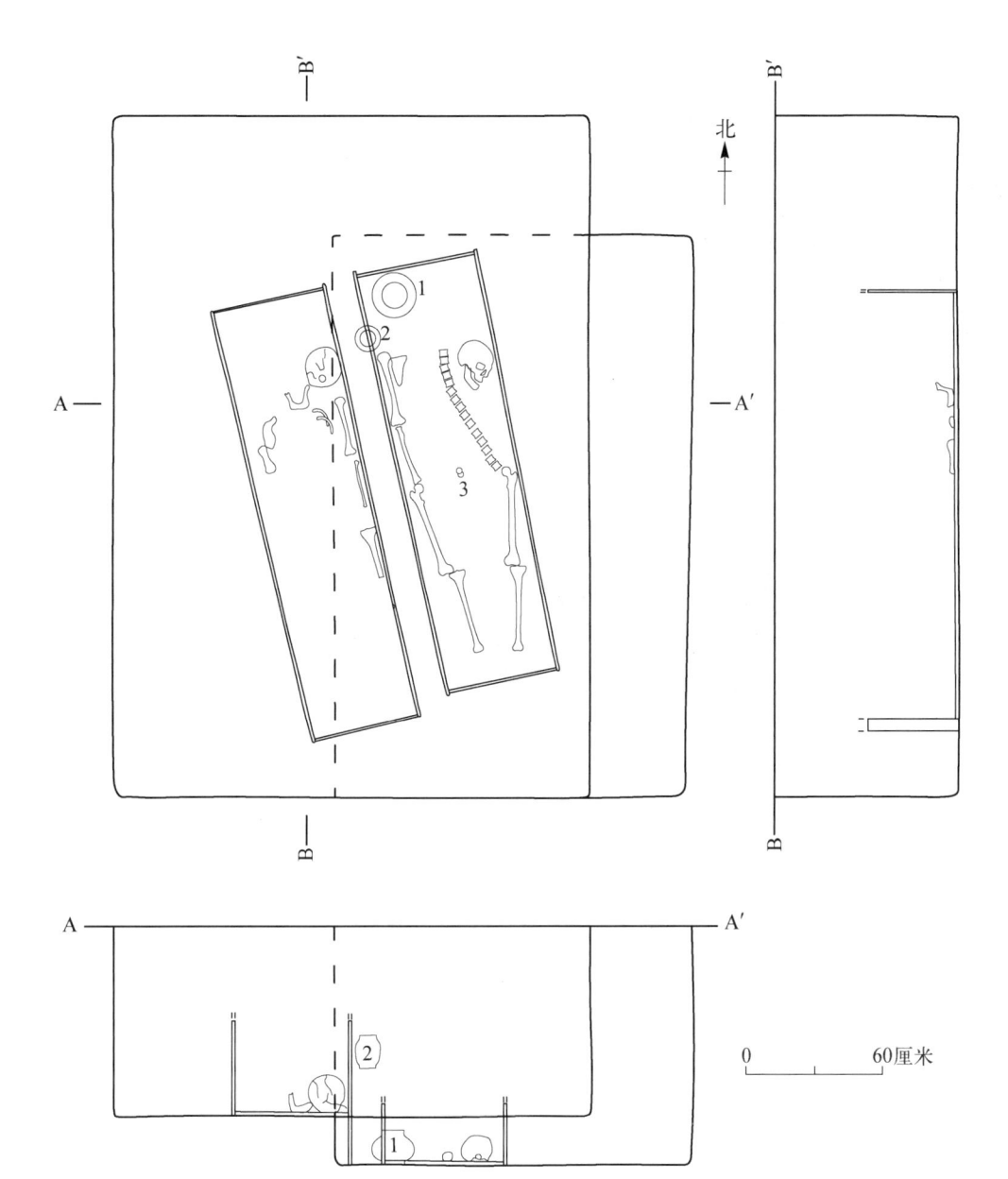

图一四 M34平、剖面图

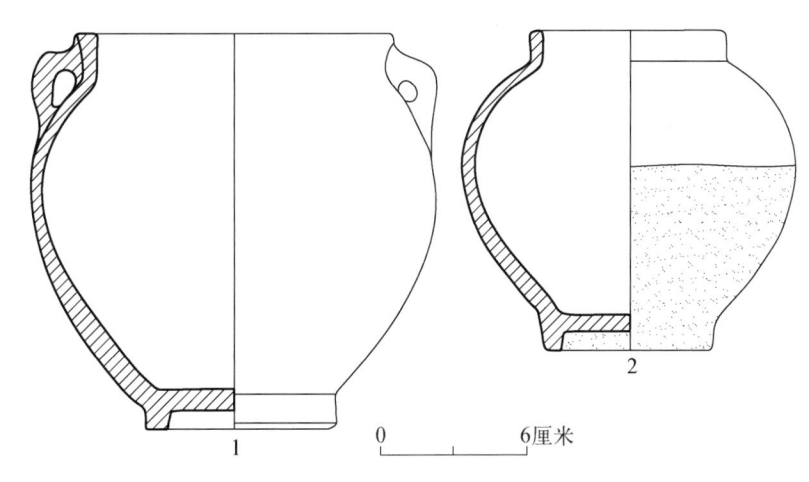

1. 陶罐 2. 釉陶罐 3. 铜钱

图一五 M34出土器物图

1. 陶罐（M34∶1） 2. 釉陶罐（M34∶2）

铜钱 3枚。

"元祐通宝"铜钱1枚。M34：3-1，范铸，圆形方穿，正面铸有篆书"元祐通宝"四字，旋读。钱径2.2、穿径0.6厘米（图一六，1）。

"天禧通宝"铜钱1枚。M34：3-2，范铸，圆形方穿，正面铸有楷书"天禧通宝"四字，旋读。钱径2.3、穿径0.6厘米（图一六，2）。

"熙宁元宝"铜钱1枚。M34：3-3，范铸，圆形方穿，正面铸有楷书"天禧通宝"四字，旋读。钱径2.5、穿径0.7厘米（图一六，3）。

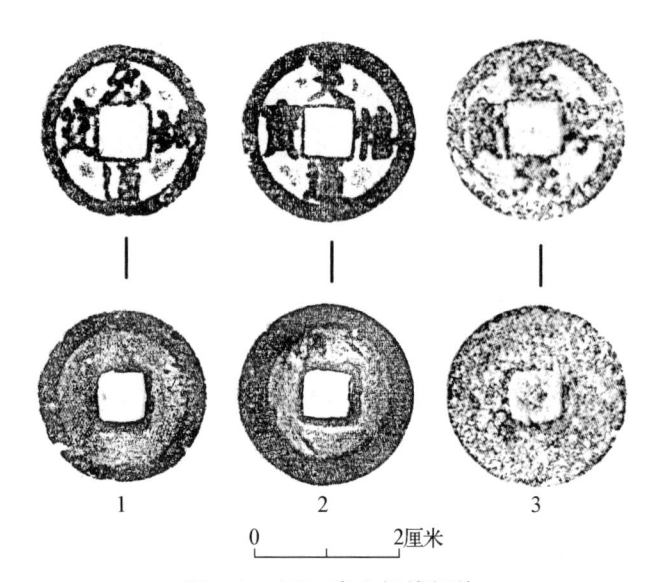

图一六 M34出土铜钱拓片
1. 元祐通宝（M34：3-1） 2. 天禧通宝（M34：3-2） 3. 熙宁元宝（M34：3-3）

第六节 M35

一、墓葬形制与结构

M35 西南邻M41，长方形竖穴土圹单棺墓，方向10°，开口于②层下，墓口距地表0.9米，墓圹长2.2米，宽1.1～1.35米，深0.85米。墓室四壁较整齐，内填花土，土质较硬。墓底置单棺，棺木已朽。棺长1.6米，宽0.46～0.7米，残高0.3米，棺痕厚0.01米。棺内未发现墓主人骨架，初步判断其为搬迁墓（图一七；彩版九）。

二、随葬品

铜钱 1枚。M35：1，范铸，圆形方穿，正面铸有楷书"天禧通宝"四字，旋读。钱径2.2、穿径0.6厘米（图一八）。

图一七　M35平、剖面图

1.铜钱

图一八　M35出土铜钱拓片

天禧通宝（M35∶1）

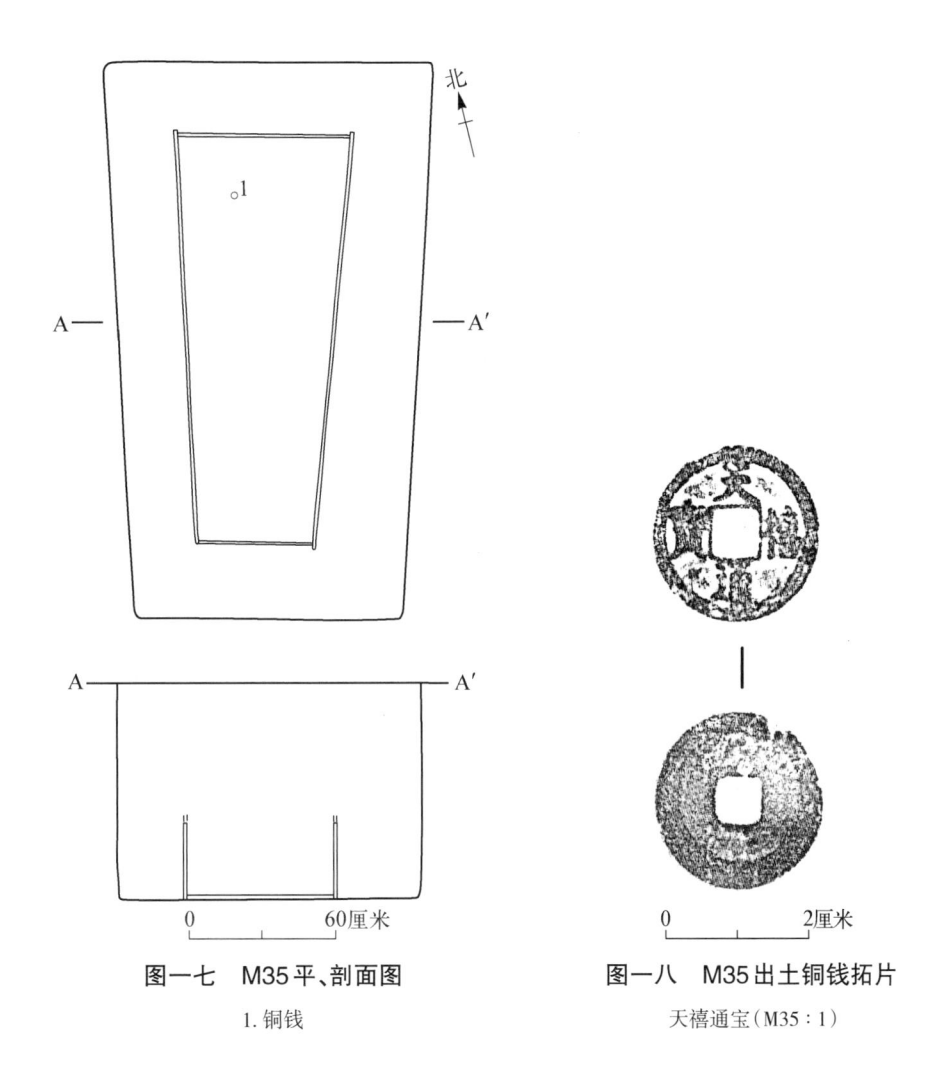

第七节　M36

一、墓葬形制与结构

M36　西邻M41，长方形竖穴土圹双棺合葬墓，方向0°，开口于②层下，墓口距地表0.9米，墓圹长2.61米，宽1.48~1.52米，深1.2米。墓室四壁较整齐，内填花土，土质疏松。墓底置双棺，棺木已朽。东棺与西棺间距0.06~0.12米。西棺长1.86米，宽0.42~0.56米，残高0.3米。棺内墓主人为男性，骨架保存较差，长1.56米，头向北，面向下，仰身直肢葬。东棺长1.8米，宽0.46~0.5米，残高0.2米。棺内墓主人为女性，骨架保存较差，长1.24米，头向北，面向下，仰身直肢葬（图一九；彩版一〇，1）。

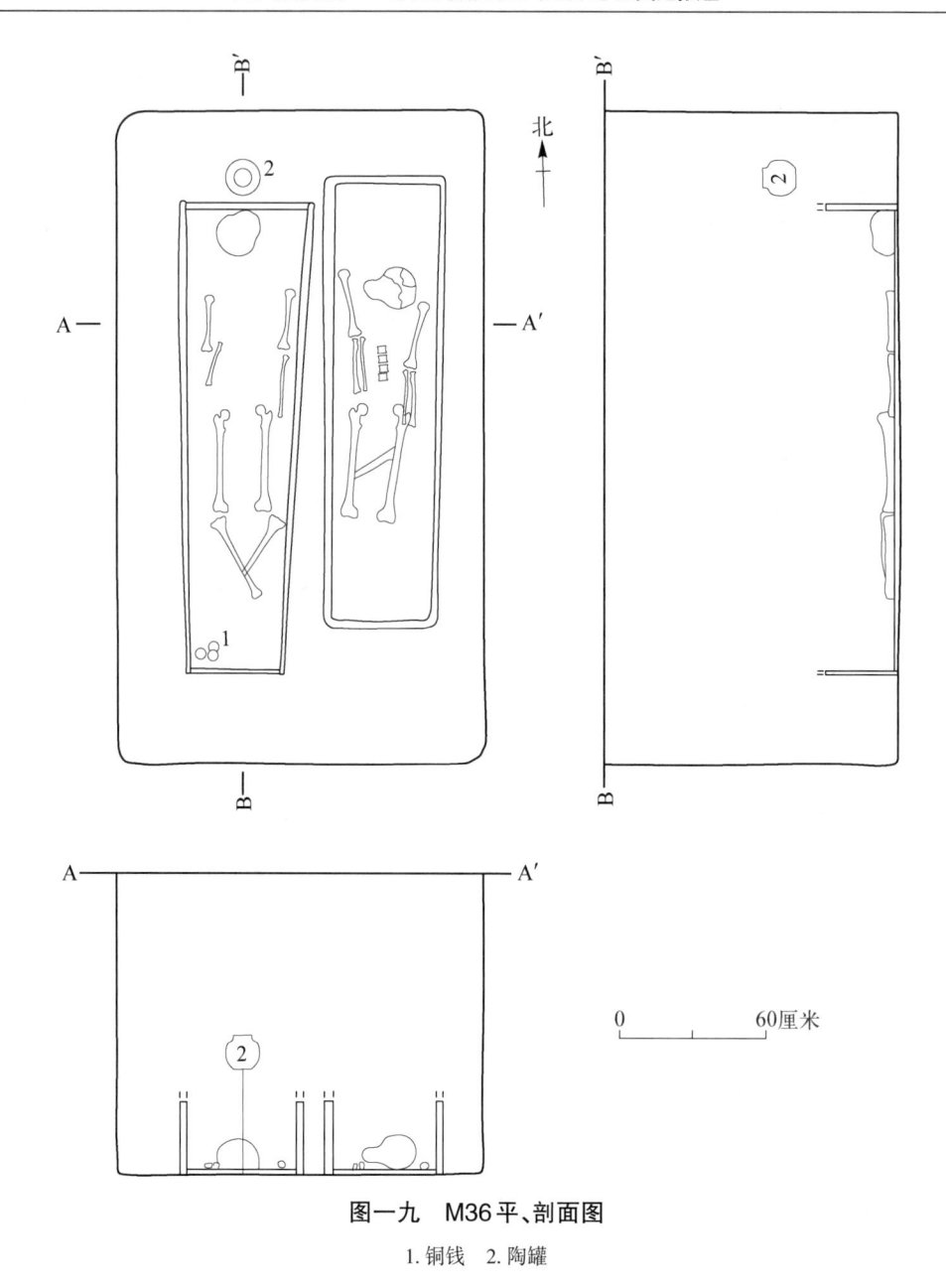

图一九　M36平、剖面图
1. 铜钱　2. 陶罐

二、随葬品

铜钱　3枚。

"圣宋元宝"铜钱1枚。M36∶1-1，范铸，圆形方穿，正面铸有篆书"圣宋通宝"四字，旋读。钱径2.2、穿径0.6厘米（图二〇，1）。

"嘉靖通宝"铜钱2枚。标本M36∶1-2，范铸，圆形方穿，正面铸有楷书"嘉靖通宝"四字，对读。钱径2.2、穿径0.6厘米（图二〇，2）。

陶罐　1件。M36∶2，泥质灰陶，敞口，圆唇，鼓腹，平底，肩部饰双系，系已残缺。口径10.2、腹径13.4、底径9.1、高10.2厘米（图二一；彩版一〇，2）。

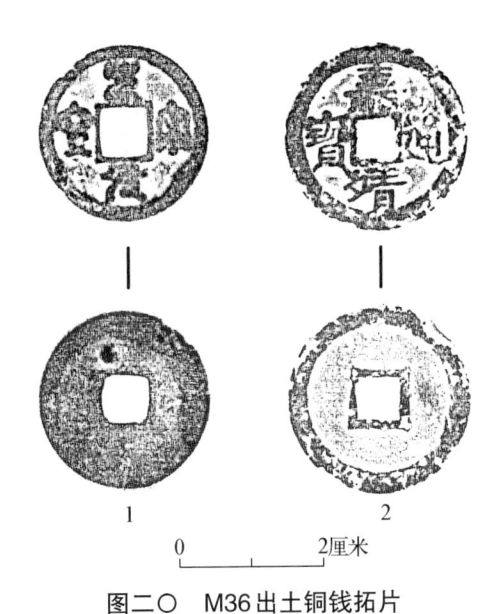

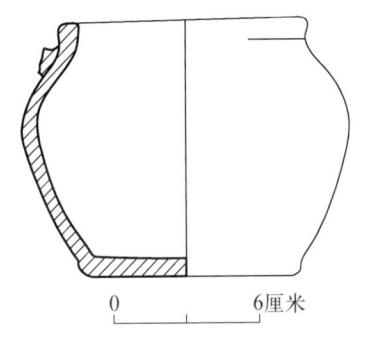

图二一　M36出土器物图
陶罐（M36:2）

图二〇　M36出土铜钱拓片
1. 圣宋元宝（M36:1-1）　2. 嘉靖通宝（M36:1-2）

第八节　M38

一、墓葬形制与结构

M38　北邻M33，长方形竖穴土圹单棺墓，开口于②层下，方向20°，墓口距地表0.9米，墓圹长2.84米，宽1.62米，深0.9米。墓室四壁较整齐，内填花土，土质疏松。墓底置单棺，棺木已朽。长2.8米，宽0.5米，残高0.5米。棺内置有两具墓主人骨架，保存较差，东部为男性，头向北，面向南，仰身直肢葬，骨架长1.66米；西部为女性，头向北，面向下，仰身直肢葬，骨架残长0.8米（图二二；彩版一一，1）。

二、随葬品

釉陶罐　1件。M38:1，泥质红陶，轮制，敞口，圆唇，鼓腹，圈足，器身外壁上部施黄色酱釉。口径8.6、腹径14.5、底径8.3、高12.9厘米（图二三；彩版一一，2）。

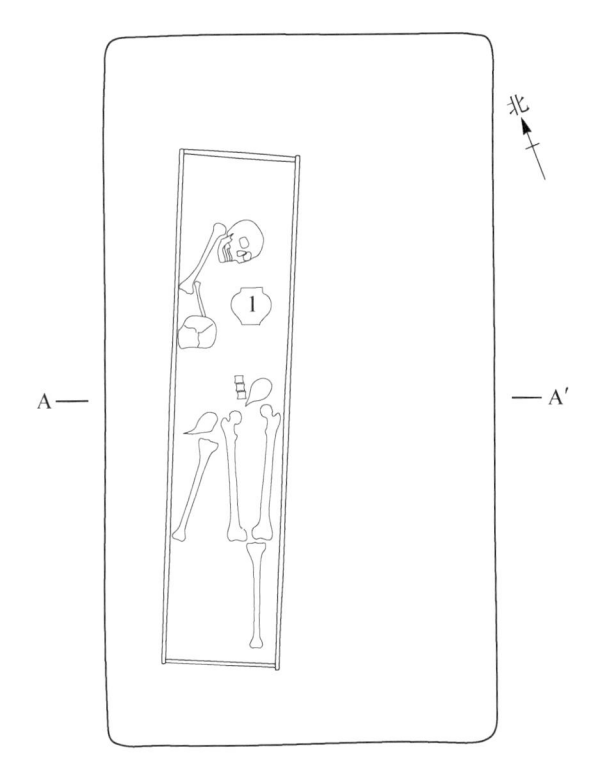

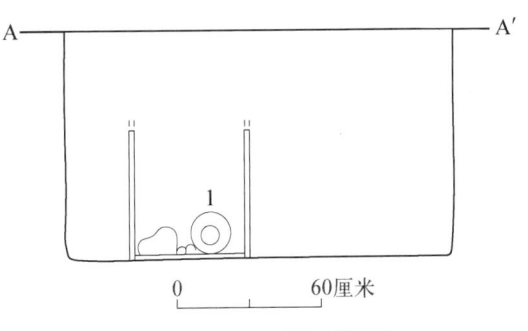

图二二　M38平、剖面图
1. 釉陶罐

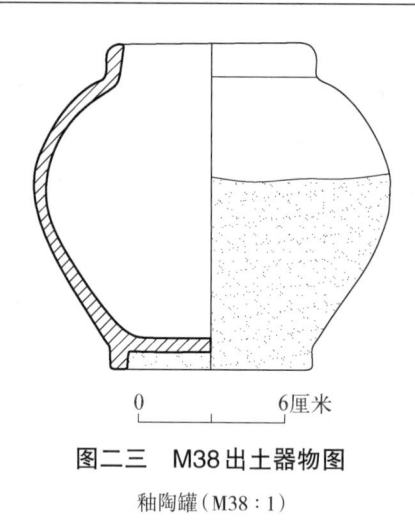

图二三　M38出土器物图
釉陶罐（M38∶1）

第九节　M39

一、墓葬形制与结构

M39　北邻M34，长方形竖穴土圹双棺合葬墓，开口于②层下，方向20°。墓口距地表0.9米，墓圹长2.54米，宽2.33米，深1.02米。墓室四壁较整齐，内填花土，土质疏松。墓底置双棺，棺木已朽。两棺间隔0.22米。东棺长2.02米，宽0.46～0.56米，残高0.4米。棺内墓主人为男性，骨架保存较差，长1.74米，头向北，面向东，仰身直肢葬。西棺长2.06米，宽0.52～0.6米，残高0.4米，棺痕厚0.01米。棺内墓主人为女性，骨架保存较差，长1.28米，头向北，面向不详，仰身直肢葬（图二四；彩版一二；彩版一三，1）。

二、随葬品

釉陶罐　2件。

M39∶1，泥质红陶，轮制，敞口，圆唇，鼓腹，圈足，器身外壁上部施黄色酱釉。口径8.6、腹径14.2、底径7.9、高13.3厘米（图二五，2；彩版一三，2）。

M39∶2，泥质红陶，轮制，敞口，圆唇，鼓腹，圈足，器身外壁上部施黄色酱釉。口径9.6、腹径18、底径10.5、高18.8厘米（图二五，1；彩版一三，3）。

铜钱　4枚。

"景定元宝"铜钱1枚。M39∶3-1，范铸，圆形方穿，正面铸有楷书"景定元宝"四字，对读。钱径2.9、穿径0.7厘米（图二六，1）。

"元祐通宝"铜钱1枚。M39∶3-2，范铸，圆形方穿，正面铸有行书"元祐通宝"四字，旋读。钱径2.3、穿径0.5厘米（图二六，2）。

"开元通宝"铜钱1枚。M39∶3-3，范铸，圆形方穿，正面铸有楷书"开元通宝"四字，对读。钱径2.4、穿径0.6厘米（图二六，3）。

图二四　M39平、剖面图

1、2. 釉陶罐　3. 铜钱

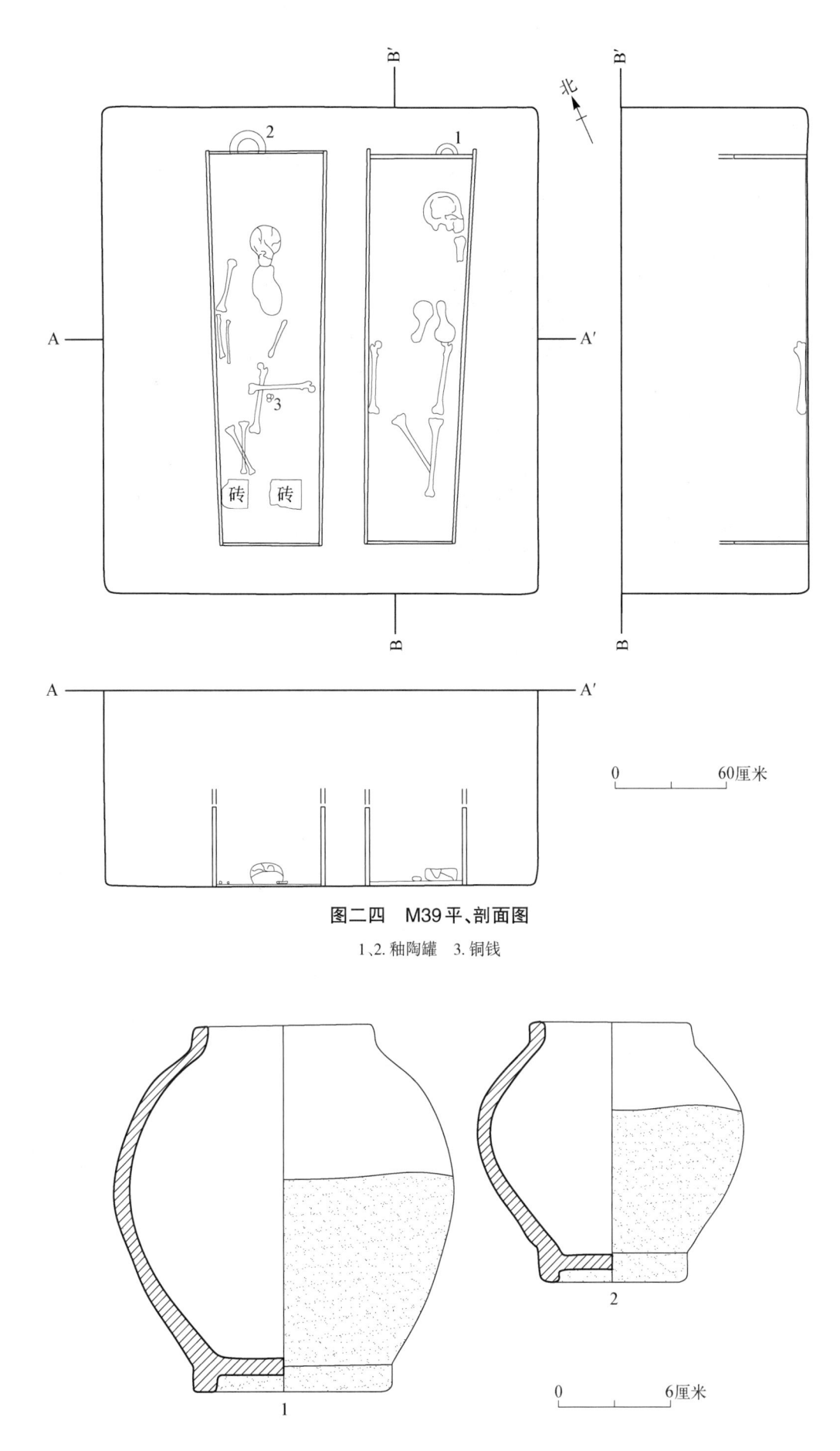

图二五　M39出土器物图

1、2. 釉陶罐（M39∶2、M39∶1）

"景祐通宝"铜钱1枚。M39∶3-4,范铸,圆形方穿,正面铸有楷书"景祐通宝"四字,对读。钱径2.3、穿径0.6厘米(图二六,4)。

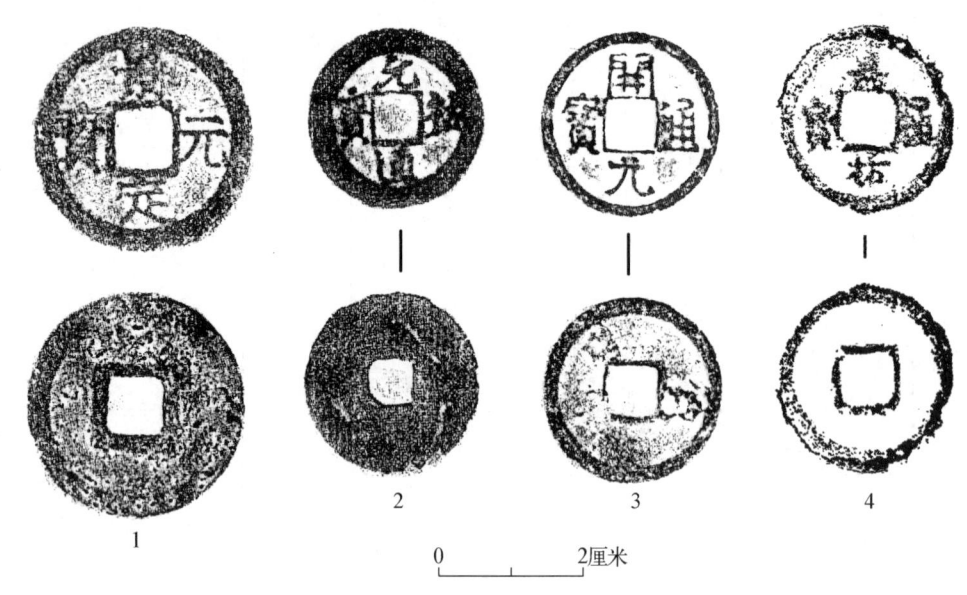

图二六 M39出土铜钱拓片
1. 景定元宝(M39∶3-1) 2. 元祐通宝(M39∶3-2) 3. 开元通宝(M39∶3-3) 4. 景祐通宝(M39∶3-4)

第十节 M40

一、墓葬形制与结构

M40 西邻M39,长方形竖穴土圹单棺墓,开口于②层下,方向110°。墓口距地表0.9米,墓圹长2.51米,宽1.42米,深1.1米。墓室四壁较整齐,内填花土,土质疏松。墓底置单棺,棺木已朽。棺长2.04米,宽0.4～0.56米,残高0.3米。棺内墓主人为男性,骨架保存较差,仅存头骨,头向东,面向上(图二七;彩版一四,1)。

二、随葬品

釉陶罐 1件。M40∶1,泥质红陶,轮制,敞口,圆唇,鼓腹,圈足,器身外壁上部施黑色酱釉。口径9.8、腹径18.9、底径11.3、高19.2厘米(图二八;彩版一四,2)。

第十一节 M41

一、墓葬形制与结构

M41 东北邻M35,长方形竖穴土圹双棺合葬墓,开口于②层下,方向35°,墓口距地表0.9米,墓圹长2.5～2.9米,宽2.2～2.3米,深1.2～1.25米。墓室四壁较整齐,内填花土,土质

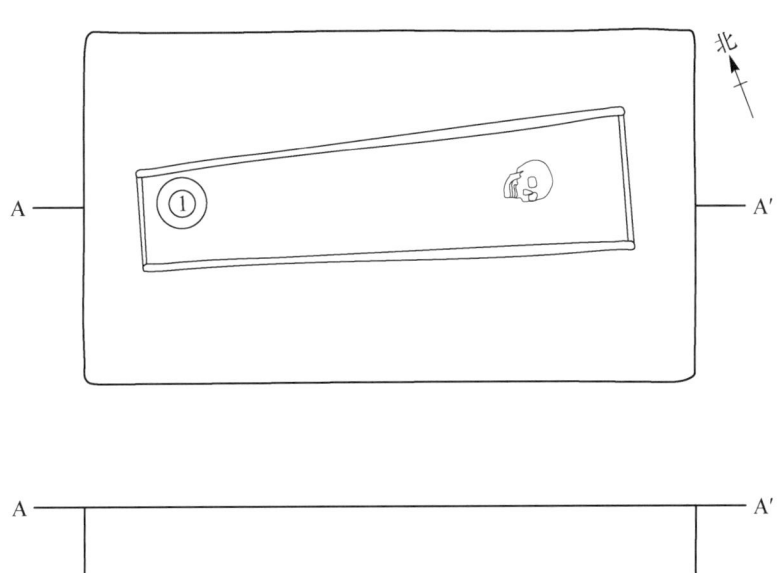

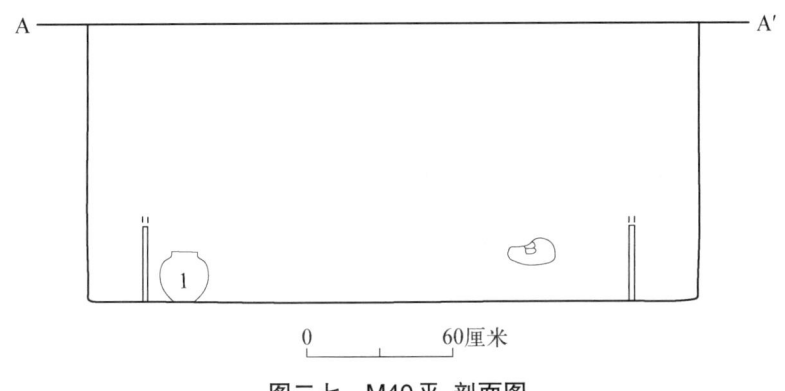

图二七　M40平、剖面图

1.釉陶罐

疏松。墓底置双棺，棺木已朽，仅存棺痕。西棺打破东棺，两棺间隔0.15～0.3米。东棺长2.04米，宽0.46～0.64米，残高0.45米。棺内墓主人为男性，骨架保存较差，长1.42米，头向北，面向不详，仰身直肢葬。西棺长1.82米，宽0.48～0.5米，残高0.4米，棺痕厚0.01米。棺内墓主人为女性，骨架保存较差，长1.3米，头向北，面向不详，仰身直肢葬（图二九；彩版一五，1）。

二、随葬品

陶壶　2件。

M41:1，夹砂灰陶，直口，圆唇，鼓腹，圜底，肩部饰柱状手柄及流，均残缺。口径11.5、腹径16、高12.8厘米（图三〇，1；彩版一五，2）。

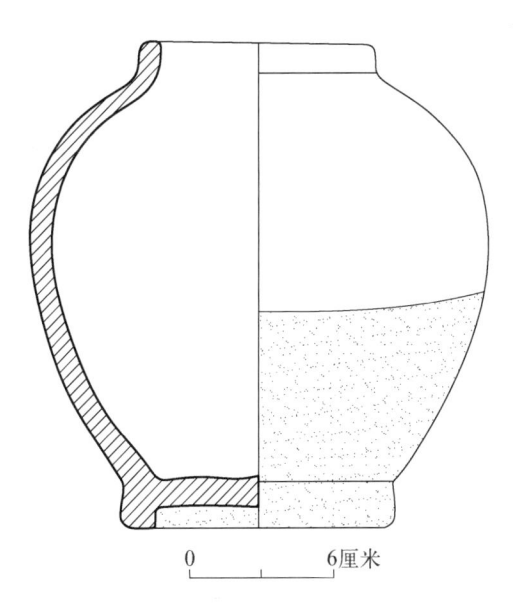

图二八　M40出土器物图

釉陶罐（M40:1）

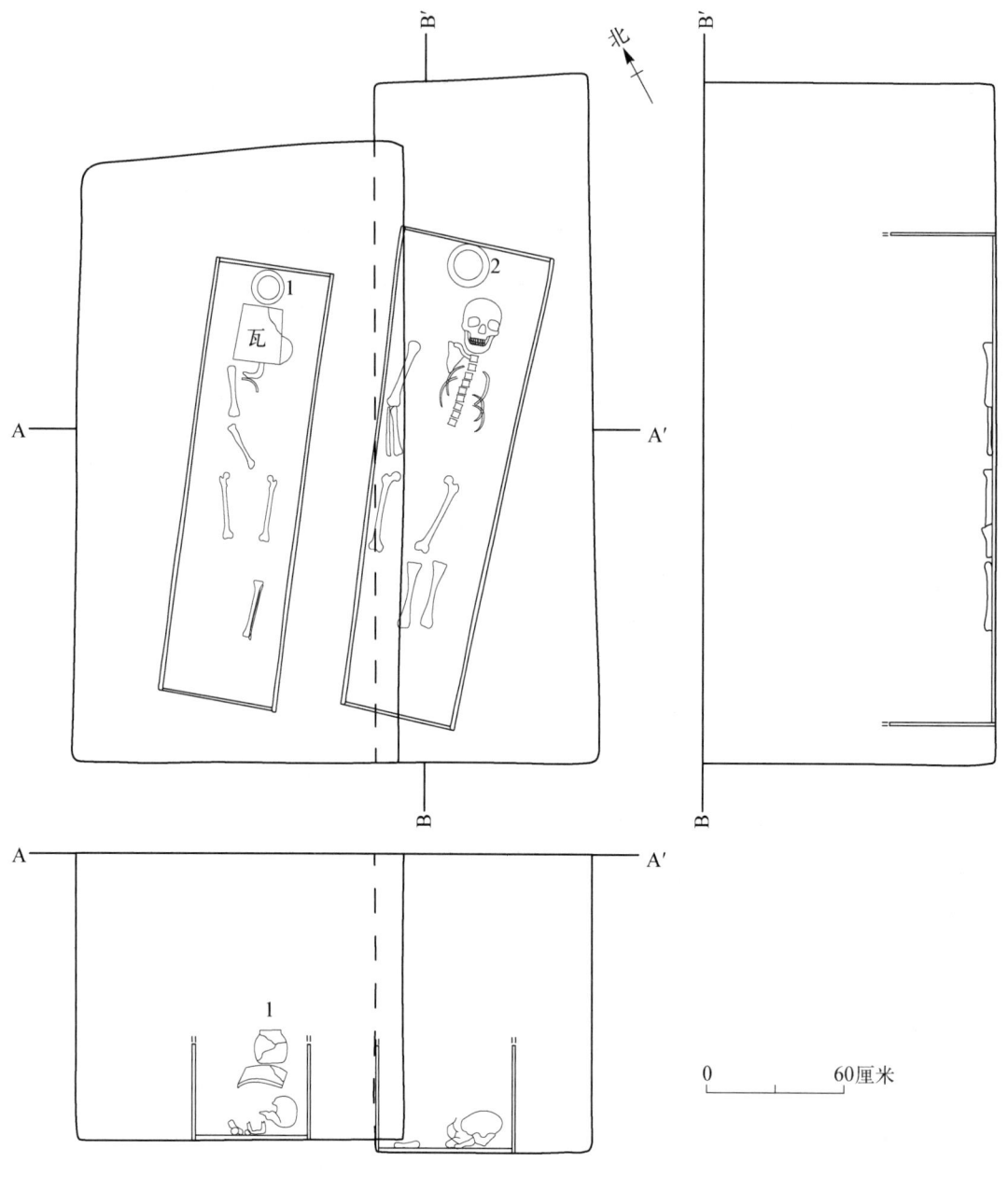

图二九 M41平、剖面图

1、2.陶壶

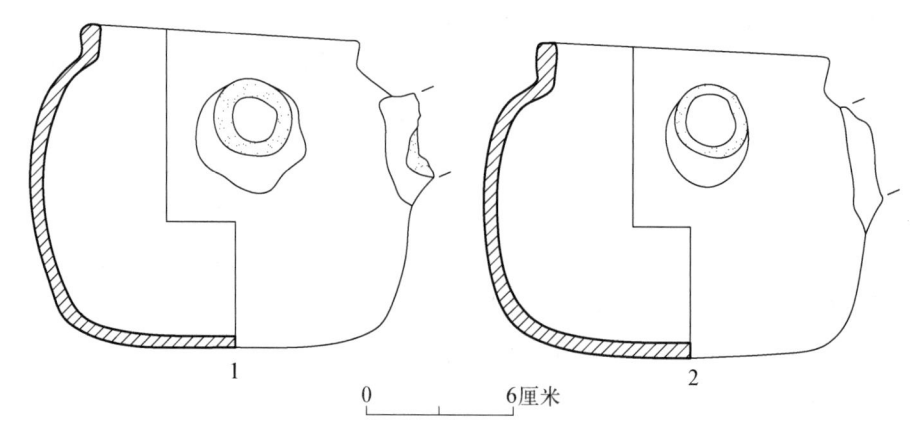

图三〇 M41出土器物图

1、2.陶壶(M41:1、M41:2)

M41:2，夹砂灰陶，直口，圆唇，鼓腹，圜底，肩部饰柱状手柄及流，均残缺。口径11.9、腹径15.6、高12.5厘米（图三〇,2；彩版一五,3）。

第十二节 M42

一、墓葬形制与结构

M42 北邻M36，长方形竖穴土圹单棺墓，开口于②层下，方向20°，墓口距地表0.9米，墓圹长2.35米，宽1.35米，深0.4米。墓室四壁较整齐，内填花土，土质疏松。墓底置单棺，棺木已朽。棺长1.78米，宽0.55~0.6米，残高0.15米。棺内墓主人为男性，骨架保存较完整，长1.2米，头向北，面向不详，仰身直肢葬（图三一；彩版一六,1）。

二、随葬品

陶壶 1件。M42:1，夹砂灰陶，敛口，圆唇，鼓腹，圜底，肩部一侧饰圆柱形手柄及圆形流，均残缺。口径12.6、腹径16.8、高12.2厘米（图三二；彩版一六,2）。

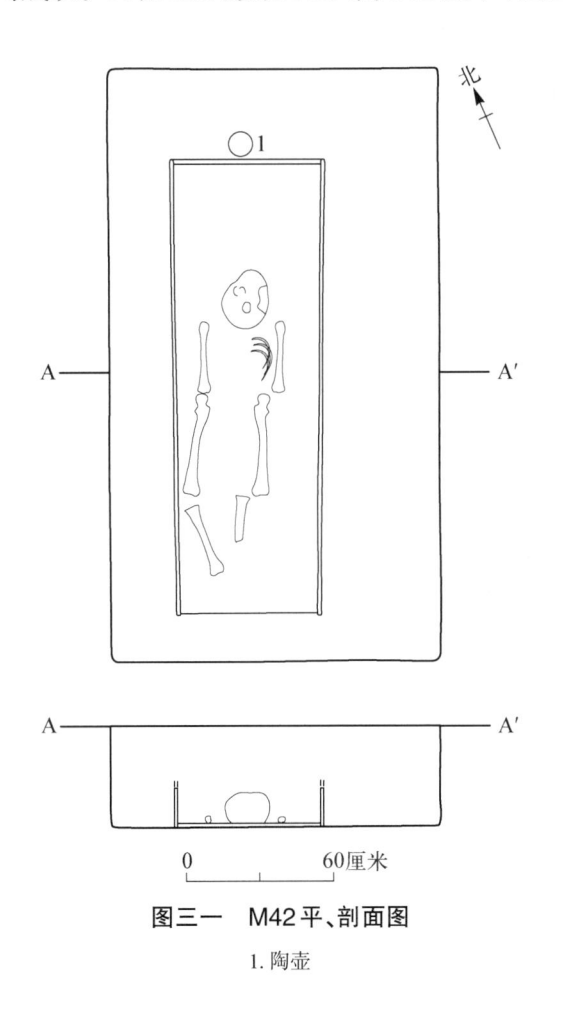

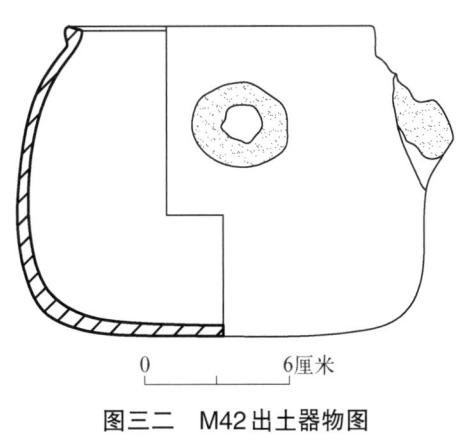

图三一 M42平、剖面图
1.陶壶

图三二 M42出土器物图
陶壶（M42:1）

第十三节 M43

一、墓葬形制与结构

M43 北邻M42,长方形竖穴土圹双棺合葬墓,开口于②层下,方向5°,墓口距地表0.9米,墓圹长2.54～2.93米,宽1.65～1.7米,深1.3～1.4米。墓室四壁较整齐,内填花土,土质疏松。墓

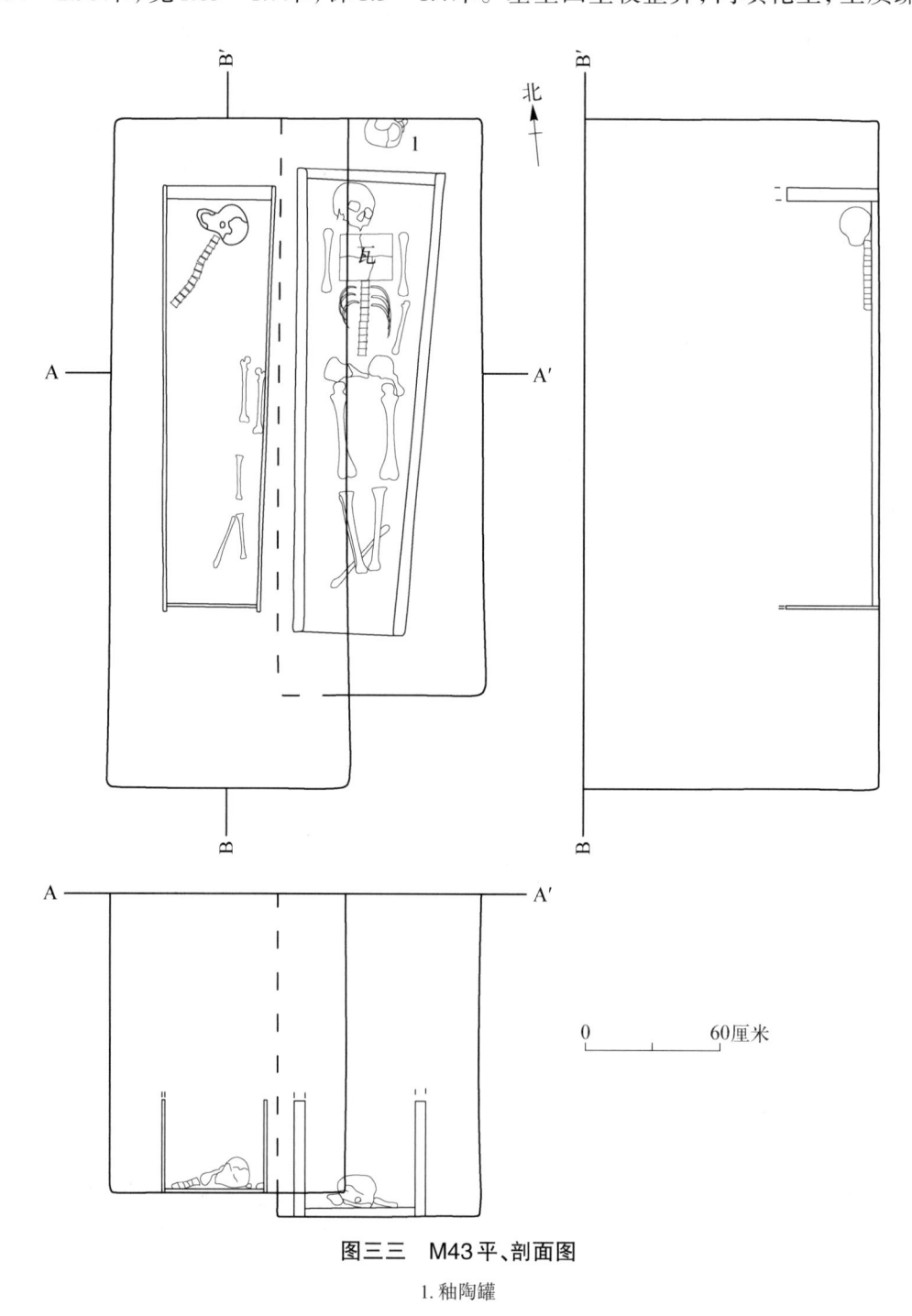

图三三 M43平、剖面图

1.釉陶罐

底置双棺,棺木已朽。西棺打破东棺,两棺间隔0.1~0.15米。东棺长2米,宽0.4~0.56米,残高0.5米,板厚0.05米。棺内墓主人为男性,骨架保存较完整,长1.76米,头向北,面向东,仰身直肢葬。西棺长1.8米,宽0.42~0.48米,残高0.4米,板厚0.01米。棺内墓主人为女性,骨架保存较完整,长1.58米,头向北,面向下,仰身直肢葬(图三三;彩版一七,1)。

二、随葬品

釉陶罐 1件。M43:1,泥质红陶,轮制,敞口,圆唇,鼓腹,圈足,器身外壁上部施黄色酱釉。口径8.7、腹径16.2、底径9.1、高14.7厘米(图三四;彩版一七,2)。

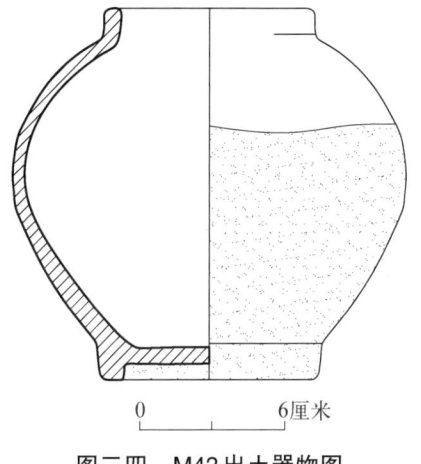

图三四 M43出土器物图
釉陶罐(M43:1)

第十四节 M44

一、墓葬形制与结构

M44 北邻M38,长方形竖穴土圹双棺合葬墓,开口于②层下,方向10°,墓口距地表0.9米,墓圹长2.54米,宽2.28~2.48米,深0.8米。墓室四壁较整齐,内填花土,土质疏松。墓底置双棺,棺木已朽。两棺间隔0.18米。东棺长1.82米,宽0.46~0.52米,残高0.4米。棺内墓主人为男性,骨架保存较差,长0.84米,头向北,面向下,仰身直肢葬。西棺长1.64米,宽0.38~0.45米,残高0.3米。棺内墓主人为女性,骨架保存较差,长0.86米,头向北,面向下,仰身直肢葬(图三五;彩版一八,1)。

二、随葬品

釉陶罐 2件。

M44:1,泥质红陶,轮制,敞口,圆唇,鼓腹,圈足,器身外壁上部施黄绿色酱釉。口径11、腹径19.9、底径8.3、残高18.9厘米(图三六,1;彩版一八,2)。

M44:2,泥质红陶,轮制,敞口,圆唇,鼓腹,圈足,器身外壁上部施黄绿色酱釉。口径8.4、腹径13.9、底径7.9、高12.5厘米(图三六,2;彩版一八,3)。

第十五节 M45

一、墓葬形制与结构

M45 北邻M39,长方形竖穴土圹双棺合葬墓,开口于②层下,方向20°,墓口距地表0.9米,墓圹长2.22~2.42米,宽2.28~2.42米,深1.2~1.4米。墓室四壁较整齐,内填花土,土质疏松。

图三五 M44平、剖面图

1、2. 釉陶罐

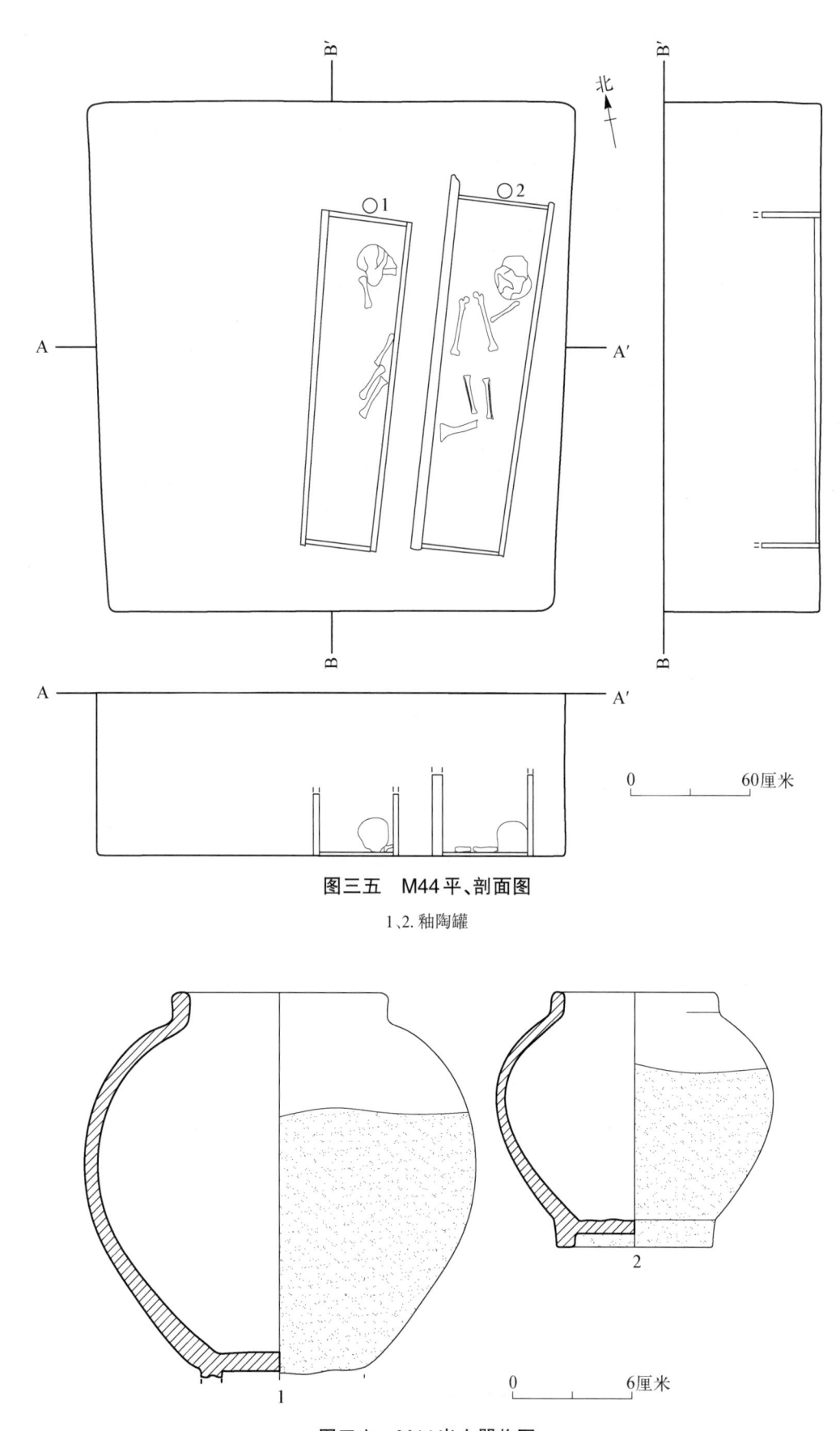

图三六 M44出土器物图

1、2. 釉陶罐（M44∶1、M44∶2）

墓底置双棺，西棺打破东棺，棺木已朽。两棺间隔0.12～0.16米。东棺长2.08米，宽0.4～0.58米，残高0.5米，棺痕厚0.02米。棺内墓主人为男性，骨架保存较差，长1.5米，头向北，面向下，仰身直肢葬。西棺长1.99米，宽0.48～0.58米，残高0.3米，棺痕厚0.01米。棺内墓主人为女性，骨架保存较差，长1.46米，头向北，面向不详，仰身直肢葬（图三七；彩版，一九，1）。

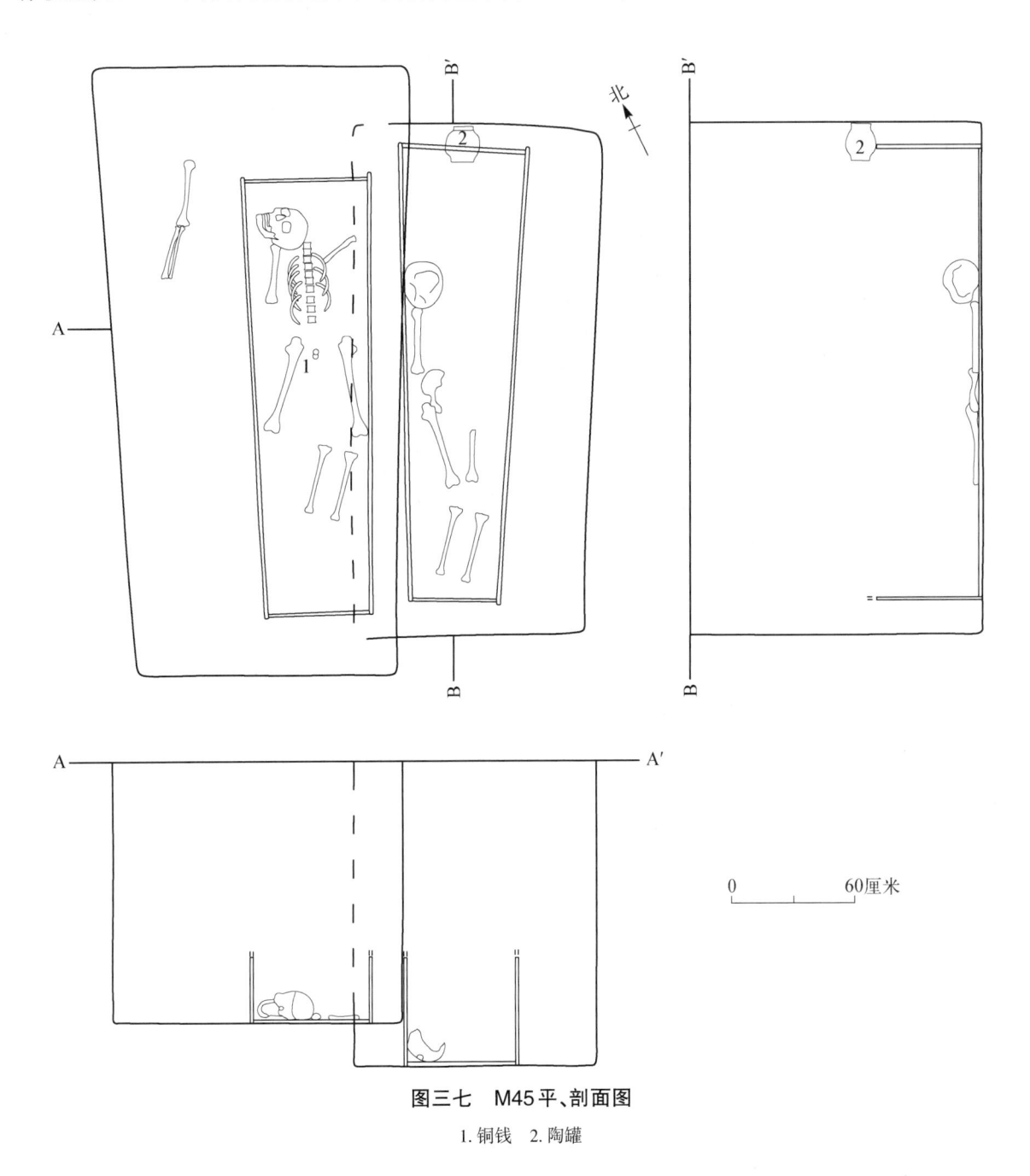

图三七　M45平、剖面图

1. 铜钱　2. 陶罐

二、随葬品

铜钱 4枚。

"政和通宝"铜钱1枚。M45：1-1，范铸，圆形方穿，正面铸有楷书"政和通宝"四字，对读。钱径2.3、穿径0.5厘米（图三八，1）。

"嘉靖通宝"铜钱3枚。标本M45：1-2，范铸，圆形方穿，正面铸有楷书"嘉靖通宝"四字，对读。钱径2.4、穿径0.5厘米（图三八，2）。

陶罐 1件。M45：2，泥质红陶，轮制，敞口，圆唇，鼓腹，圈足。口径10.9、腹径13.5、底径6.9、高13.5厘米（图三九；彩版一九，2）。

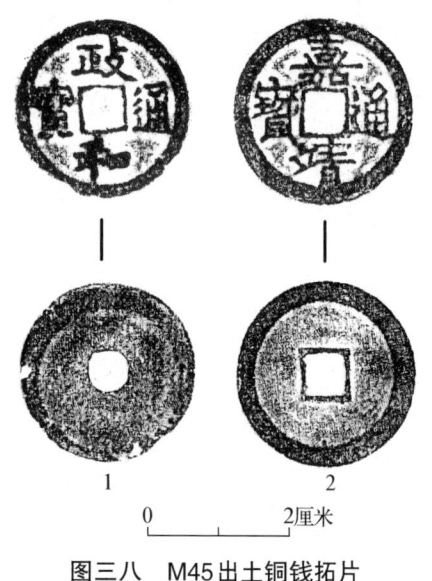

图三八 M45出土铜钱拓片
1.政和通宝（M45：1-1） 2.嘉靖通宝（M45：1-2）

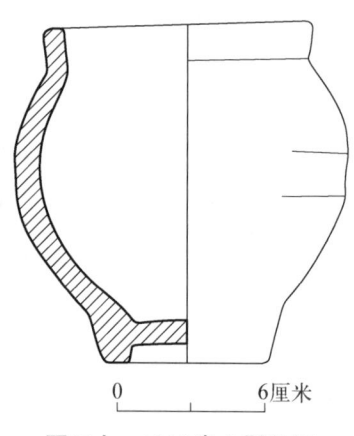

图三九 M45出土器物图
陶罐（M45：2）

第十六节 M47

一、墓葬形制与结构

M47 西邻M46，长方形竖穴土圹单棺墓，开口于②层下，方向20°，墓口距地表0.9米，墓圹长2.24米，宽0.88～1.08米，深0.36米。墓室四壁较整齐，内填花土，土质疏松。墓底置单棺，棺木已朽。棺长1.7米，宽0.4～0.5米，残高0.2米。棺内墓主人为男性，骨架保存较完整，长1.58米，头向北，面向东，仰身直肢葬（图四〇；彩版二〇，1）。

二、随葬品

釉陶罐 1件。M47：1，泥质红陶，轮制，敞口，圆唇，鼓腹，圈足，器身外壁上部施黄釉。口径7.5、腹径13.1、底径6.2、高12.2厘米（图四一；彩版二〇，2）。

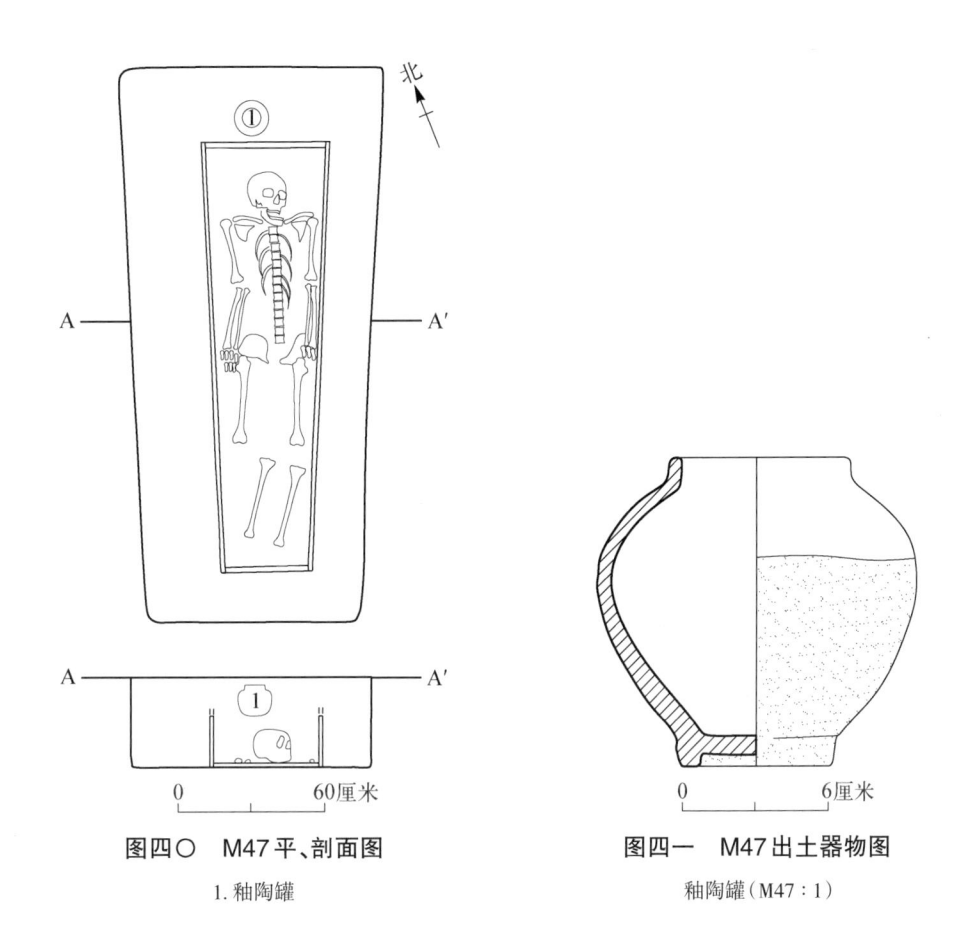

图四〇　M47平、剖面图
1. 釉陶罐

图四一　M47出土器物图
釉陶罐（M47：1）

第十七节　M49

一、墓葬形制与结构

M49　西邻M48，长方形竖穴土圹双棺合葬墓，开口于②层下，方向355°，墓口距地表0.9米，墓圹长2.53~2.72米，宽1.82~2米，深1.15~1.5米。墓室四壁较整齐，内填花土，土质疏松。墓底置双棺，棺木已朽。东棺打破西棺。东棺长1.8米，宽0.33~0.58米，残高0.15米，棺痕厚0.01米。棺内墓主人为男性，骨架保存较差，长1.56米，头向北，面向东，仰身直肢葬。西棺长1.82米，宽0.6~0.68米，残高0.5米，棺痕厚0.01米。棺内墓主人为女性，骨架保存较差，长1.5米，头向北，面向东，仰身直肢葬（图四二；彩版二一，1）。

二、随葬品

釉陶罐　2件。

M49：1，泥质红陶，轮制，敞口，圆唇，鼓腹，圈足，器身外壁上部施黄釉。口径9、腹径13.8、底径7.3、高14.7厘米（图四三，1；彩版二一，2）。

图四二　M49平、剖面图

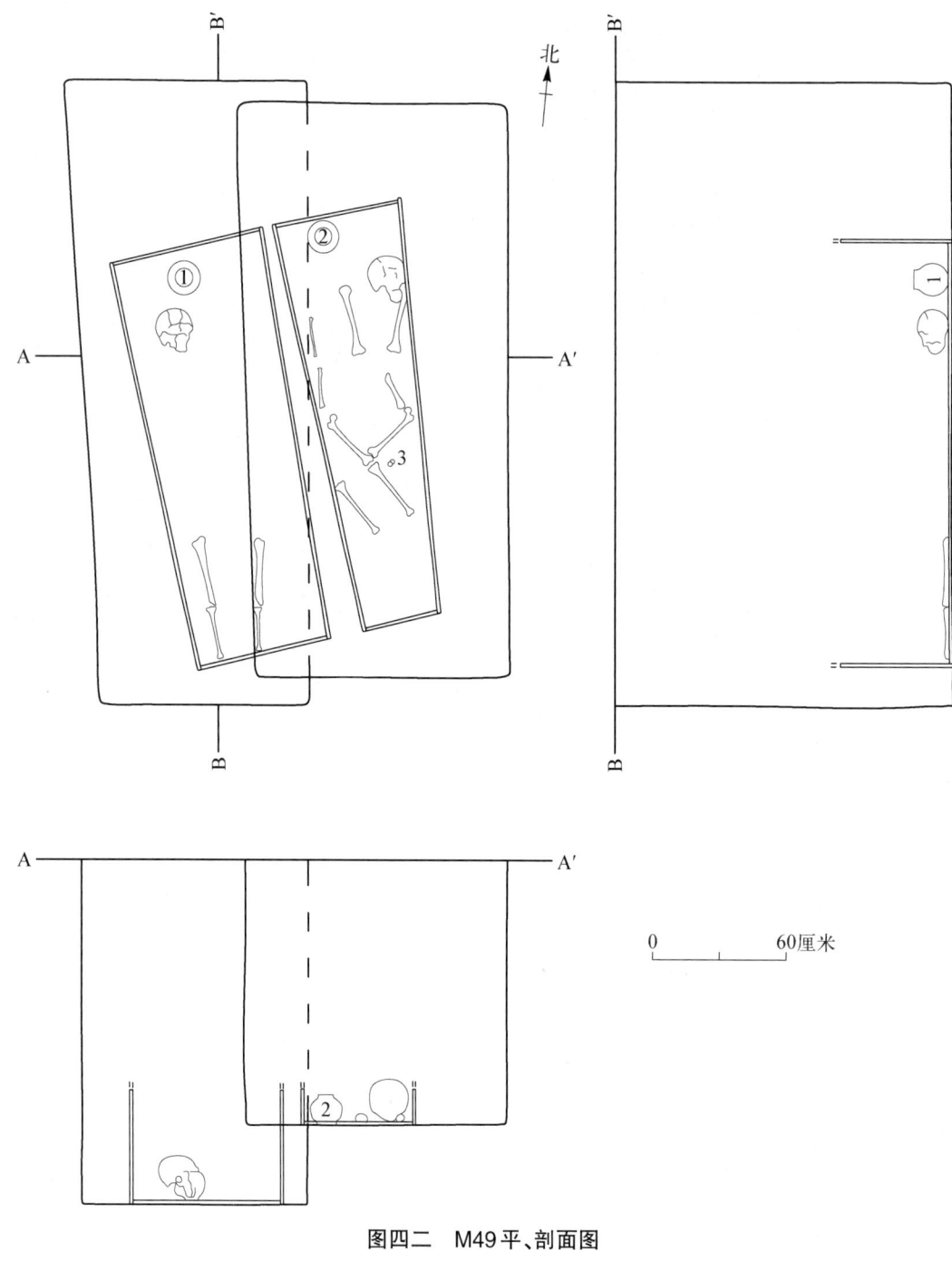

1、2. 釉陶罐　3. 铜钱

M49：2，泥质红陶，轮制，敞口，圆唇，鼓腹，圈足，器身外壁上部施绿釉。口径9.4、腹径13.2、底径5.8、高12.9厘米（图四三，2；彩版二一，3）。

铜钱 3枚。

"宣德通宝"铜钱1枚。M49：3-1，范铸，圆形方穿，正面铸有楷书"宣德通宝"四字，对读。钱径2.4、穿径0.5厘米（图四四，3）。

"熙宁元宝"铜钱1枚。M49：3-2，范铸，圆形方穿，正面铸有楷书"熙宁元宝"四字，旋读。钱径2.4、穿径0.5厘米（图四四，1）。

"永乐通宝"铜钱1枚。M49：3-3，范铸，圆形方穿，正面铸有楷书"永乐通宝"四字，对读。钱径2.4、穿径0.5厘米（图四四，2）。

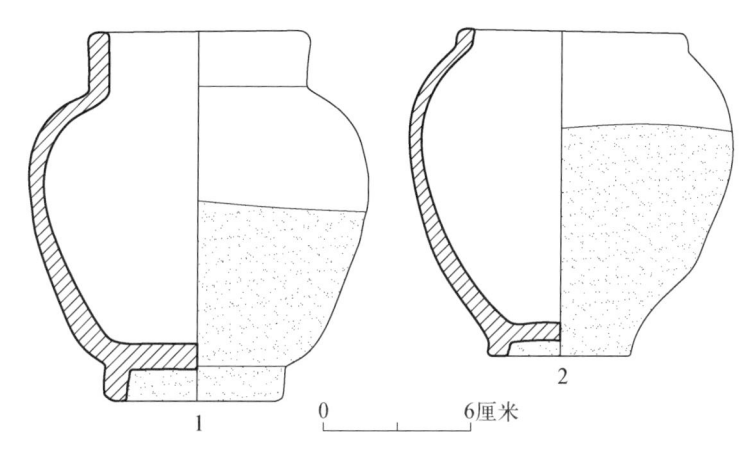

图四三 M49出土器物图
1、2. 釉陶罐（M49：1、M49：2）

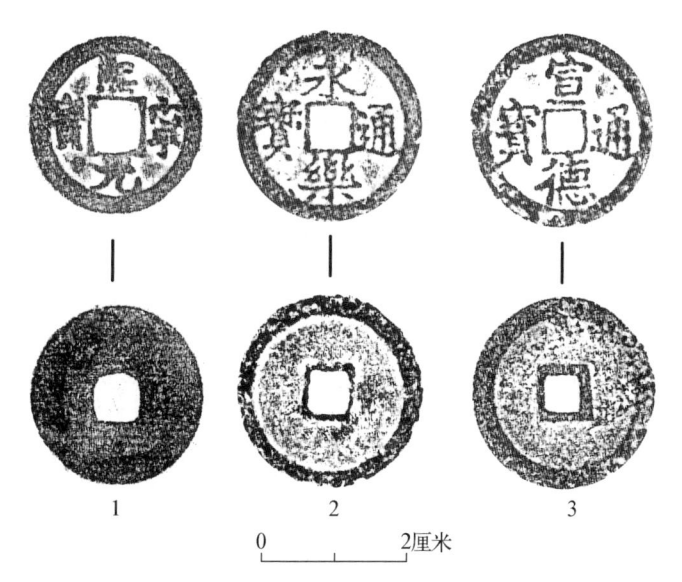

图四四 M49出土铜钱拓片
1. 熙宁元宝（M49：3-2） 2. 永乐通宝（M49：3-3） 3. 宣德通宝（M49：3-1）

第十八节 M50

一、墓葬形制与结构

M50 北邻M45,长方形竖穴土圹双棺合葬墓,开口于②层下,方向0°,墓口距地表0.9米,墓圹长2.46~2.56米,宽2.1~2.24米,深1.2~1.4米。墓室四壁较整齐,内填花土,土质较硬。墓底置双棺,棺木已朽。西棺打破东棺,两棺间隔0.1~0.14米,西棺高于东棺0.2米。东棺长1.86米,

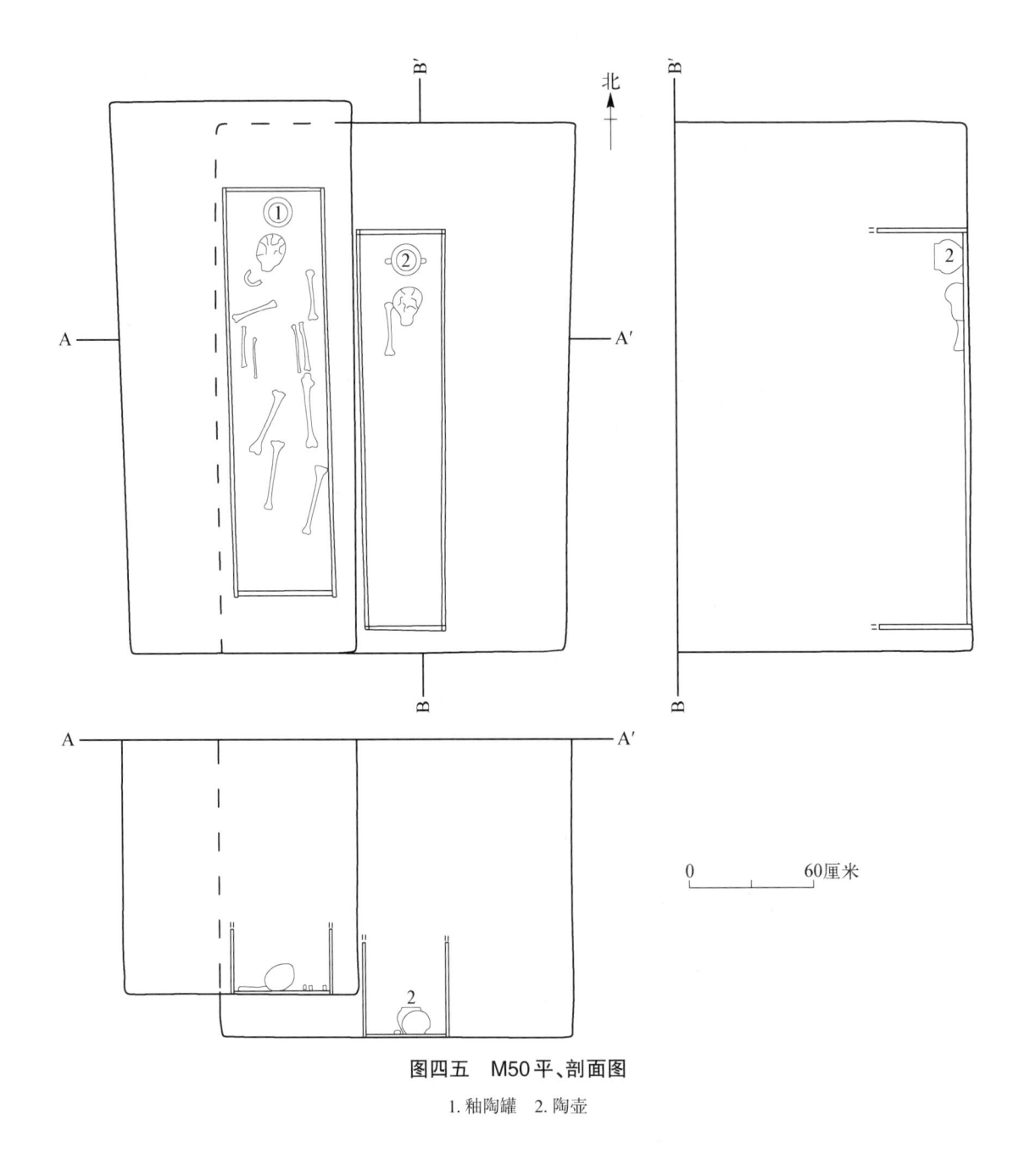

图四五 M50平、剖面图

1. 釉陶罐　2. 陶壶

宽0.47米，残高0.44米。棺内墓主人为男性，骨架保存较差，残长0.3米，头向北，面向上，葬式不详。西棺长1.9米，宽0.46~0.52米，残高0.3米。棺内墓主人为女性，骨架保存较差，长1.38米，头向北，面向上，仰身直肢葬（图四五；彩版二二，1）。

二、随葬品

釉陶罐　1件。M50：1，泥质红陶，轮制，敞口，圆唇，鼓腹，圈足，器身外壁上部施绿色酱釉。口径8.8、腹径14.9、底径6.8、高15.7厘米（图四六，1；彩版二二，2）。

陶壶　1件。M50：2，夹砂灰陶，直口，圆唇，鼓腹，圈足，肩部饰柱状手柄及流。口径10.2、腹径14.8、底径9.6、流长3.9、高13.1厘米（图四六，2；彩版二二，3）。

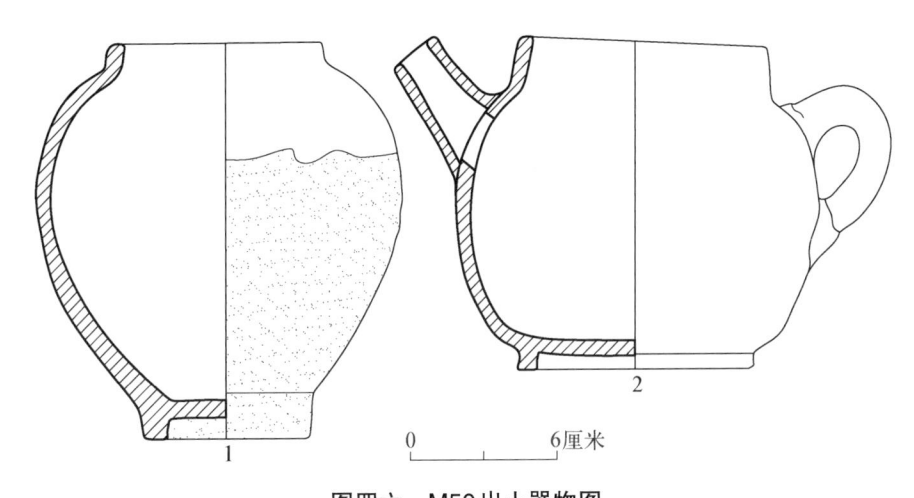

图四六　M50出土器物图
1. 釉陶罐（M50：1）　2. 陶壶（M50：2）

第十九节　M51

一、墓葬形制与结构

M51　东邻M52，长方形竖穴土圹双棺合葬墓，开口于②层下，方向10°，墓口距地表0.9米，墓圹长2.68米，宽0.98~1.08米，深2.1米。墓室四壁较整齐，内填花土，土质疏松。墓底置双棺，棺木已朽。西棺打破东棺，两棺间隔0.16~0.2米。东棺长1.92米，宽0.46~0.56米，残高0.2米。棺内墓主人为女性，骨架保存较差，长1.8米，头向北，面向东，仰身直肢葬。西棺长1.6米，宽0.66~0.72米，残高0.2米。棺内墓主人为男性，骨架保存较差，长1.4米，头向北，面向上，仰身直肢葬（图四七；彩版二三，1）。

二、随葬品

釉陶罐　1件。M51：1，泥质红陶，轮制，敞口，圆唇，鼓腹，圈足，器身外壁上部施黄色酱釉。

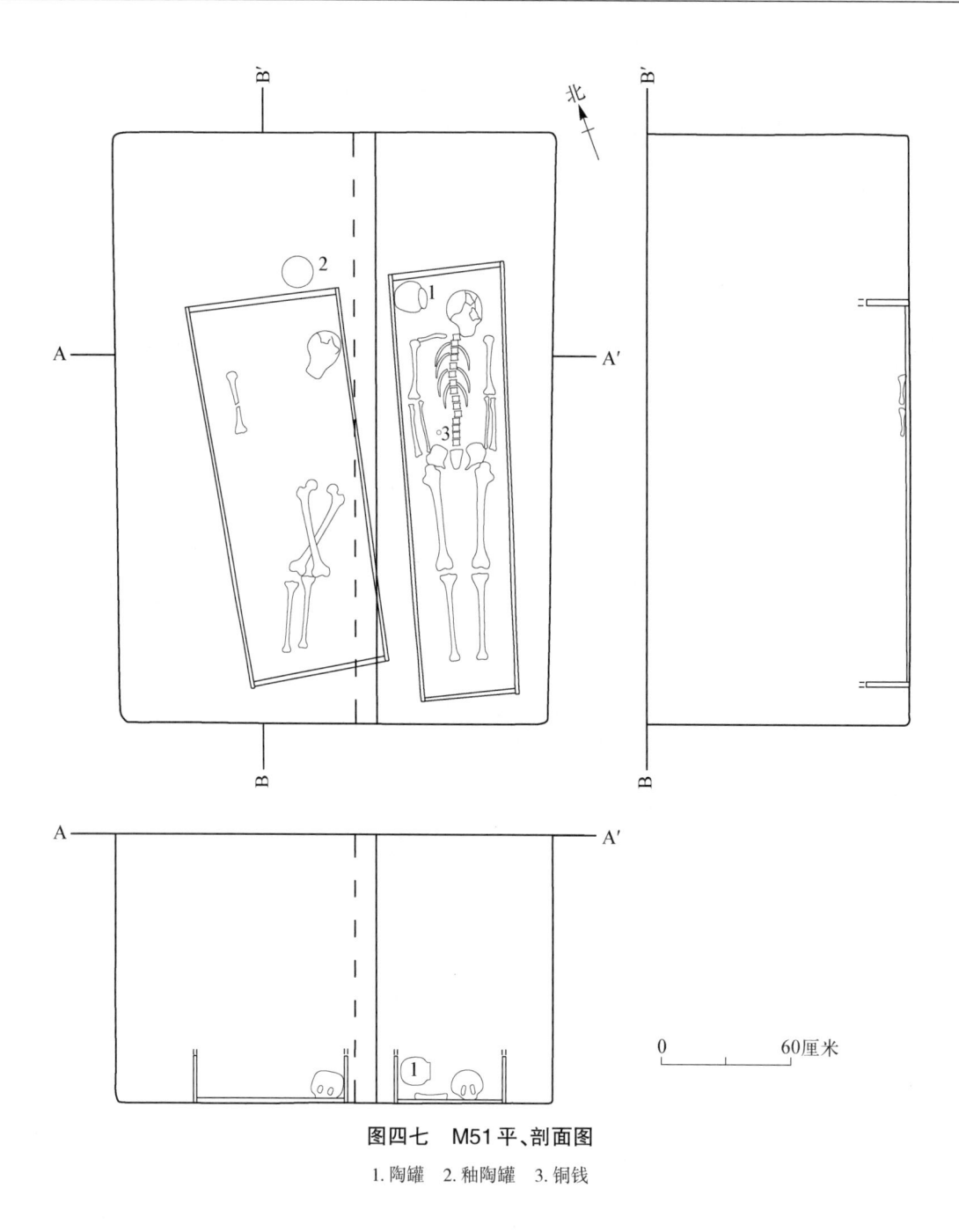

图四七　M51平、剖面图
1.陶罐　2.釉陶罐　3.铜钱

口径8.3、腹径14.4、底径7.8、高12.2厘米（图四八，1；彩版二三，2）。

铜钱　1枚。M51：2，范铸，圆形方穿，正面有郭，铸"嘉靖通宝"四字，楷书，对读。钱径2.56、穿径0.55厘米（图四九）。

陶罐　1件。

M51：3，泥质灰陶，敞口，圆唇，鼓腹，平底内凹，肩部饰双系，系已残缺。口径12.5、腹径16.5、底径11.5、高11.1厘米（图四八，2；彩版二三，3）。

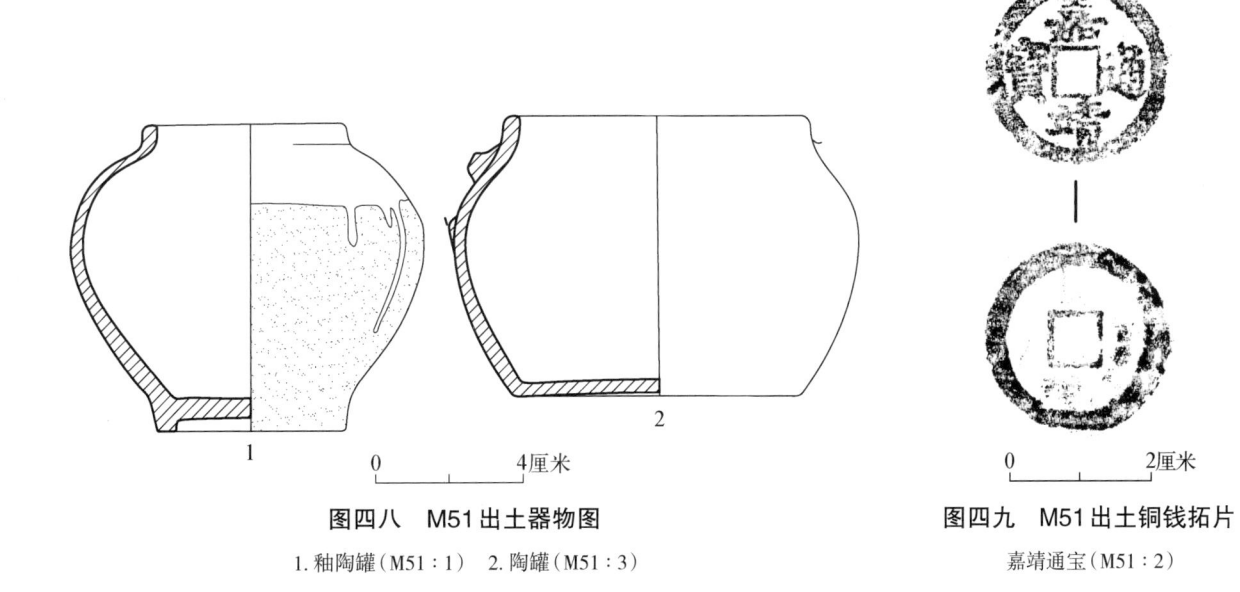

图四八　M51出土器物图
1.釉陶罐（M51∶1）　2.陶罐（M51∶3）

图四九　M51出土铜钱拓片
嘉靖通宝（M51∶2）

第二十节　M52

一、墓葬形制与结构

M52　北邻M46，长方形竖穴土圹双棺合葬墓，开口于②层下，方向15°，墓口距地表0.9米，墓圹长2.92～3.04米，宽1.24～1.52米，深1～1.2米。墓室四壁较整齐，内填花土，土质疏松。墓底置双棺，棺木已朽。东棺打破西棺，两棺间隔0.02米。东棺长1.8米，宽0.42米，残高0.1米。棺内墓主人为男性，骨架保存较完整，长1.62米，头向北，面向上，仰身直肢葬。西棺长1.9米，宽0.42～0.5米，残高0.3米。棺内墓主人为女性，骨架保存较完整，长1.42米，头向北，面向南，仰身直肢葬（图五〇；彩版二四，1）。

二、随葬品

铜钱　5枚。

"景祐元宝"铜钱1枚。M52∶1-1，范铸，圆形方穿，正面铸有楷书"景祐元宝"四字，旋读。钱径2.2、穿径0.6厘米（图五一，1）。

"圣宋元宝"铜钱1枚。M52∶1-2，范铸，圆形方穿，正面铸有行书"圣宋元宝"四字，旋读。钱径2.3、穿径0.6厘米（图五一，3）。

"开元通宝"铜钱1枚。M52∶3-1，范铸，圆形方穿，正面铸有行书"开元通宝"四字，对读。钱径2.3、穿径0.6厘米（图五二，5）。

"元丰通宝"铜钱1枚。M52∶3-2，范铸，圆形方穿，正面铸有行书"元丰通宝"四字，旋读。钱径2.5、穿径0.7厘米（图五二，2）。

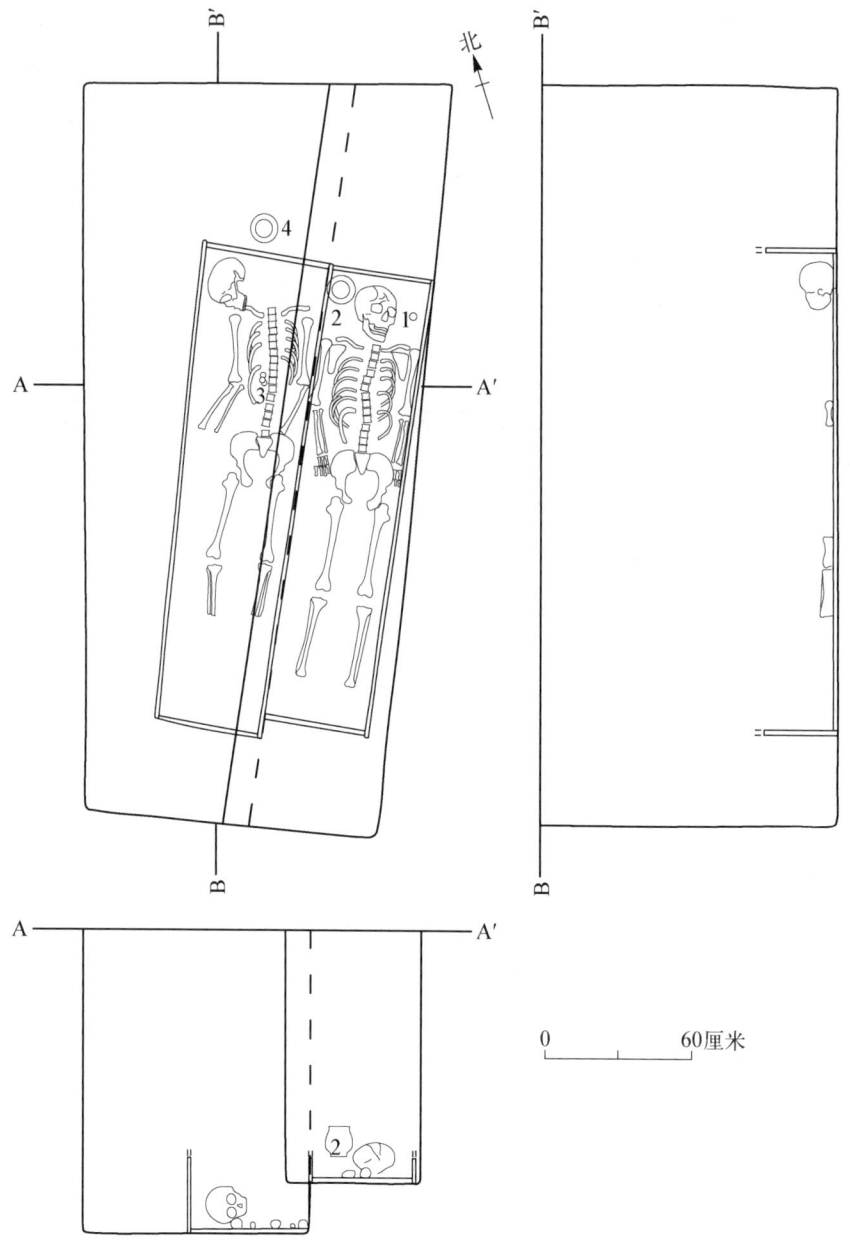

图五〇　M52平、剖面图
1、3. 铜钱　2. 釉陶罐　4. 瓷罐

"宋元通宝"铜钱1枚。M52：3-3，范铸，圆形方穿，正面铸有行书"宋元通宝"四字，对读。钱径2.5、穿径0.6厘米（图五二，4）。

瓷罐　1件。M52：2，轮制，敞口，圆唇，鼓腹，圈足，器身外壁施墨绿釉。口径7.7、腹径12.9、底径6.4、高9.7厘米（图五二，2；彩版二四，2）。

釉陶罐　1件。M52：4，泥质红陶，轮制，敞口，圆唇，鼓腹，圈足，器身外壁上部施酱釉。口径9.1、腹径14.3、底径8.1、高13.7厘米（图五二，1；彩版二四，3）。

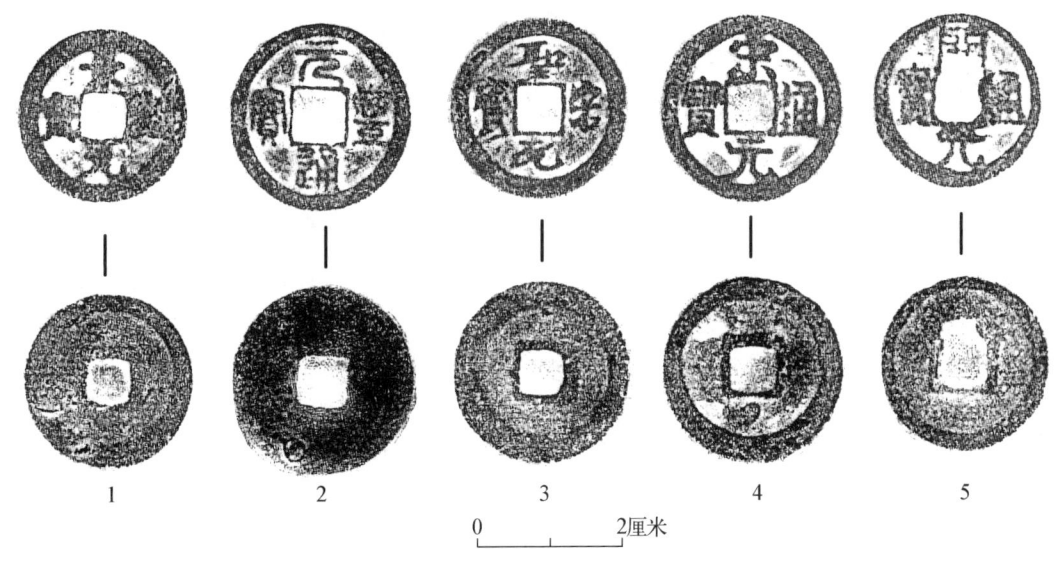

图五一　M52 出土铜钱拓片

1. 景祐元宝（M52：1-1）　2. 元丰通宝（M52：3-2）　3. 圣宋元宝（M52：1-2）　4. 宋元通宝（M52：3-3）　5. 开元通宝（M52：3-1）

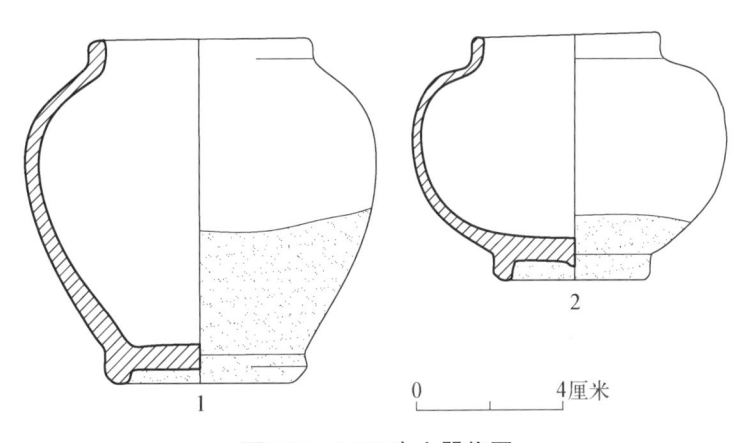

图五二　M52 出土器物图

1. 釉陶罐（M52：4）　2. 瓷罐（M52：2）

第二十一节　M54

一、墓葬形制与结构

M54　南邻 M60，长方形竖穴土圹双棺合葬墓，开口于②层下，方向 0°，墓口距地表 0.9 米，墓圹长 2.63 米，宽 2.32～2.43 米，深 1.24～1.3 米。墓室四壁较整齐，内填花土，土质疏松。墓底置双棺，棺木已朽。东棺打破西棺，两棺间隔 0.24～0.28 米。东棺长 1.85 米，宽 0.44 米，残高 0.48 米。棺内墓主人为男性，骨架保存较差，长 1.54 米，头向北，面向西，仰身直肢葬。西棺长 1.86 米，宽 0.42～0.52 米，残高 0.44 米。棺内墓主人为女性，骨架保存较差，长 1.3 米，头向北，面向不详，仰身直肢葬（图五三；彩版二五）。

图五三　M54平、剖面图

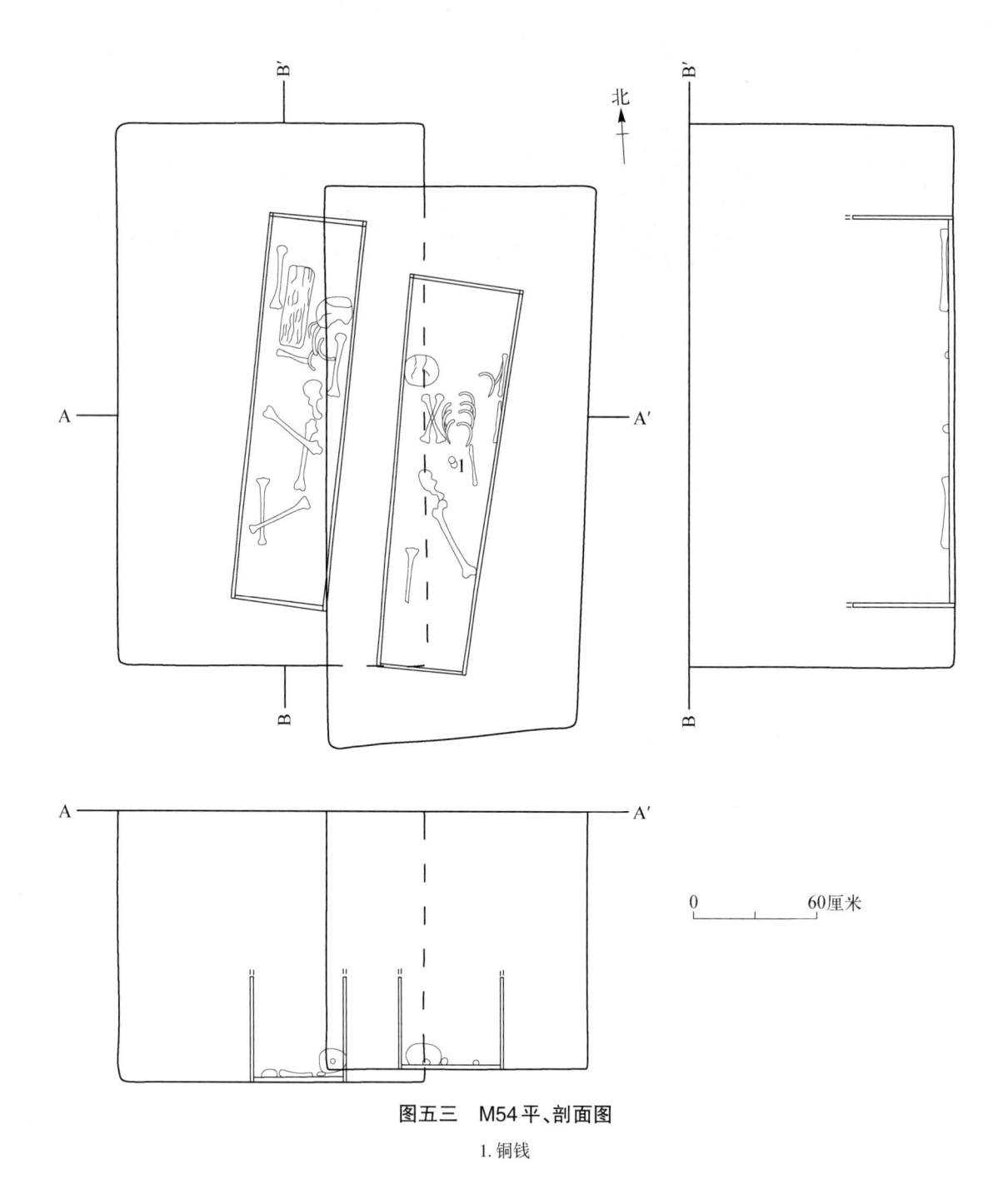

1. 铜钱

二、随葬品

铜钱 6枚。

"嘉靖通宝"铜钱5枚。标本M54∶1-1,范铸,圆形方穿,正面铸有楷书"嘉靖通宝"四字,对读。钱径2.4、穿径0.6厘米(图五四,1)。

"天启通宝"铜钱1枚。M54∶1-2,范铸,圆形方穿,正面铸有楷书"天启通宝"四字,对读。钱径2.4、穿径0.6厘米(图五四,2)。

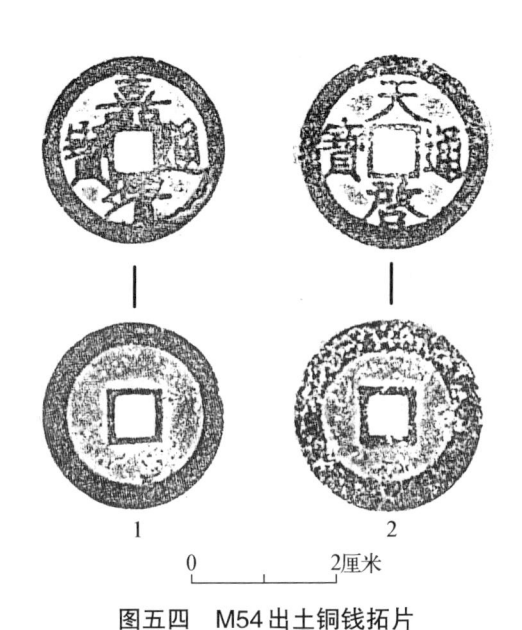

图五四　M54出土铜钱拓片
1. 嘉靖通宝(M54∶1-1)　2. 天启通宝(M54∶1-2)

第二十二节　M56

一、墓葬形制与结构

M56　北邻M53,长方形竖穴土圹双棺合葬墓,开口于②层下,方向0°,墓口距地表0.9米,墓圹长2.61~2.83米,宽1.86~2.08米,墓底距墓口1.1~1.4米。墓室四壁较整齐,内填花土,土质较硬。墓底置双棺,棺木已朽。西棺打破东棺,两棺间隔0.39米,西棺高于东棺0.3米。东棺长1.8米,宽0.4~0.46米,残高0.3米。棺内墓主人为男性,骨架保存较差,长1.2米,头向、面向不详,仰身直肢葬。西棺长2.04米,宽0.54米,残高0.5米。棺内墓主人为女性,骨架保存较差,长1.12米,头向北,面向上,仰身屈肢葬(图五五;彩版二六,1)。

图五五　M56平、剖面图
1.瓷罐

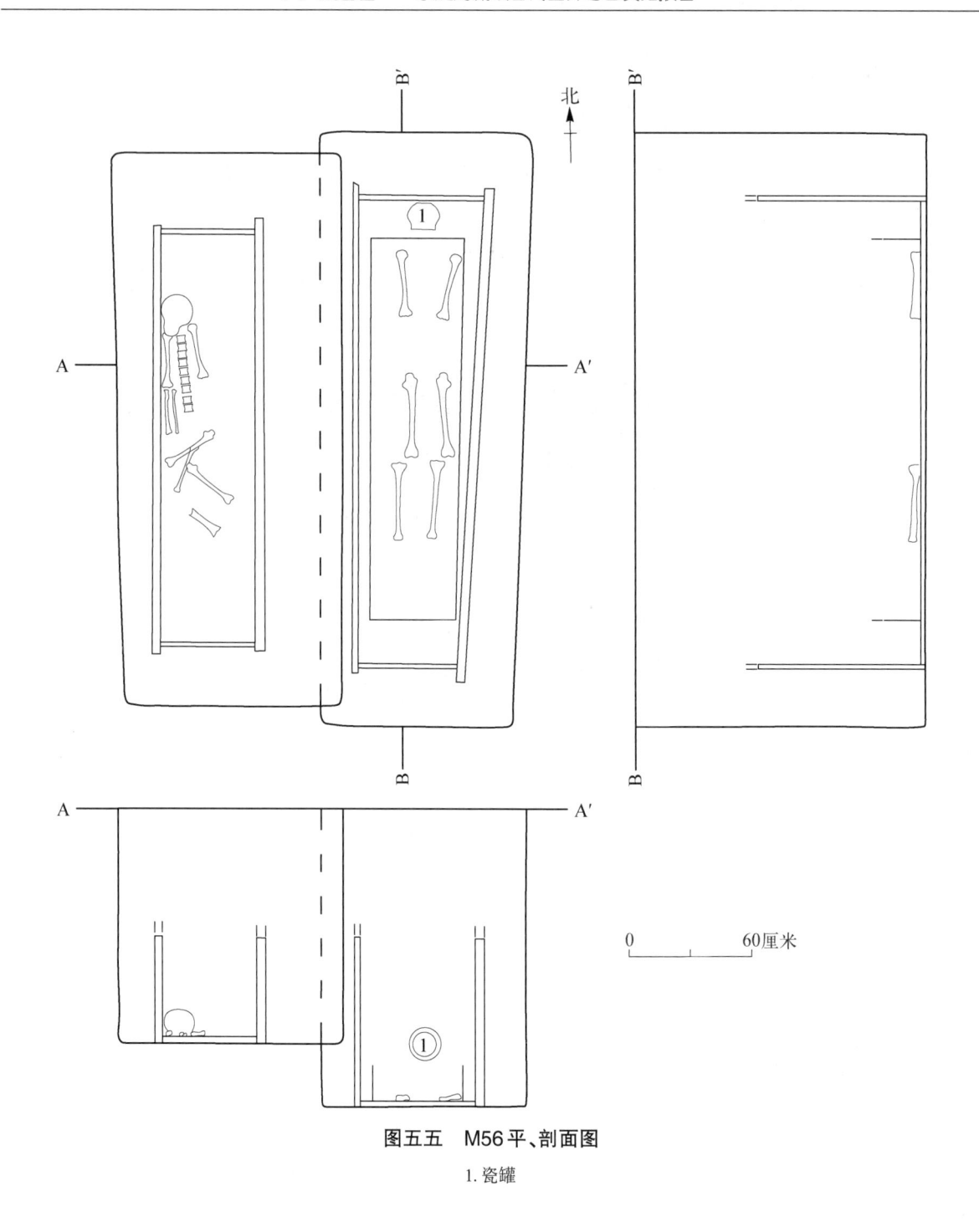

二、随葬品

瓷罐　1件。M56∶1，敞口，圆唇，束颈，溜肩，鼓腹，圈足，器身肩部饰回纹，腹部绘制莲花纹，下腹部釉色较深，纹饰已被覆盖。口径9.4、腹径13.8、底径8.6、高12.2厘米（图五六；彩版二六，2）。

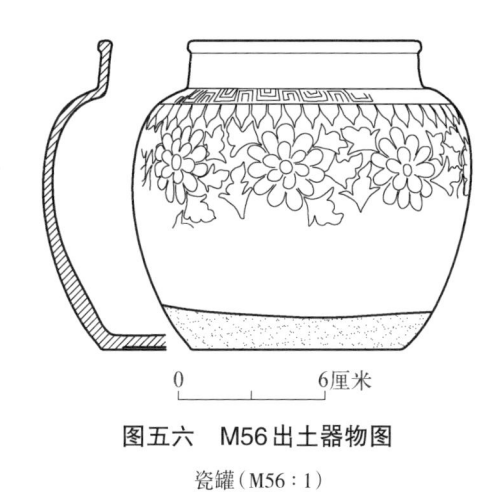

图五六　M56出土器物图
瓷罐（M56∶1）

第二十三节　M57

一、墓葬形制与结构

M57　东北角被M58打破。长方形竖穴土圹三棺合葬墓，开口于②层下，方向10°，墓口距地表0.9米，墓圹长3.15～3.48米，宽2.6～2.85米，深1.2～1.3米。墓室四壁较整齐，内填花土，土质疏松。墓底置三棺，棺木已朽。中棺、西棺打破东棺，中棺距东棺0.22～0.34米，西棺距中棺0.16～0.2米。东棺长1.8米，宽0.42～0.52米，残高0.4米。棺内墓主人为男性，骨架保存较完整，长1.5米，头向北，面向下，仰身直肢葬。中棺长1.86米，宽0.36～0.46米，残高0.2米。棺内墓主人为女性，骨架保存较差，长1.4米，头向北，面向下，仰身直肢葬。西棺长1.84米，宽0.5～0.6米，残高0.2米。棺内墓主人为女性，骨架保存较差，长1.3米，头向北，面向上，仰身直肢葬（图五七；彩版二七，1）。

二、随葬品

瓷罐　1件。M57∶1，轮制，敛口，圆唇，鼓腹，圈足，器身上部施黑釉，下腹部及圈足露胎，肩部饰对称四系。口径9.2、腹径13、底径7.1、高15.4厘米（图五八，3；彩版二七，2）。

陶壶　1件。M57∶2，轮制，夹砂灰陶，敛口，圆唇，溜肩，鼓腹，平底。口径8.6、腹径14、底径9.1、高9.6厘米（图五八，2；彩版二七，3）。

陶罐　1件。M57∶3，轮制，泥质灰陶，敛口，圆唇，斜肩，折腹，平底略凸，肩部饰对称双系。口径10.4、腹径13.4、底径8.8、高10厘米（图五八，1；彩版二七，4）。

铜钱　1枚。M57∶4，范铸，圆形方穿，正面铸有楷书"嘉靖通宝"四字，对读。钱径2.5、穿径0.6厘米（图五九）。

图五七　M57平、剖面图

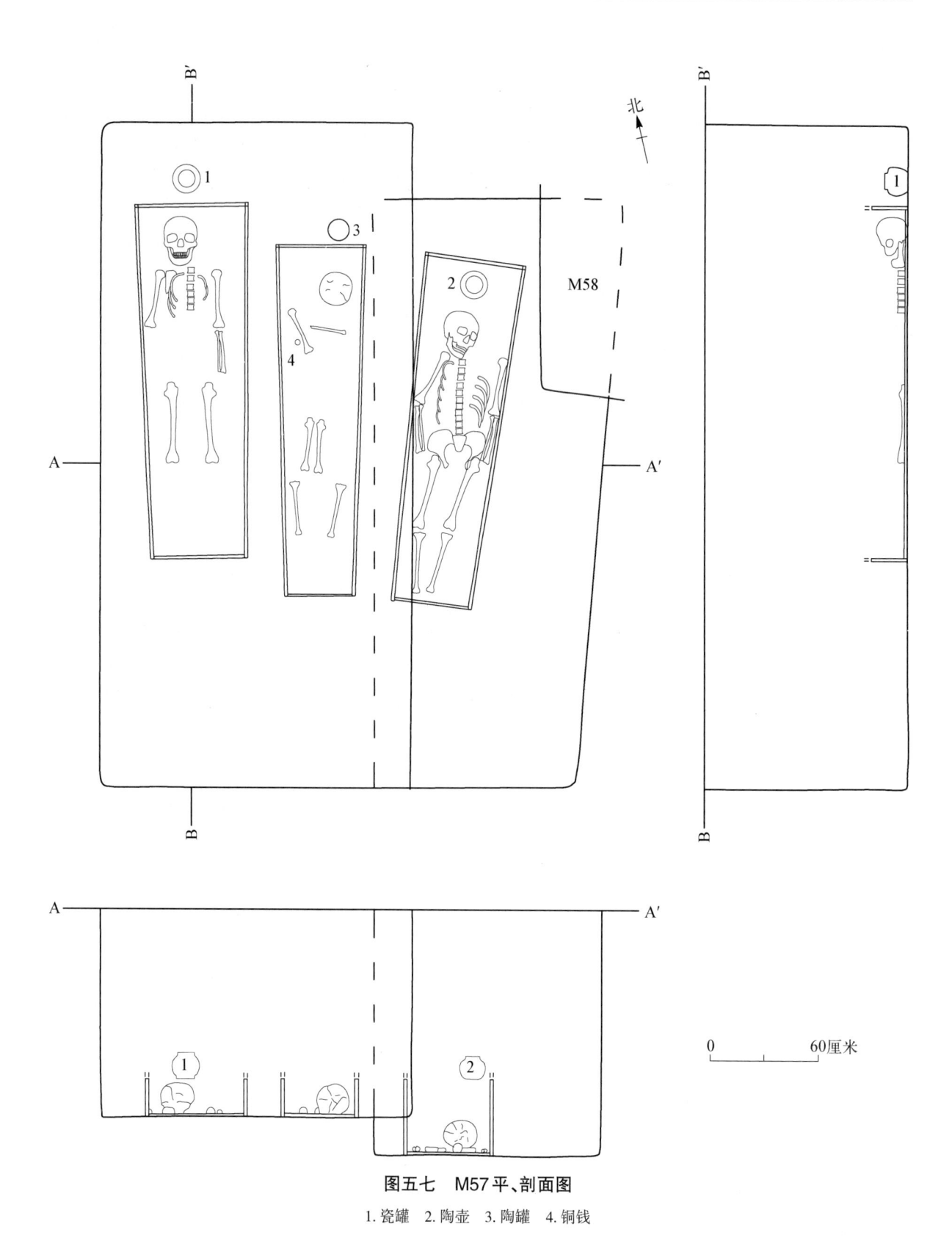

1. 瓷罐　2. 陶壶　3. 陶罐　4. 铜钱

图五八　M57出土器物图

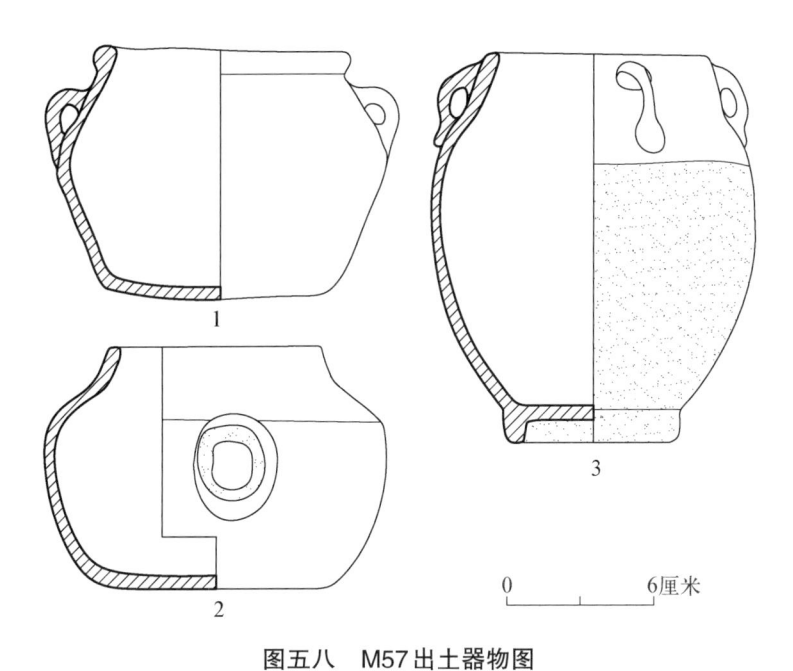

1. 陶罐（M57：3）　2. 陶壶（M57：2）　3. 瓷罐（M57：1）

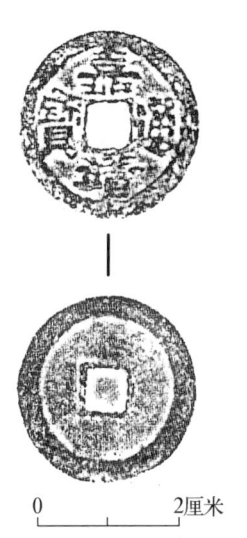

图五九　M57出土铜钱拓片

嘉靖通宝（M57：4）

第二十四节　M58

一、墓葬形制与结构

M58　北邻M49，打破M57。长方形竖穴土圹双棺合葬墓，开口于②层下，方向5°，墓口距地表0.9米，墓圹长2.65～2.75米，宽1.65～1.75米，深1.25米。墓室四壁较整齐，内填花土，土质疏松。墓底置双棺，棺木已朽。东棺打破西棺。东棺长1.75米，宽0.42～0.54米，残高0.45米。棺内墓主人为男性，骨架保存较完整，长1.32米，头向北，面向上，仰身直肢葬。西棺长1.8米，宽0.5～0.6米，残高0.45米。棺内墓主人为女性，骨架保存较差，长1.2米，头向北，面向下，仰身直肢葬（图六〇；彩版二八，1）。

二、随葬品

瓷罐　2件。

M58：1，轮制，敞口，圆唇，鼓腹，圈足，器身外壁施黑釉，口部及近底处露胎。口径10.4、腹径16.5、底径11.5、高16.4厘米（图六一，1；彩版二八，2）。

M58：2，轮制，敞口，圆唇，鼓腹，圈足，器身外壁施黑釉，近底处露胎。口径5.7、腹径8.3、底径5.5、高11.1厘米（图六一，2；彩版二八，3）。

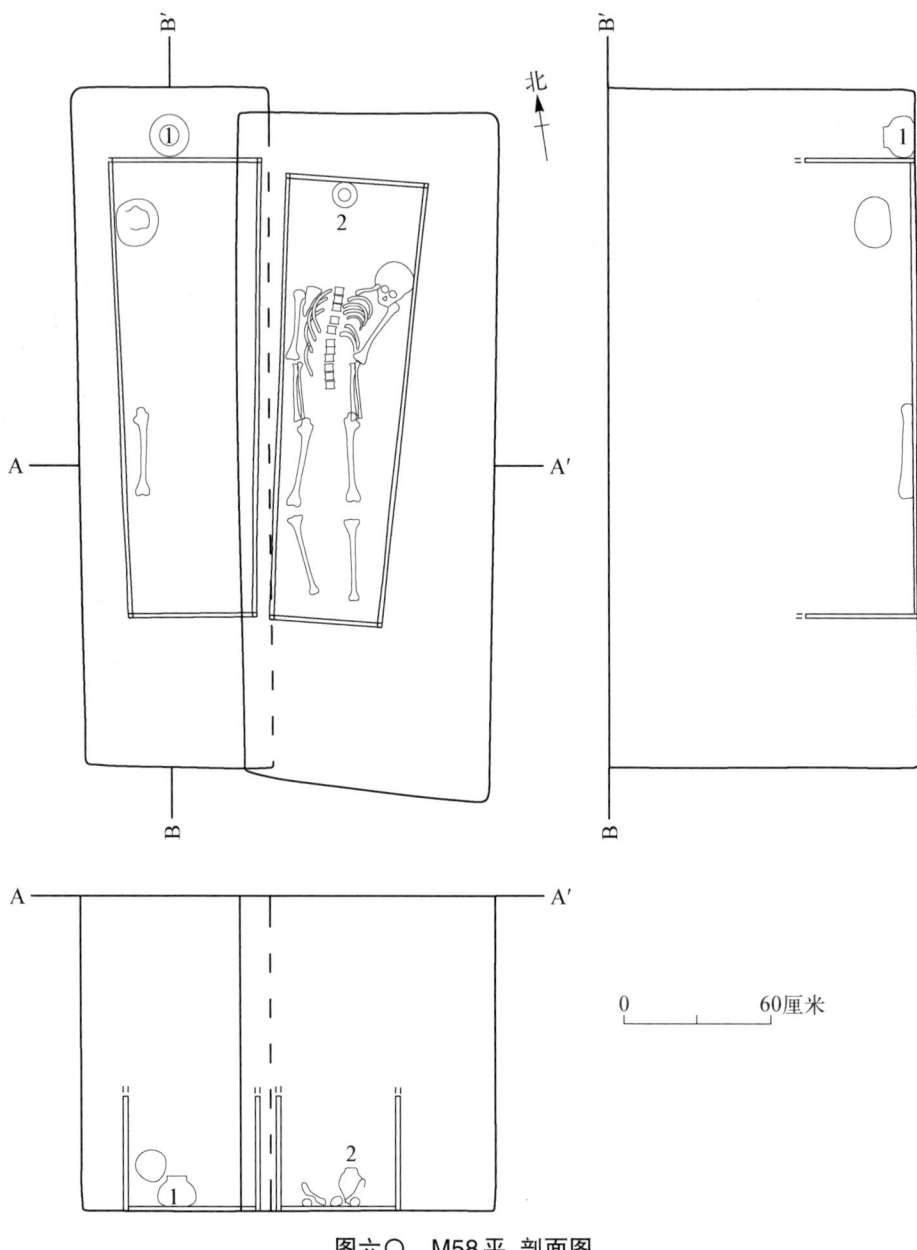

图六〇　M58平、剖面图

1、2. 瓷罐

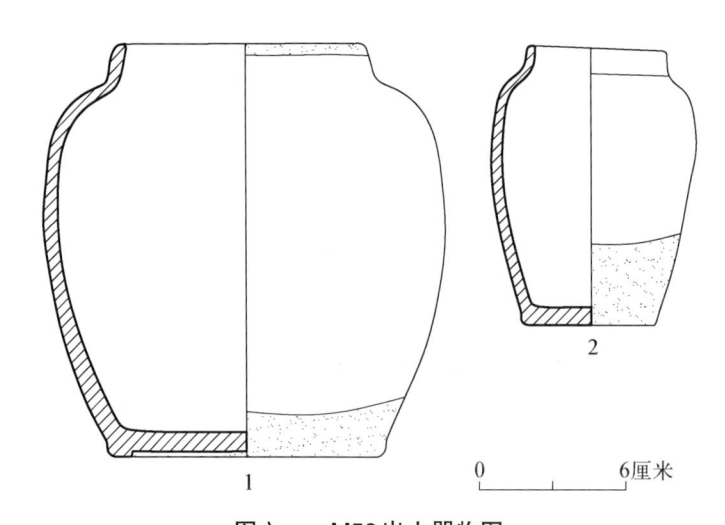

图六一　M58出土器物图

1、2. 瓷罐（M58∶1、M58∶2）

第二十五节 M59

一、墓葬形制与结构

M59 北邻M54,长方形竖穴土圹双棺合葬墓,开口于②层下,方向0°,墓口距地表0.9米,墓圹长2.24米,宽1.62~1.83米,深1.62米。墓室四壁较整齐,内填花土,土质较硬。墓底置双棺,棺木已朽。东棺打破西棺,两棺间隔0.2~0.26米。东棺长1.84米,宽0.54~0.66米,残高0.2米,棺痕厚0.02米。棺内墓主人为男性,骨架保存较差,长1.4米,头向北,面向上,仰身直肢葬。西棺

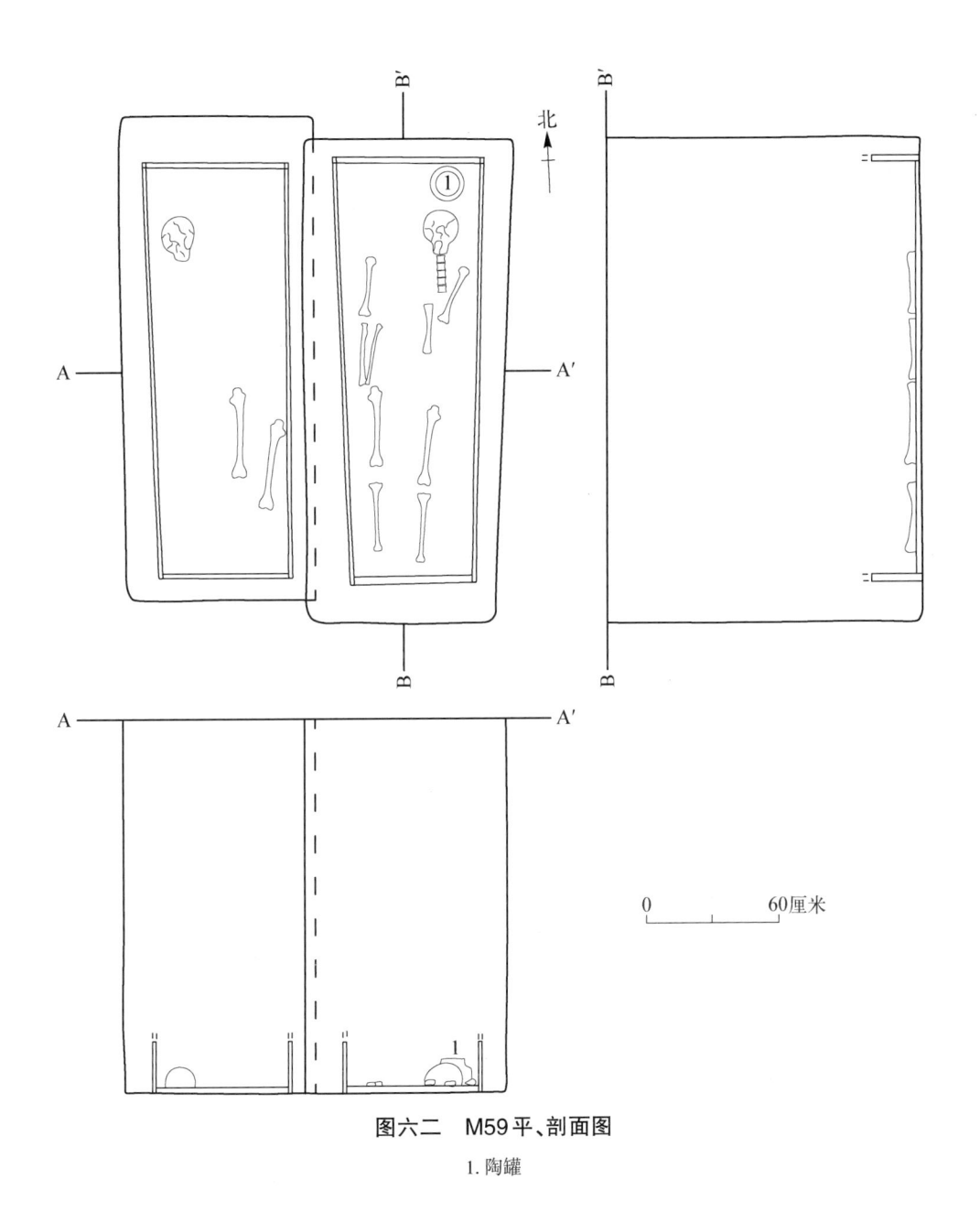

图六二 M59平、剖面图
1.陶罐

长1.8米,宽0.6~0.66米,残高0.2米。棺内墓主人为女性,骨架保存较差,长1.26米,头向北,面向上,葬式不详(图六二;彩版二九,1)。

二、随葬品

陶罐 1件。M59:1,泥质灰陶,轮制,敞口,圆唇,鼓腹,圈足,肩部饰对称双系。口径10.4、腹径13.7、底径8.1、高8.9厘米(图六三;彩版二九,2)。

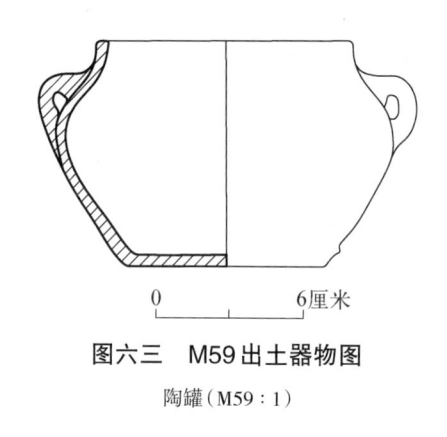

图六三　M59出土器物图

陶罐(M59:1)

第二十六节　M60

一、墓葬形制与结构

M60 西邻M59,长方形竖穴土圹双棺合葬墓,开口于②层下,方向10°,墓口距地表0.9米,墓圹长2.65~2.85米,宽2.04米,深1.3~1.4米。墓室四壁较整齐,内填花土,土质疏松。墓底置双棺,棺木已朽。西棺打破东棺。东棺长1.98米,宽0.42~0.5米,残高0.48米,棺痕厚0.02米。棺内墓主人为男性,骨架保存较差,长1.47米,头向北,面向上,仰身直肢葬。西棺长1.78米,宽0.39~0.48米,残高0.38米,棺痕厚0.02米。棺内墓主人为女性,骨架保存较差,长1.42米,头向北,面向南,仰身直肢葬(图六四;彩版三〇)。

二、随葬品

铜钱 4枚。

"天启通宝"铜钱1枚。M60:1-1,范铸,圆形方穿,正面铸有楷书"天启通宝"四字,对读,背面上部铸有"工"字。钱径2.4、穿径0.6厘米(图六五,1)。

"嘉靖通宝"铜钱3枚。标本M60:1-2,范铸,圆形方穿,正面铸有楷书"嘉靖通宝"四字,对读。钱径2.3、穿径0.5厘米(图六五,2)。

第二章 明代墓葬

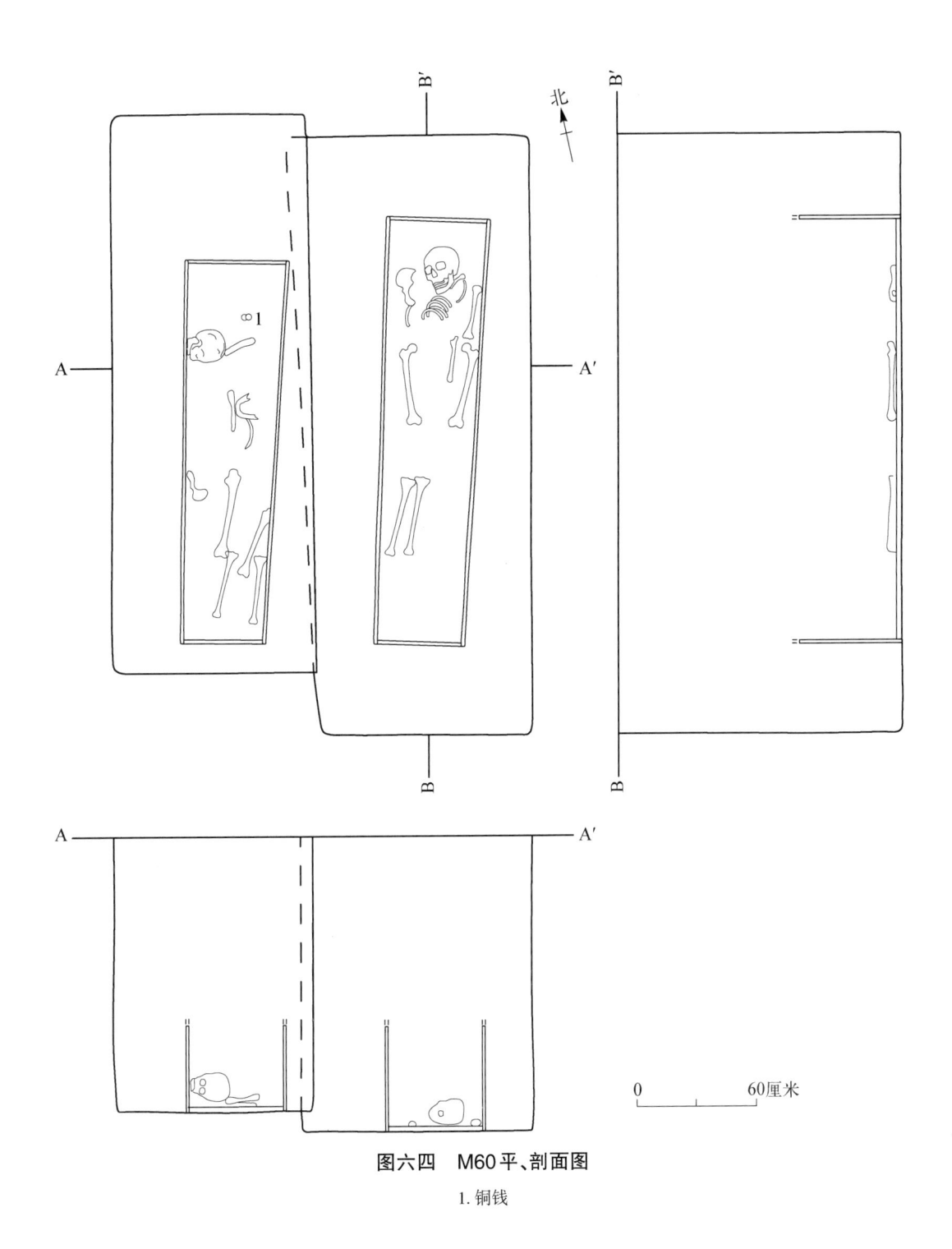

图六四 M60平、剖面图
1. 铜钱

图六五　M60出土铜钱拓片

1. 天启通宝（M60:1-1）　2. 嘉靖通宝（M60:1-2）

第二十七节　M61

一、墓葬形制与结构

M61　北邻 M55，长方形竖穴土圹双棺合葬墓，开口于②层下，方向0°，墓口距地表0.9米，墓圹长2.74米，宽2.21米，深1.3米。墓室四壁较整齐，内填花土，土质疏松。墓底置双棺，棺木已朽。两棺间隔0.42～0.85米。东棺长1.76米，宽0.4～0.46米，残高0.4米，棺痕厚0.01米。棺内墓主人为男性，骨架保存较差，长1.7米，头向北，面向上，仰身直肢葬。西棺长1.75米，宽0.35～0.5米，残高0.4米，棺痕厚0.01米。棺内墓主人为女性，骨架保存较完整，长1.48米，头向北，面向下，仰身直肢葬（图六六；彩版三一，1）。

二、随葬品

铜钱　2枚。标本M61:1，范铸，圆形方穿，正面铸有楷书"崇祯通宝"四字，对读。钱径2.5、穿径0.6厘米（图六七）。

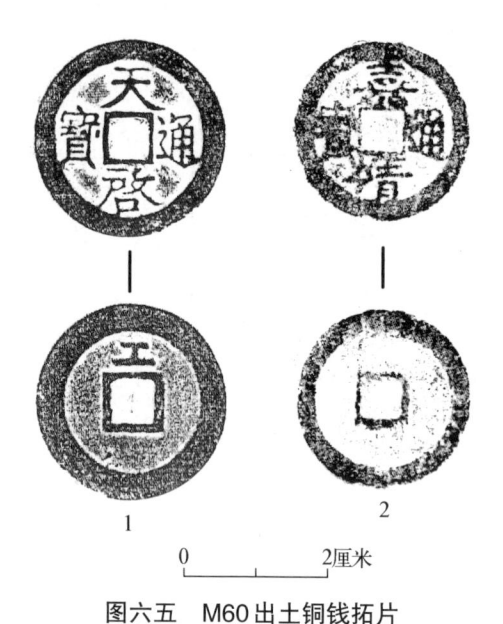

瓷罐　2件。

M61:2，轮制，敞口，圆唇，鼓腹，圈足，肩部饰对称四系，系已残缺，器身外壁上部饰墨绿釉。口径9.3、腹径13.6、底径6.9、高15.3厘米（图六八，1；彩版三一，2）。

M61:3，轮制，敞口，圆唇，鼓腹，圈足，肩部饰对称四系，系已残缺，器身外壁上部饰黑釉。口径10.1、腹径13.7、底径7.4、高16厘米（图六八，2；彩版三一，3）。

图六六　M61平、剖面图

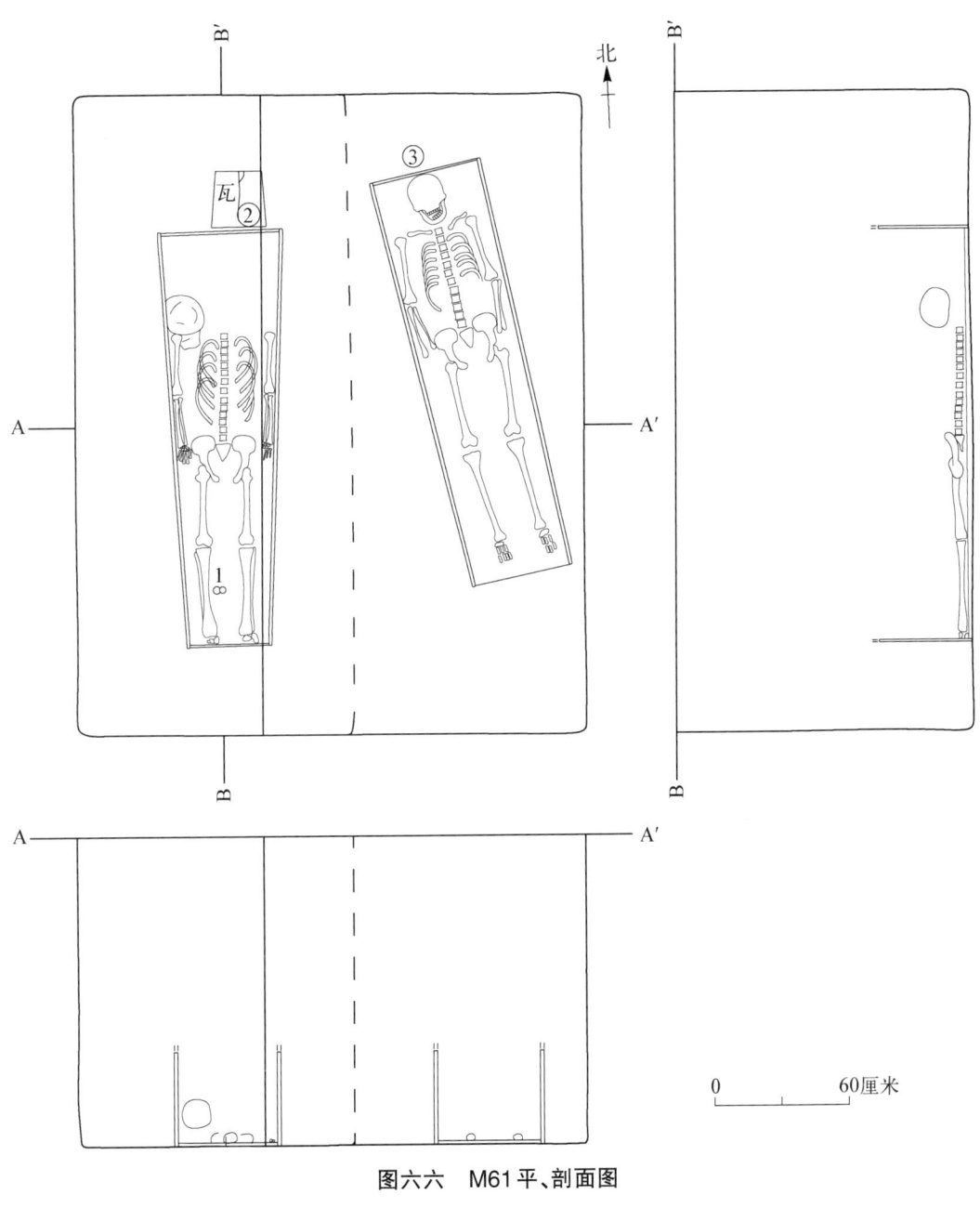

1. 铜钱　2、3. 瓷罐

图六七　M61出土铜钱拓片

崇祯通宝（M61：1）

图六八　M61出土器物图

1、2. 瓷罐（M61：2、M61：3）

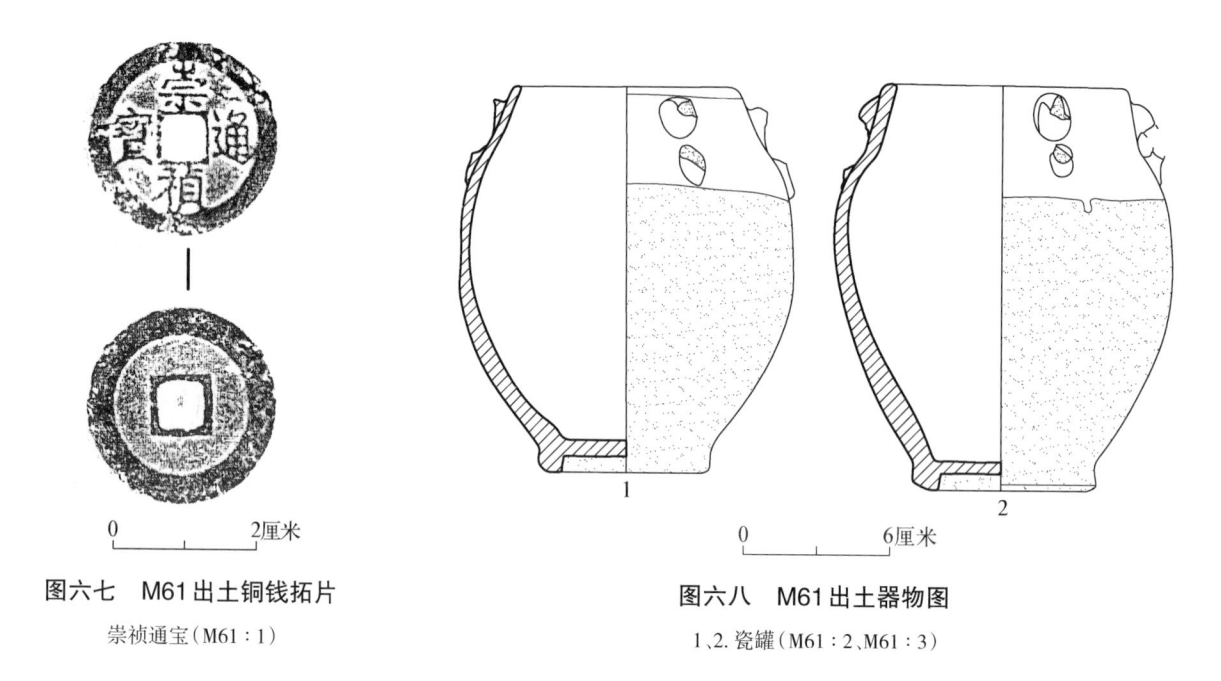

第二十八节　M62

一、墓葬形制与结构

M62　北邻M55，长方形竖穴土圹双棺合葬墓，开口于②层下，方向0°，墓口距地表0.9米，墓圹长2.74米，宽1.72米，深1.12米。墓室四壁较整齐，内填花土，土质疏松。墓底置双棺，棺木已朽。西棺打破东棺，两棺间隔0.36～0.38米。东棺长1.84米，宽0.42米，残高0.15米，棺痕厚0.01米。棺内墓主人为男性，骨架保存较差，长1.44米，头向北，面向下，仰身直肢葬。西棺长1.74米，宽0.41～0.48米，残高0.15米，棺痕厚0.01米。棺内墓主人为女性，骨架保存较完整，头向北，面向下，仰身直肢葬（图六九；彩版三二，1）。

二、随葬品

陶罐　1件。M62：1，泥质灰陶，敞口，圆唇，溜肩，鼓腹，平底内凹。口径9.2、腹径13、底径8、高9.2厘米（图七〇，1；彩版三二，2）。

瓷罐　1件。M62：2，轮制，直口，圆唇，鼓腹，圈足，器身外壁饰黑釉，近底处及圈足露胎。口径9.1、腹径13.7、底径6.7、高11.3厘米（图七〇，2；彩版三二，3）。

第二章 明代墓葬

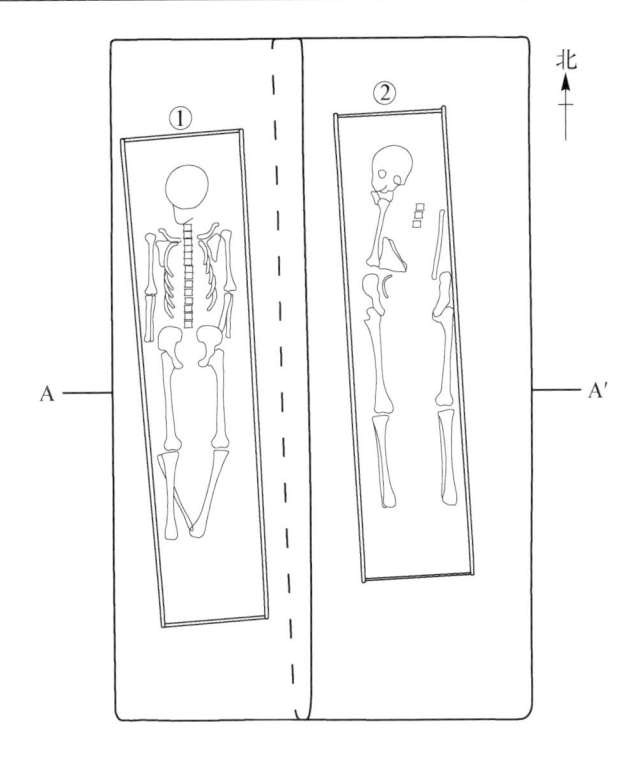

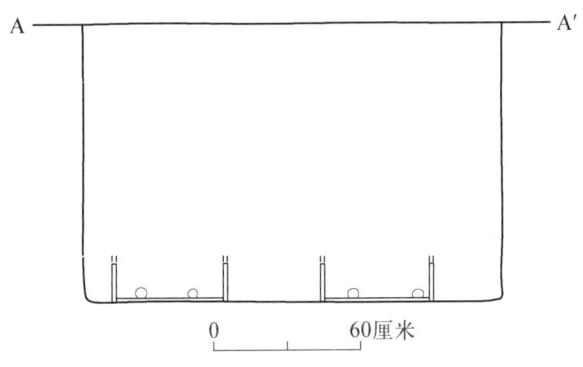

图六九 M62 平、剖面图
1. 陶罐 2. 瓷罐

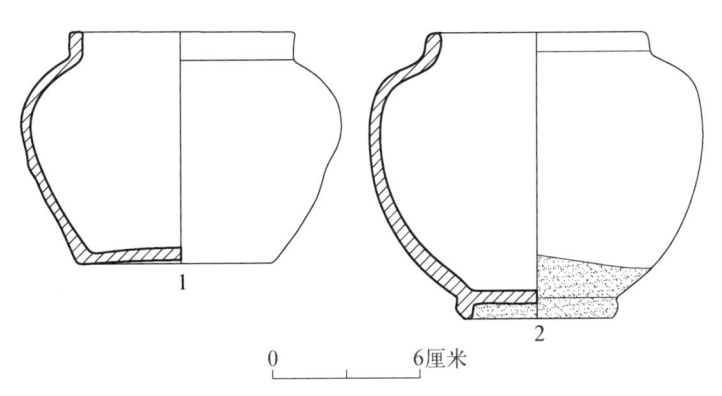

图七〇 M62 出土器物图
1. 陶罐（M62∶1） 2. 瓷罐（M62∶2）

第二十九节　M63

一、墓葬形制与结构

M63 北邻M56，长方形竖穴土圹双棺合葬墓，开口于②层下，方向5°，墓口距地表0.9米，墓圹长3.06米，宽1.82~2.05米，深0.9米。墓室四壁较整齐，内填花土，土质疏松。墓底置双棺，棺木已朽。西棺打破东棺，两棺间隔0.1~0.12米。东棺长1.72米，宽0.4~0.5米，残高0.15米，棺痕厚0.01米。棺内墓主人为男性，骨架保存较差，头骨与下肢骨较完整，长1.46米，头向北，面向东，仰身直肢葬。西棺长1.86米，宽0.46~0.52米，残高0.15米，棺痕厚0.02米。棺内墓主人为女性，骨架保存较差，残长0.9米，头向北，面向北，仰身屈肢葬（图七一；彩版三三，1）。

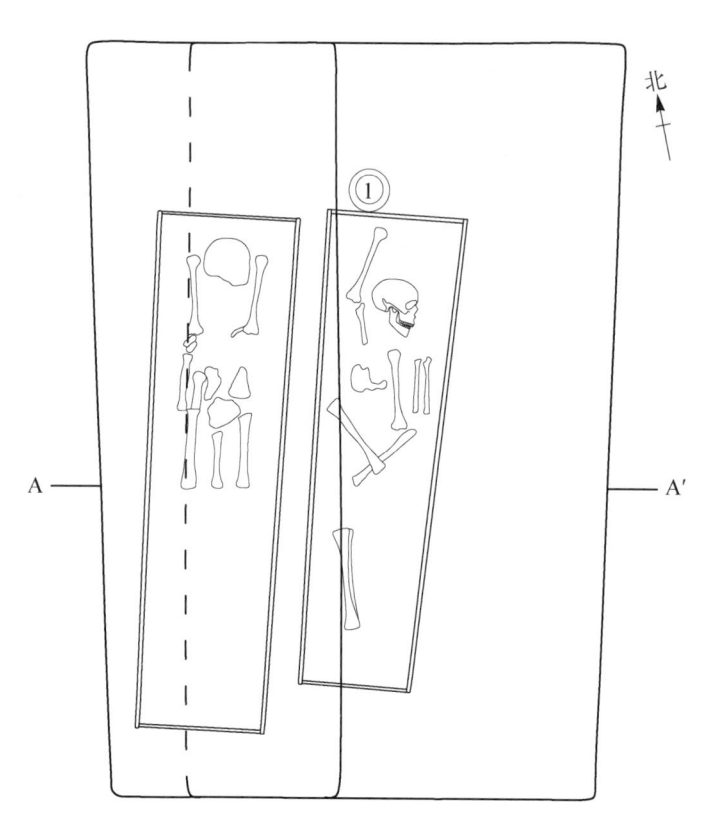

二、随葬品

瓷罐 1件。M63:1，轮制，敞口，圆唇，鼓腹，平底略内凹，器身外壁上半部施墨绿釉。口径8.1、腹径12.7、底径8.5、高13.6厘米（图七二；彩版三三，2）。

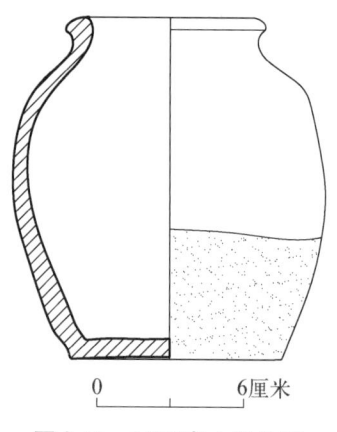

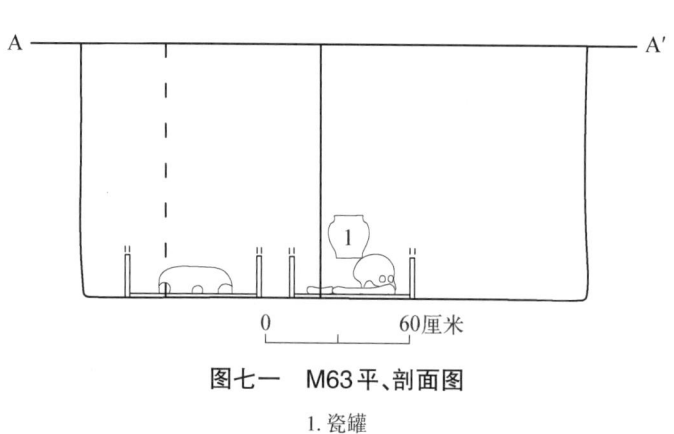

图七一　M63平、剖面图
1.瓷罐

图七二　M63出土器物图
瓷罐（M63:1）

第三十节　M64

一、墓葬形制与结构

M64　长方形竖穴土圹双棺合葬墓,开口于②层下,方向0°,墓口距地表0.9米,墓圹长2.48米,宽1.53～1.62米,深1.15米。墓室四壁较整齐,内填花土,土质疏松。墓底置双棺,棺木已朽。东棺打破西棺,两棺间距0.12～0.16米。东棺长1.82米,宽0.4～0.44米,残高0.25米,棺痕厚0.01米。棺内墓主人为男性,骨架保存较差,长1.38米,头向北,面向下,仰身直肢葬。西棺长1.68米,宽0.38～0.48米,残高0.25米,棺痕厚0.01米。棺内墓主人为女性,骨架保存较完整,长1.58米,头向北,面向上,仰身直肢葬(图七三;彩版三四,1)。

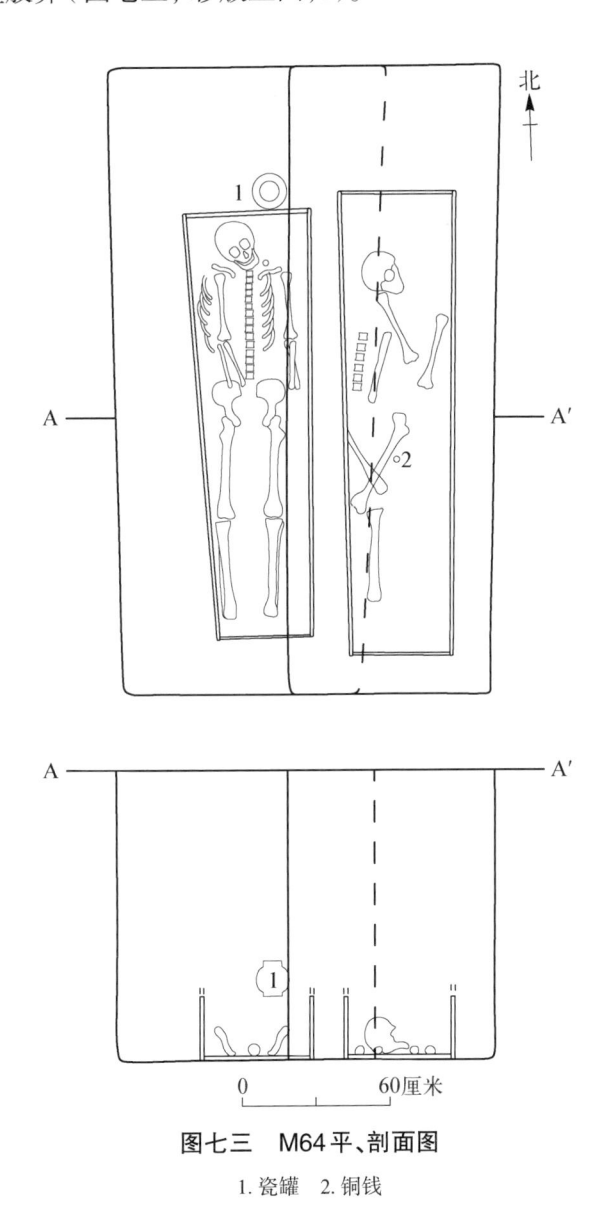

图七三　M64平、剖面图
1. 瓷罐　2. 铜钱

二、随葬品

瓷罐　1件。M64：1，轮制，直口，圆唇，鼓腹，圈足，器身外壁饰黑釉，口部、近底处及圈足露胎。口径8.4、腹径11.1、底径6.1、高10.5厘米（图七四；彩版三四，2）。

五铢钱　2枚。M64：2-1，范铸，圆形方穿，正面铸有篆书"五铢"二字，对读。钱径2.4、穿径0.7厘米（图七五，1）。M64：2-2，范铸，圆形方穿，外缘呈锯齿状，正面铸有篆书"五铢"二字，对读。钱径2.4、穿径0.9厘米（图七五，2）。

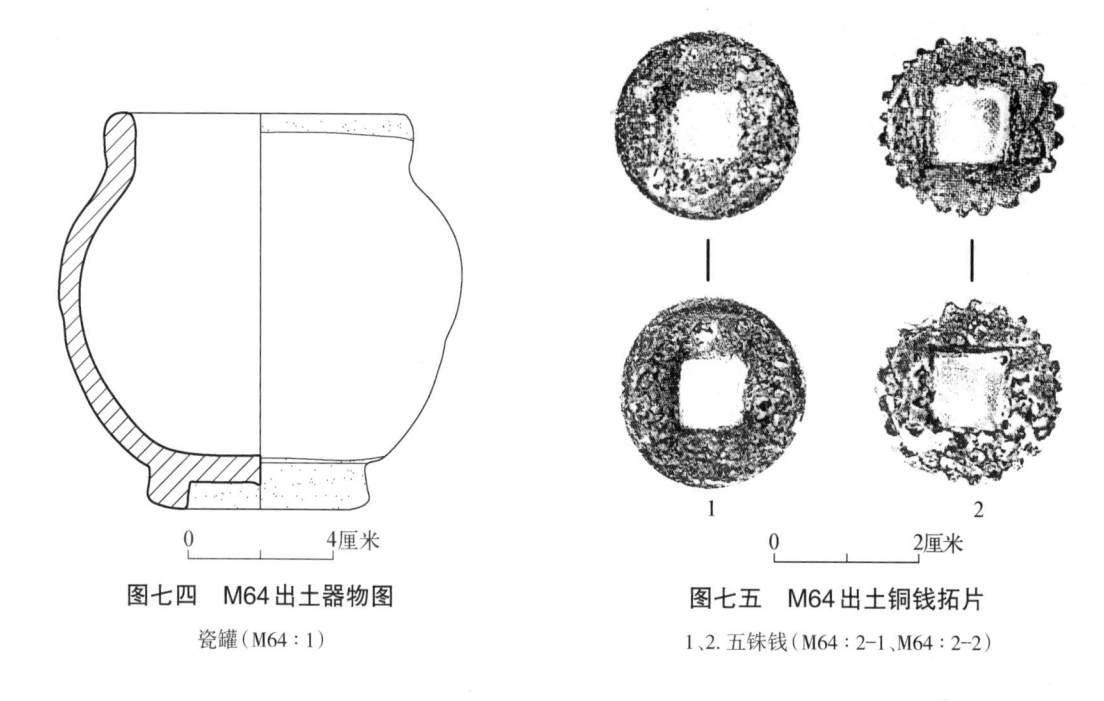

图七四　M64出土器物图
瓷罐（M64：1）

图七五　M64出土铜钱拓片
1、2. 五铢钱（M64：2-1、M64：2-2）

第三十一节　M65

一、墓葬形制与结构

M65　被M72打破。长方形竖穴土圹双棺合葬墓，开口于②层下，方向10°，墓口距地表0.9米，墓圹长2.52米，宽1.5米，深0.75米。墓室四壁较整齐，内填花土，土质疏松。墓底置双棺，棺木已朽。东棺打破西棺，两棺间距0.12～0.14米。东棺长1.7米，宽0.43～0.52米，残高0.25米，棺痕厚0.01米。棺内墓主人为男性，骨架保存较差，长1.4米，头向北，面向东，仰身直肢葬。西棺长1.8米，宽0.43米，残高0.25米，棺痕厚0.01米。棺内墓主人为女性，骨架保存较差，残长0.89米，头向北，面向上，仰身直肢葬（图七六；彩版三五）。

二、随葬品

铜钱　4枚。标本M65：1，范铸，圆形方穿，正面铸有楷书"万历通宝"四字，对读。钱径2.5、穿径0.5厘米（图七七）。

图七六　M65平、剖面图
1.铜钱

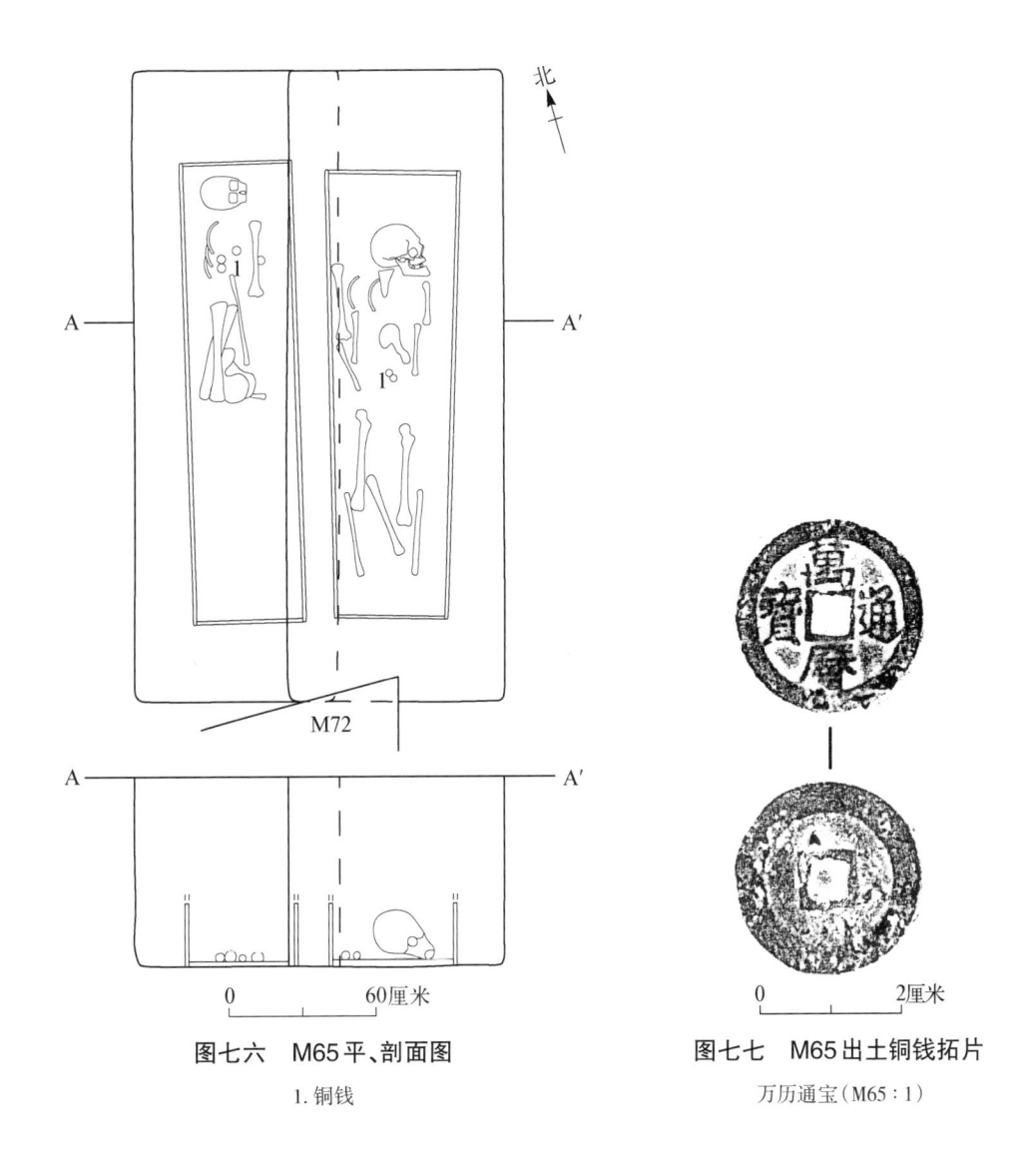

图七七　M65出土铜钱拓片
万历通宝（M65∶1）

第三十二节　M66

一、墓葬形制与结构

M66　北邻M59，长方形竖穴土圹双棺合葬墓，开口于②层下，方向350°，墓口距地表0.9米，墓圹长2.44米，宽1.52～1.8米，深1.1米。墓室四壁较整齐，内填花土，土质疏松。墓底置双棺，西棺打破东棺，棺木已朽，两棺间距0.2米。东棺长1.98米，宽0.48～0.66米，残高0.3米，棺痕厚0.02米。棺内墓主人为男性，骨架保存较差，长1.42米，头向北，面向西，仰身直肢葬。西棺长2.02米，宽0.5米，残高0.3米，棺痕厚0.02米。棺内墓主人为女性，骨架保存较差，长1.32米，头向北，面向东，仰身直肢葬（图七八；彩版三六，1）。

图七八　M66平、剖面图
1.陶罐

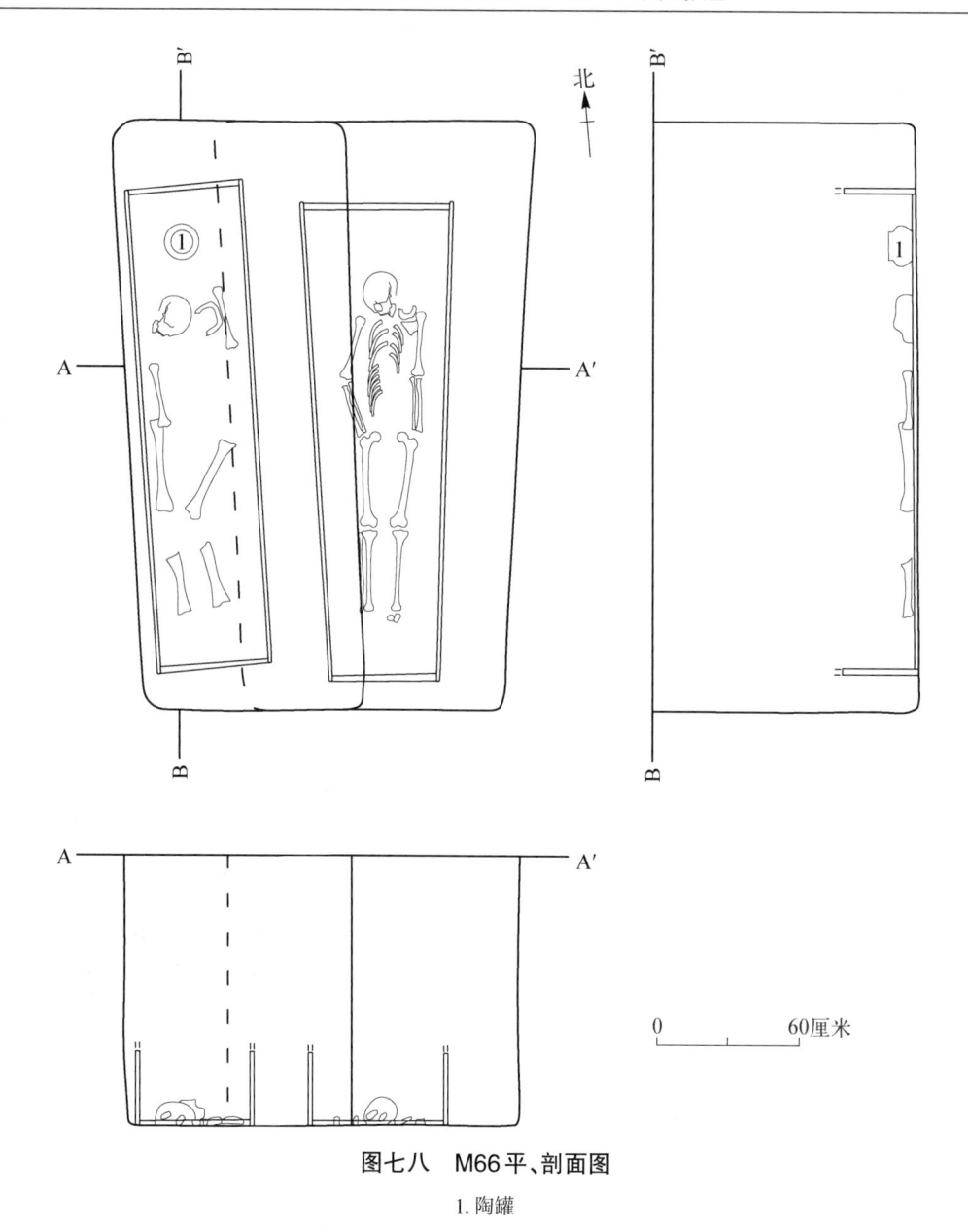

二、随葬品

陶罐　1件。M66：1，泥质灰陶，敞口，圆唇，溜肩，鼓腹，平底内凹。肩部饰对称双系。口径12.4、腹径15.4、底径11.7、高10厘米（图七九；彩版三六，2）。

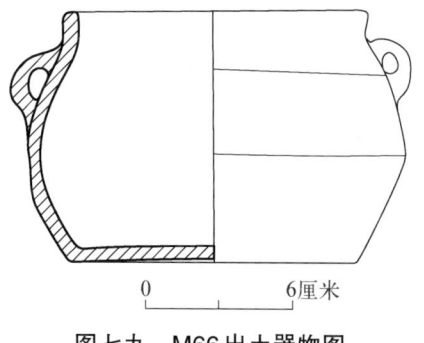

图七九　M66出土器物图
陶罐（M66：1）

第三十三节　M67

一、墓葬形制与结构

M67　北邻M60,长方形竖穴土圹三棺合葬墓,开口于②层下,方向355°,墓口距地表0.9米,墓圹长2.85~3.25米,宽3~3.45米,深1.1~1.4米。墓室四壁较整齐,内填花土,土质疏松。墓底置三棺,棺木已朽。中棺打破西棺,东棺打破中棺。东棺长1.7米,宽0.52~0.63米,残高0.4米,棺痕厚0.01米。棺内墓主人为女性,骨架保存较差,长1.42米,头向北,面向下,仰身直肢葬。中棺长1.86米,宽0.42~0.46米,残高0.15米,棺痕厚0.01米。棺内墓主人为男性,骨架保存较完整,长1.46米,头向北,面向东,仰身直肢葬。西棺长1.86米,宽0.4~0.49米,残高0.5米,棺痕厚0.01米。棺内墓主人为女性,骨架保存较差,长1.48米,头向北,面向上,仰身直肢葬(图八〇;彩版三七,1)。

二、随葬品

釉陶罐　1件。M67:1,泥质红陶,轮制,敞口,圆唇,鼓腹,圈足,器身外壁上部施黄色酱釉。口径9.2、腹径13.5、底径7.6、高12.7厘米(图八一;彩版三七,2)。

第三十四节　M68

一、墓葬形制与结构

M68　北邻M61,长方形竖穴土圹双棺合葬墓,开口于②层下,方向5°,墓口距地表0.9米,墓圹长2.75~2.95米,宽2.34~2.4米,深1.35米。墓室四壁较整齐,内填花土,土质疏松。墓底置双棺,西棺打破东棺,棺木已朽。东棺长1.94米,宽0.38~0.46米,残高0.45米,棺痕厚0.02米。棺内墓主人为男性,骨架保存较差,长1.58米,头向北,面向西,仰身直肢葬。西棺长1.92米,宽0.44~0.56米,残高0.4米,棺痕厚0.02米。棺内墓主人为女性,骨架保存差,残长0.2米,头向北,面向不详,仰身直肢葬(图八二;彩版三八,1)。

二、随葬品

瓷罐　2件。

M68:1,轮制,敞口,圆唇,鼓腹,圈足,肩部饰对称四系,系已残缺,器身外壁上部施黑釉。口径9.7、腹径13.8、底径6.8、高15.8厘米(图八三,1;彩版三八,2)。

M68:2,轮制,敞口,圆唇,鼓腹,圈足,肩部饰对称双系,系已残缺,器身外壁上部施黑釉。口径8.3、腹径11.2、底径6.1、高11厘米(图八三,2;彩版三八,3)。

铜钱　4枚。标本M68:3,范铸,圆形方穿,正面铸有楷书"崇祯通宝"四字,对读。钱径2.5、穿径0.6厘米(图八四)。

图八〇　M67平、剖面图

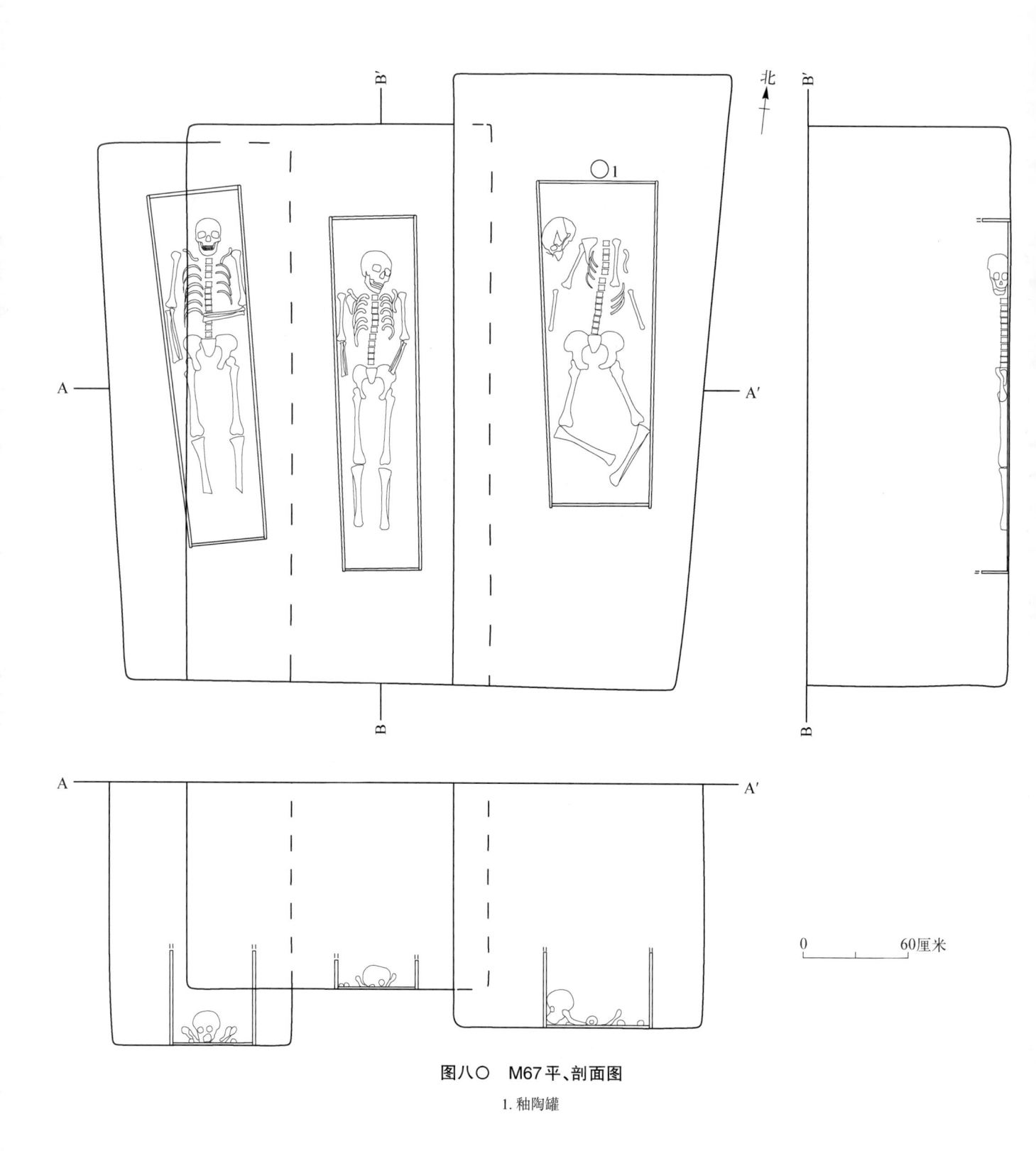

1. 釉陶罐

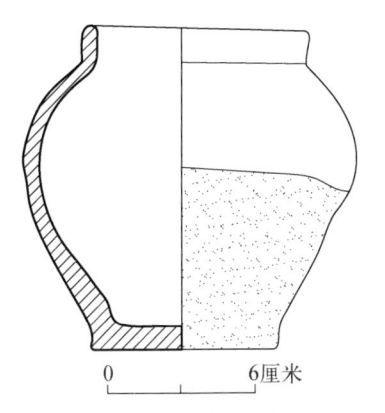

图八一　M67出土器物图

釉陶罐（M67∶1）

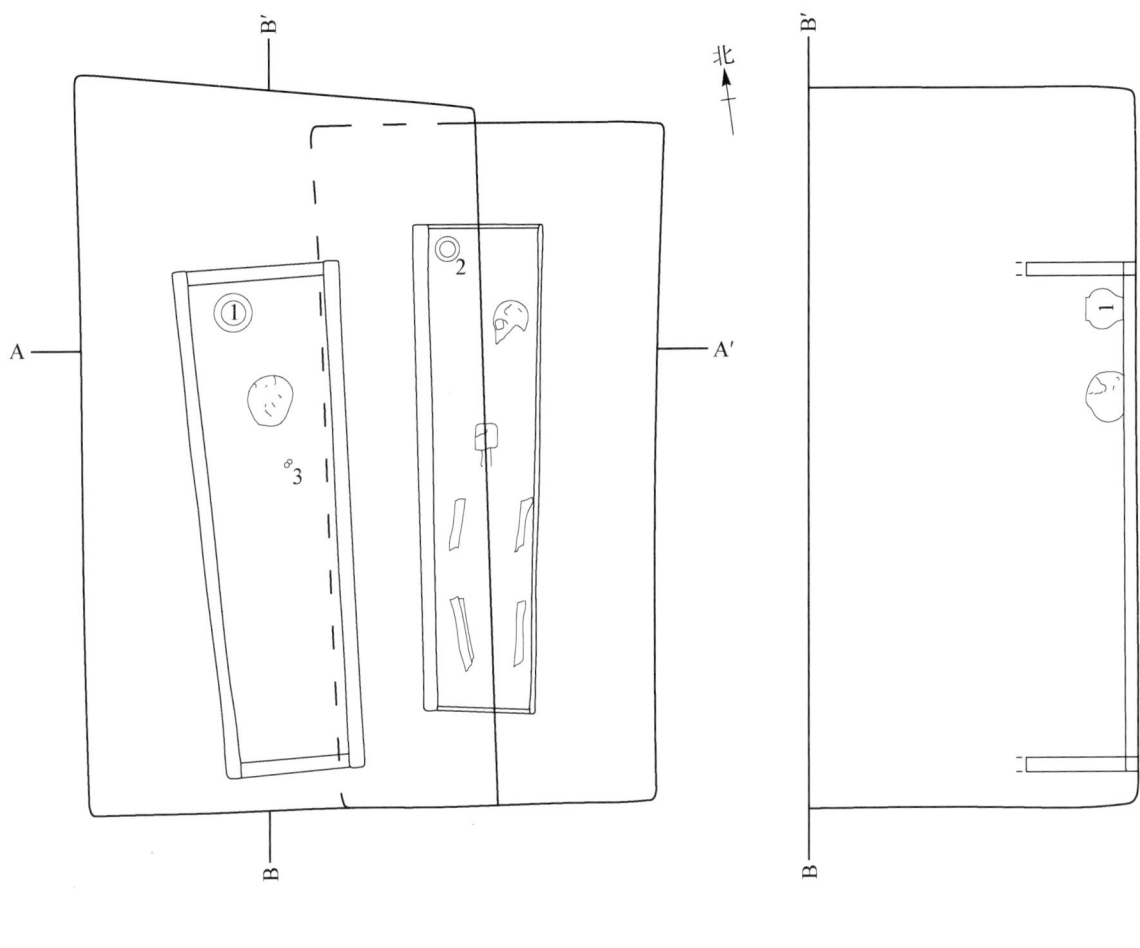

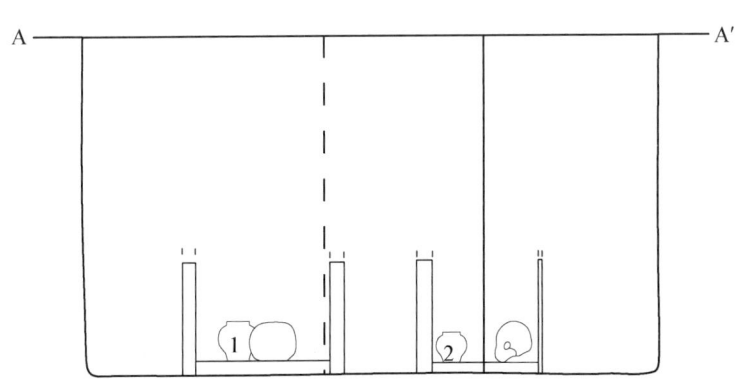

图八二　M68平、剖面图

1、2. 瓷罐　3. 铜钱

图八三　M68出土器物图

1、2.瓷罐（M68：1、M68：2）

图八四　M68出土铜钱拓片

崇祯通宝（M68：3）

第三十五节　M69

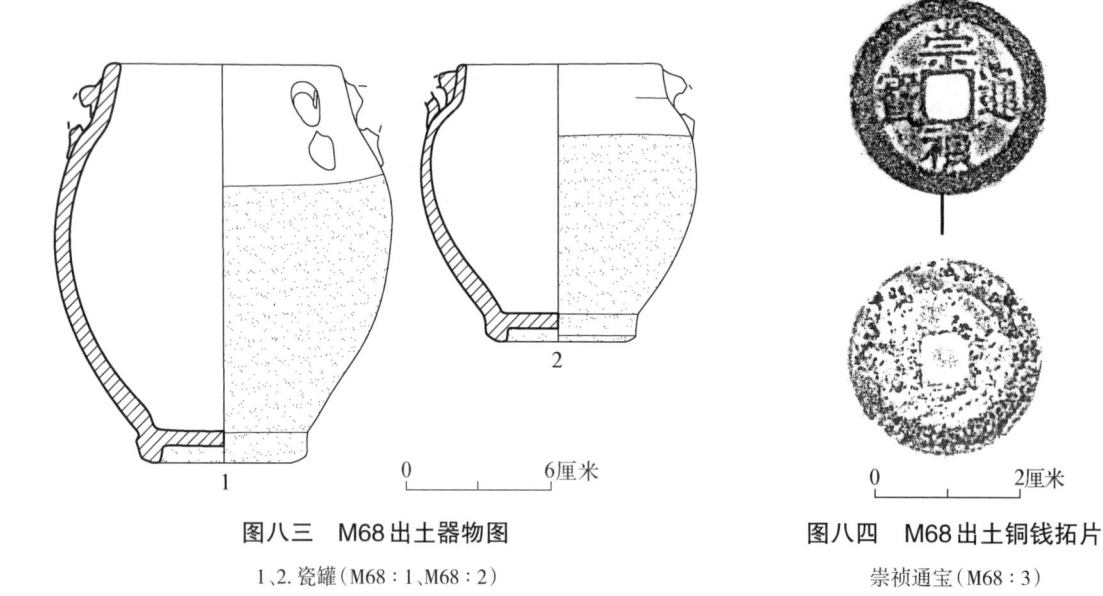

一、墓葬形制与结构

M69　北邻M62，长方形竖穴土圹单棺墓，开口于②层下，方向20°，墓口距地表0.9米，墓圹长2.72～2.8米，宽1.92～2.1米，深1.6米。墓室四壁较整齐，内填花土，土质疏松。墓底置单棺，棺木已朽。棺长2.2米，宽0.42～0.56米，残高0.5米，棺痕厚0.02米。棺内墓主人为男性，骨架保存较差，长1.46米，头向北，面向下，仰身直肢葬（图八五；彩版三九，1）。

二、随葬品

铜钱　1枚。M69：1，范铸，圆形方穿，正面铸有楷书"崇祯通宝"四字，对读。钱径2.7、穿径0.6厘米（图八六）。

瓷罐　1件。M69：2，轮制，敞口，圆唇，鼓腹，圈足，肩部饰对称四系，系已残缺，器身外壁上部施黑釉。口径10.3、腹径13.6、底径7.4、高15.3厘米（图八七；彩版三九，2）。

第三十六节　M73

一、墓葬形制与结构

M73　北邻M66，长方形竖穴土圹双棺合葬墓，开口于②层下，方向5°，墓口距地表0.9米，墓圹长2.36～2.82米，宽2.03～2.3米，深1.1～1.2米。墓室四壁较整齐，内填花土，土质疏松。墓底置双棺，棺木已朽。西棺打破东棺，两棺间距0.1～0.16米，西棺高于东棺0.1米。东棺

图八六 M69出土铜钱拓片

崇祯通宝（M69:1）

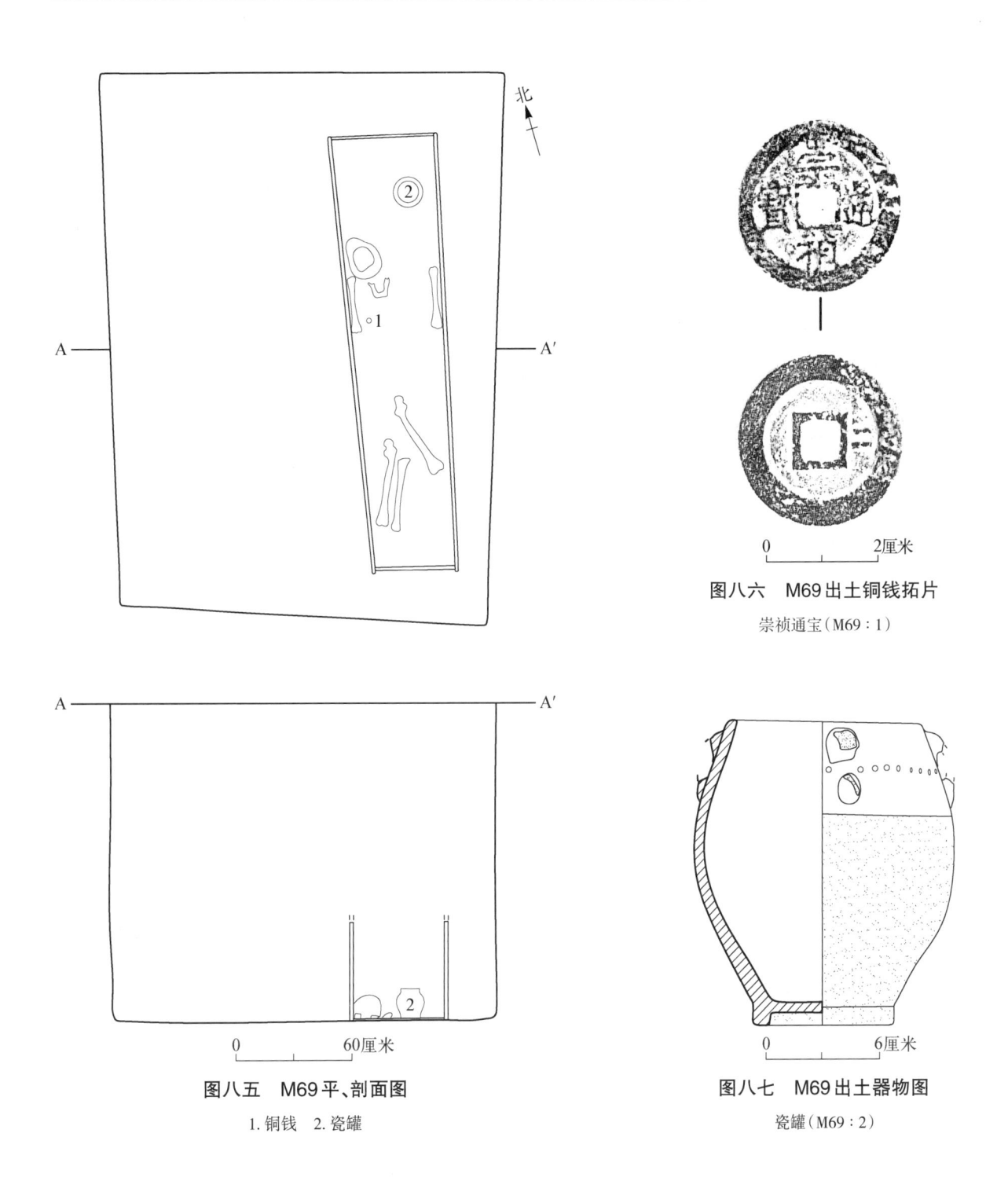

图八五 M69平、剖面图

1. 铜钱　2. 瓷罐

图八七 M69出土器物图

瓷罐（M69:2）

长1.92米，宽0.5～0.66米，残高0.3米，棺痕厚0.02米。棺内墓主人为男性，骨架保存较差，长1.58米，头向北，面向上，仰身直肢葬。西棺长1.78米，宽0.4～0.48米，残高0.2米，棺痕厚0.02米。棺内墓主人为女性，骨架保存较差，长1.42米，头向北，面向南，仰身直肢葬（图八八；彩版四〇）。

图八八　M73平、剖面图
1.铜钱

二、随葬品

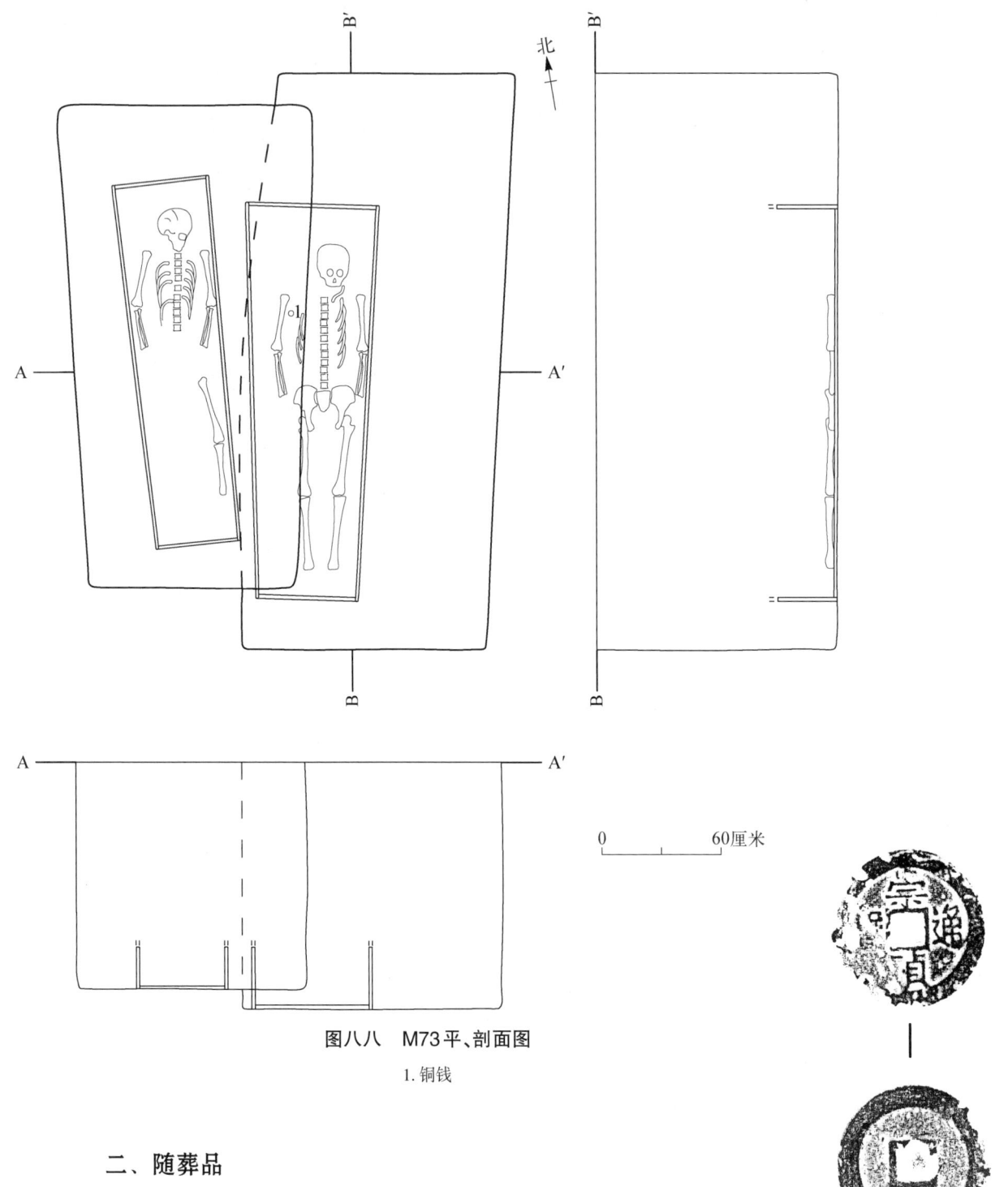

铜钱　1枚。M73：1，范铸，圆形方穿，正面铸有楷书"崇祯通宝"四字，对读。钱径2.5、穿径0.5厘米（图八九）。

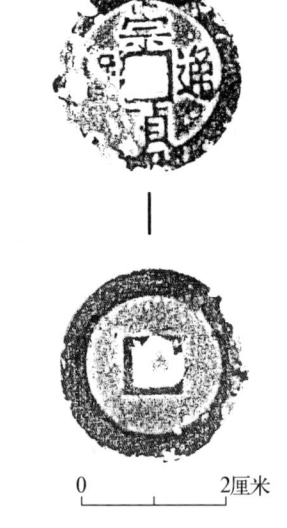

图八九　M73出土铜钱拓片

崇祯通宝（M73：1）

第三十七节 M76

一、墓葬形制与结构

M76 北邻M68,长方形竖穴土圹双棺合葬墓,开口于②层下,方向0°,墓口距地表0.9米,墓圹长2.34~2.95米,宽1.94米,深1.1~1.3米。墓室四壁较整齐,内填花土,土质疏松。墓底置双棺,棺木已朽。西棺打破东棺,两棺间距0.3~0.56米,西棺高于东棺0.2米。东棺长1.7米,宽

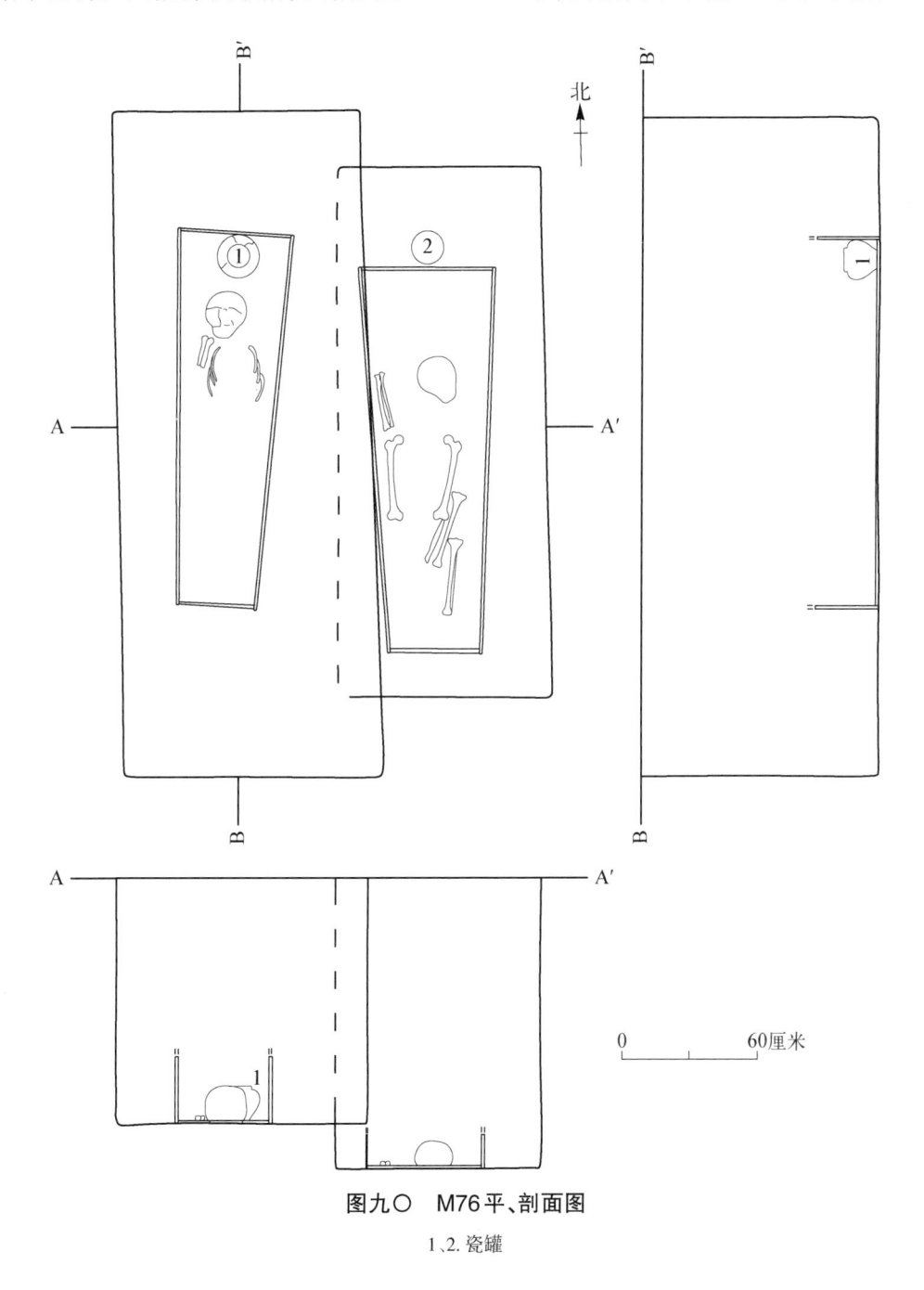

图九〇 M76平、剖面图

1、2. 瓷罐

0.42~0.6米，残高0.15米，棺痕厚0.02米。棺内墓主人为男性，骨架保存较差，长1.04米，头向北，面向上，仰身直肢葬。西棺长1.88米，宽0.36~0.52米，残高0.3米，棺痕厚0.02米。棺内墓主人为女性，骨架保存较差，仅残留少许，残长0.5米，头向北，面向上，葬式不明（图九〇；彩版四一，1）。

二、随葬品

瓷罐 2件。

M76:1，轮制，直口，圆唇，溜肩，鼓腹，假圈足，器身外壁施黑釉，近底处露胎。口径10.6、腹径16.2、底径12、高15.3厘米（图九一，1；彩版四一，2）。

M76:2，轮制，直口，圆唇，溜肩，鼓腹，假圈足，器身外壁施黑釉，口部及近底处露胎。口径10.2、腹径15.8、底径11.5、高15厘米（图九一，2；彩版四一，3）。

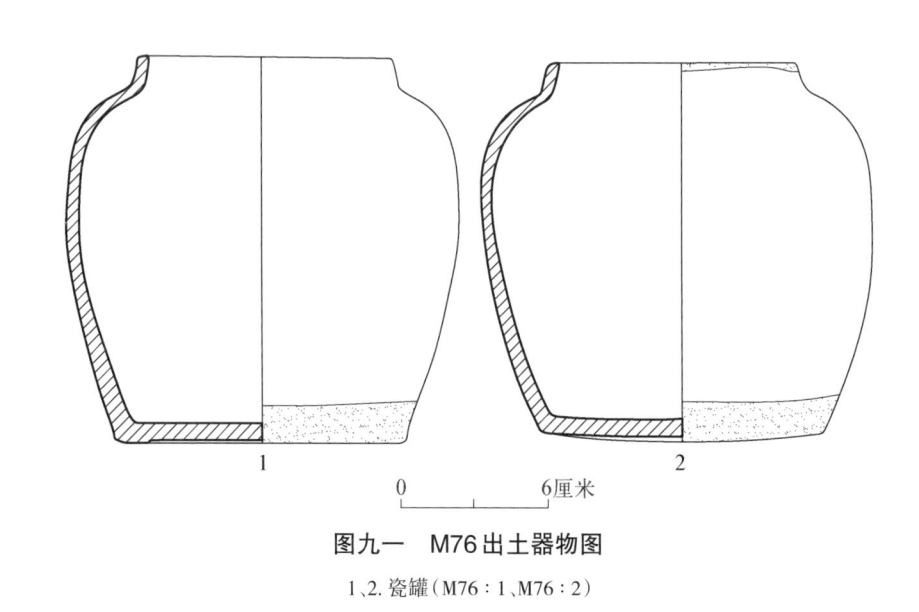

图九一 M76出土器物图
1、2. 瓷罐（M76:1、M76:2）

第三十八节 M79

一、墓葬形制与结构

M79 北邻M71，长方形竖穴土圹双棺合葬墓，开口于②层下，方向0°，墓口距地表0.9米，墓圹长2.76米，宽1.44~1.68米，深1.05米。墓室四壁较整齐，内填花土，土质疏松。墓底置双棺，东棺打破西棺，棺木已朽。两棺间距0.02~0.06米。东棺长2.12米，宽0.38~0.56米，残高0.15米。棺内墓主人为男性，骨架保存较差，长1.46米，头向北，面向南，仰身直肢葬。西棺长2.02米，宽0.42~0.56米，残高0.15米，棺痕厚0.02米。棺内墓主人为女性，骨架保存较差，长1.52米，头向北，面向西，仰身直肢葬（图九二；彩版四二，1）。

二、随葬品

瓷罐 1件。M79:1,轮制,敞口,圆唇,鼓腹,圈足,肩部饰对称四系,器身外壁上部施墨绿釉,近底处及圈足露胎。口径9、腹径11.8、底径7.1、高9.2厘米(图九三;彩版四二,2)。

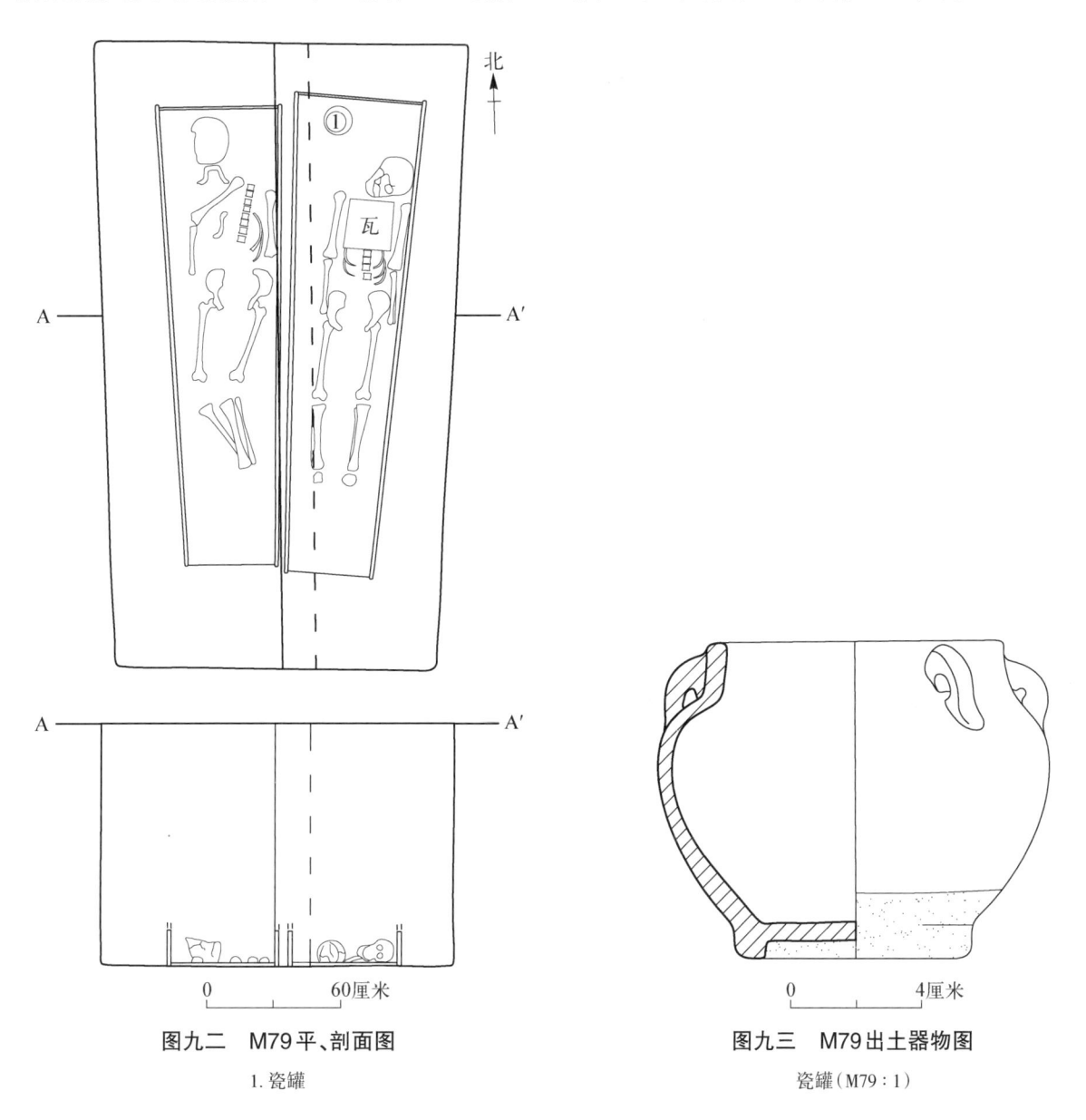

图九二 M79平、剖面图
1.瓷罐

图九三 M79出土器物图
瓷罐(M79:1)

第三十九节 M80

一、墓葬形制与结构

M80 北邻M72,长方形竖穴土圹单棺墓,开口于②层下,方向0°,墓口距地表0.9米,墓圹长

2.43米，宽1.3~1.42米，深1.3米。墓室四壁较整齐，内填花土，土质疏松。墓底置单棺，棺木已朽。棺长1.92米，宽0.46~0.66米，残高0.1米，棺痕厚0.02米。棺内未发现墓主人骨架，推测应为搬迁墓（图九四；彩版四三，1）。

二、随葬品

陶罐 1件。M80∶1，泥质灰陶，敞口，圆唇，溜肩，鼓腹，平底内凹。肩部饰对称双系。系已残缺。口径13.5、腹径16.4、底径12.3、高10.7厘米（图九五；彩版四三，2）。

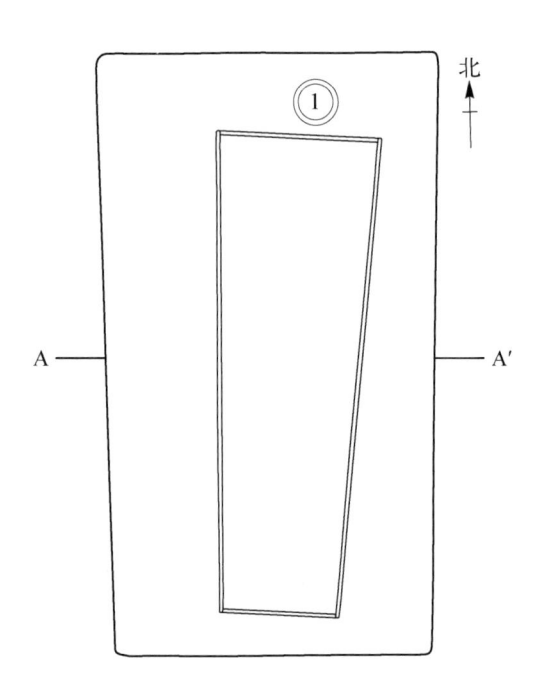

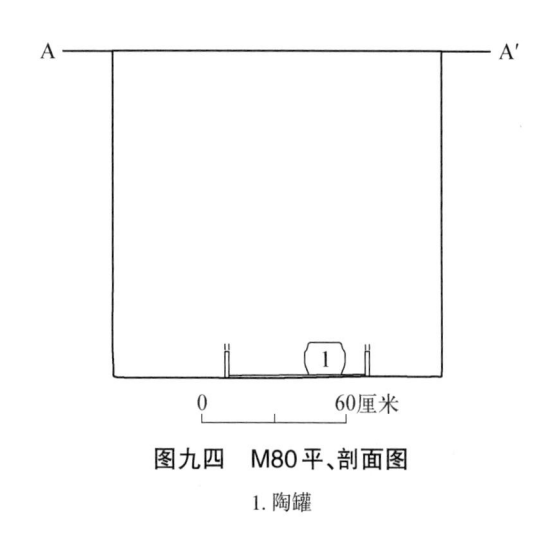

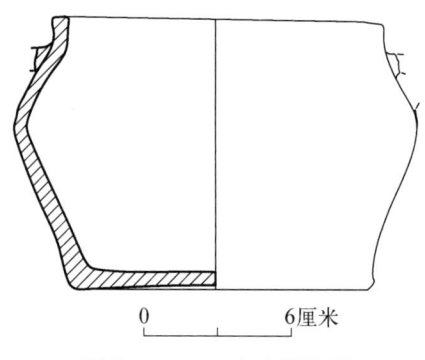

图九四　M80平、剖面图
1. 陶罐

图九五　M80出土器物图
陶罐（M80∶1）

第四十节 M81

一、墓葬形制与结构

M81，长方形竖穴土圹双棺合葬墓，开口于②层下，方向0°，墓口距地表0.9米，墓圹长2.55米，宽2.04米，深0.6米。墓室四壁较整齐，内填花土，土质疏松。墓底置双棺，棺木已朽。两棺间距0.08～0.12米。东棺长1.62米，宽0.6～0.66米，残高0.54米，棺痕厚0.06米。棺内墓主人为男性，骨架保存较完整，长1.46米，头向北，面向上，仰身直肢葬。西棺长1.78米，宽0.4～0.44米，残

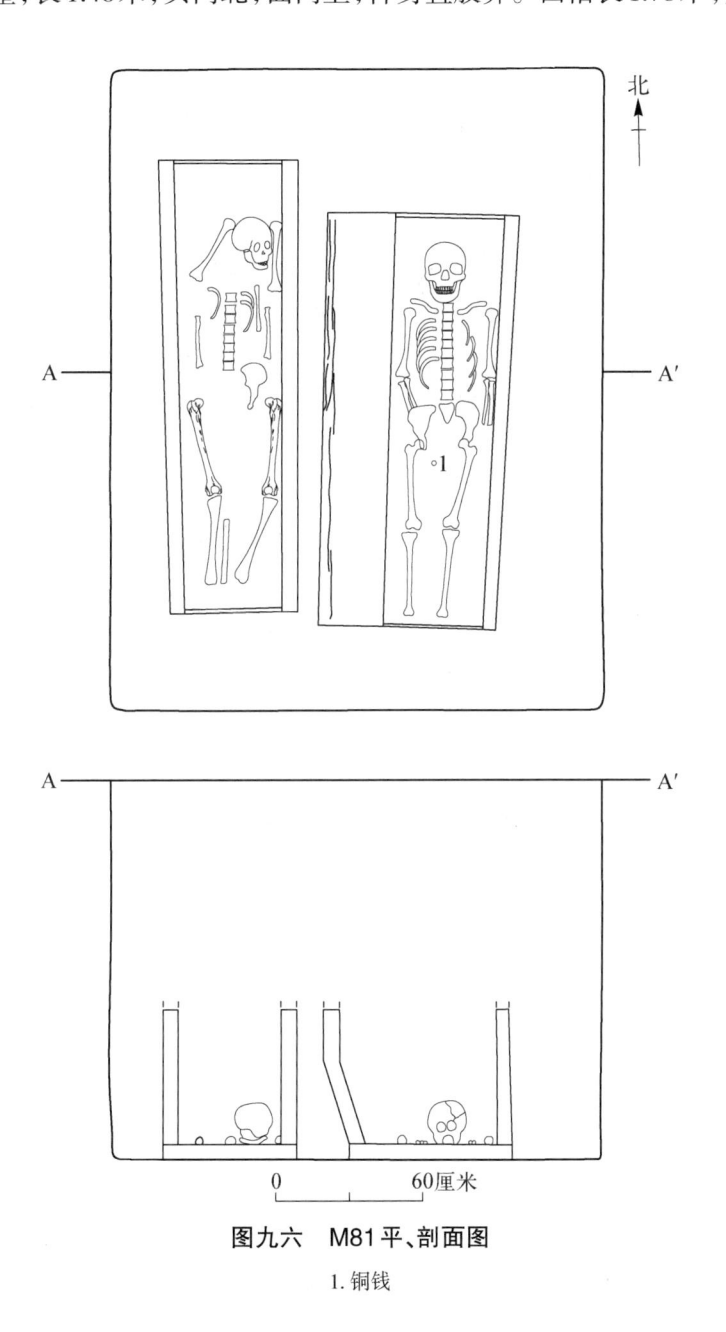

图九六 M81平、剖面图
1.铜钱

高0.54米，棺痕厚0.06米。棺内墓主人为女性，骨架保存较完整，长1.45米，头向北，面向东，仰身直肢葬（图九六；彩版四四）。

二、随葬品

铜钱 13枚。

"万历通宝"铜钱6枚。标本M81：1-1，范铸，圆形方穿，正面铸有楷书"万历通宝"四字，对读。钱径2.1、穿径0.5厘米（图九七，1）。

"天启通宝"铜钱3枚。标本M81：1-2，范铸，圆形方穿，正面铸有楷书"天启通宝"四字，对读。钱径2.1、穿径0.5厘米（图九七，2）。标本M81：2-1，范铸，圆形方穿，正面铸有楷书"天启通宝"四字，对读。背面铸有"户"字。钱径2.1、穿径0.5厘米（图九七，3）。

"崇祯通宝"铜钱4枚。标本M81：2-2，范铸，圆形方穿，正面铸有楷书"崇祯通宝"四字，对读。钱径2.1、穿径0.5厘米（图九七，4）。

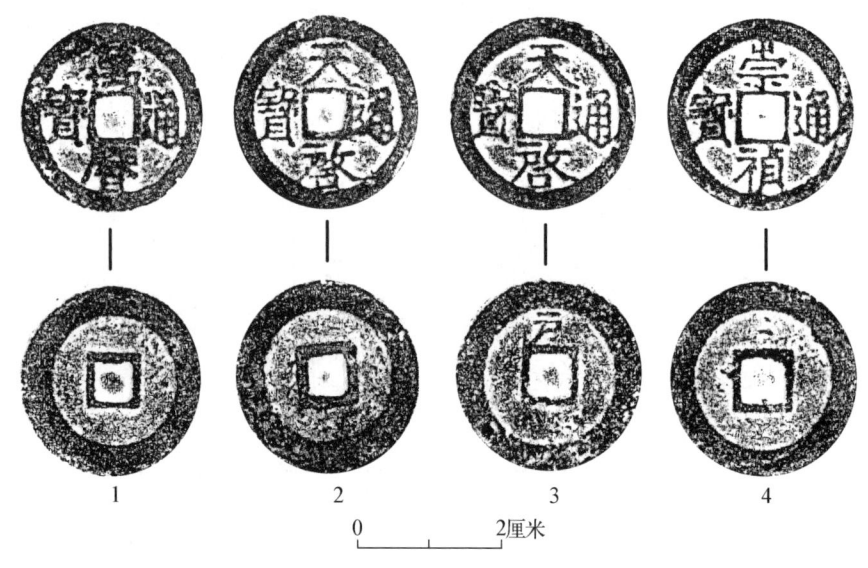

图九七　M81出土铜钱拓片
1. 万历通宝（M81：1-1）　2、3. 天启通宝（M81：1-2、M81：2-1）　4. 崇祯通宝（M81：2-2）

第四十一节　M85

一、墓葬形制与结构

M85 北邻M17，长方形竖穴土圹双棺合葬墓，开口于②层下，方向0°，墓口距地表0.9米，墓圹长3.22米，宽1.92米，深0.8～1.3米。墓室四壁较整齐，内填花土，土质疏松。墓底置双棺，棺木已朽。西棺打破东棺，两棺间距0.04～0.14米，高于东棺0.5米。西棺为迁葬，与东棺合葬，东棺长1.9米，宽0.68～0.8米，残高0.5米。棺内墓主人为男性，骨架保存较差，长1.56米，头向北，面向上,仰身直肢葬。西棺长0.96米,宽0.36米,残高0.1米,棺痕厚0.01米。棺内墓主人为女性,骨架保存较差,残长0.9米,头向北,面向西,系迁葬(图九八;彩版四五,1)。

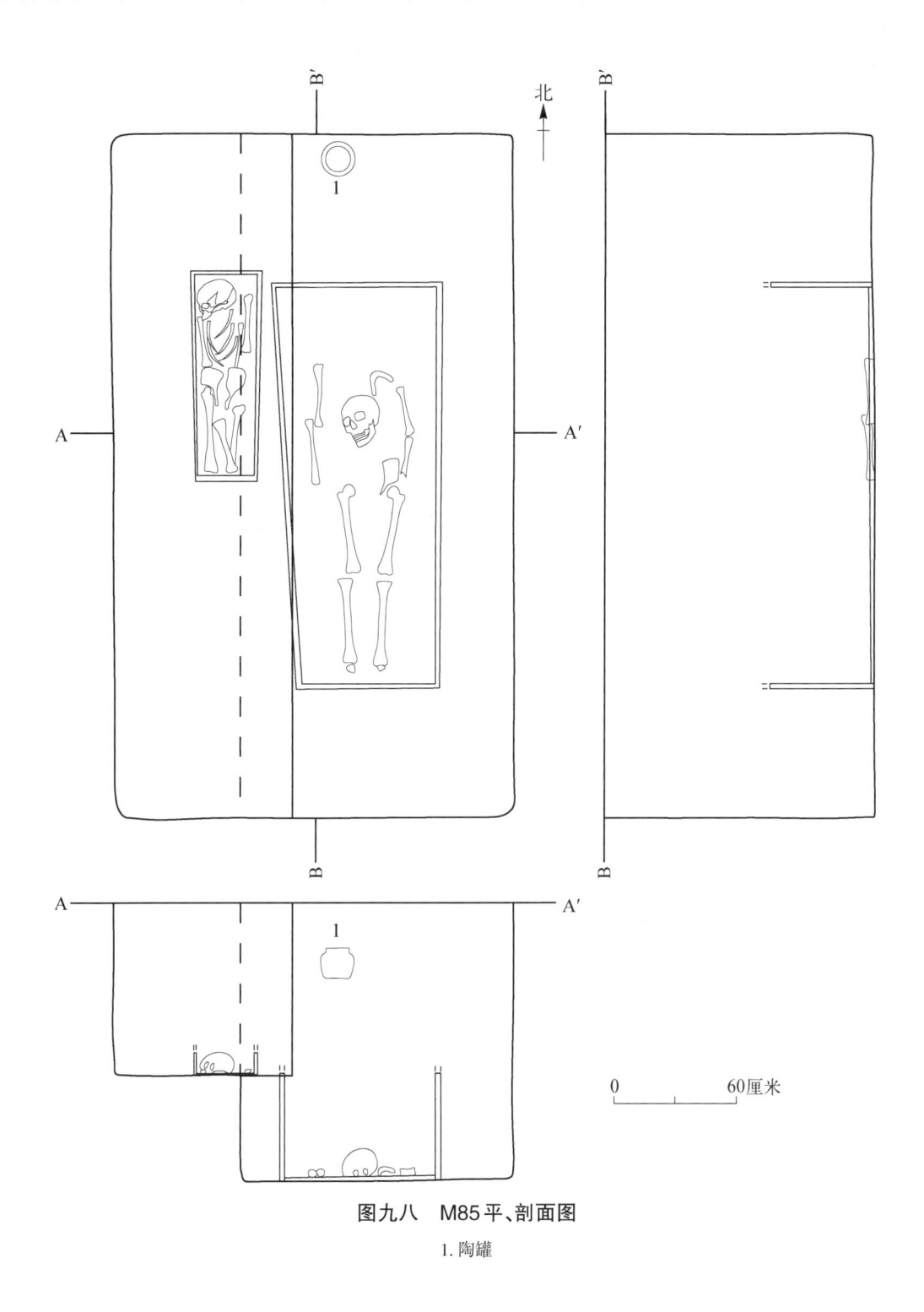

图九八　M85平、剖面图

1. 陶罐

二、随葬品

陶罐 1件。M85：1，直口，圆唇，鼓腹，圈足，肩部饰对称双系。口径9.7、腹径15、底径7.7、高15.1厘米（图九九；彩版四五，2）。

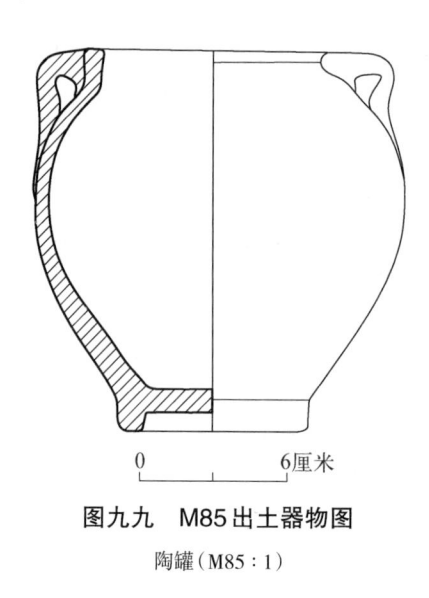

图九九　M85出土器物图

陶罐（M85：1）

第四十二节　M90

一、墓葬形制与结构

M90　北邻M81，长方形竖穴土圹单棺墓，开口于②层下，方向0°，墓口距地表0.9米，墓圹长2.56米，宽1.23米，深1.1米。墓室四壁较整齐，内填花土，土质疏松。墓底置单棺，棺木已朽。棺长1.8米，宽0.55～0.7米，残高0.2米，棺痕厚0.01米。棺内墓主人为男性，骨架保存较差，长1.52米，头向北，面向上，仰身直肢葬（图一〇〇；彩版四六，1）。

二、随葬品

瓷罐　1件。M90：1，轮制，敞口，圆唇，鼓腹，圈足，肩部饰对称双系，器身外壁上部施黑釉。下部及圈足露胎。口径8.3、腹径10.9、底径6.4、高11.1厘米（图一〇一；彩版四六，2）。

第四十三节　M92

一、墓葬形制与结构

M92　北邻M84，长方形竖穴土圹单棺墓，开口于②层下，方向5°，墓口距地表0.9米，墓圹长2.78米，宽1.76米，深1.2米。墓室四壁较整齐，内填花土，土质疏松。墓底置单棺，棺木已朽。棺长1.9米,宽0.74米,残高0.2米。棺内未发现墓主人骨架,初步判断其为搬迁墓(图一〇二;彩版四七,1)。

二、随葬品

瓷罐 1件。M92:1,轮制,敞口,圆唇,鼓腹,圈足,肩部饰对称双系,系已残缺,器身外壁上部施黑釉,下部及圈足露胎。口径8.5、腹径11.4、底径7、高9.4厘米(图一〇三;彩版四七,2)。

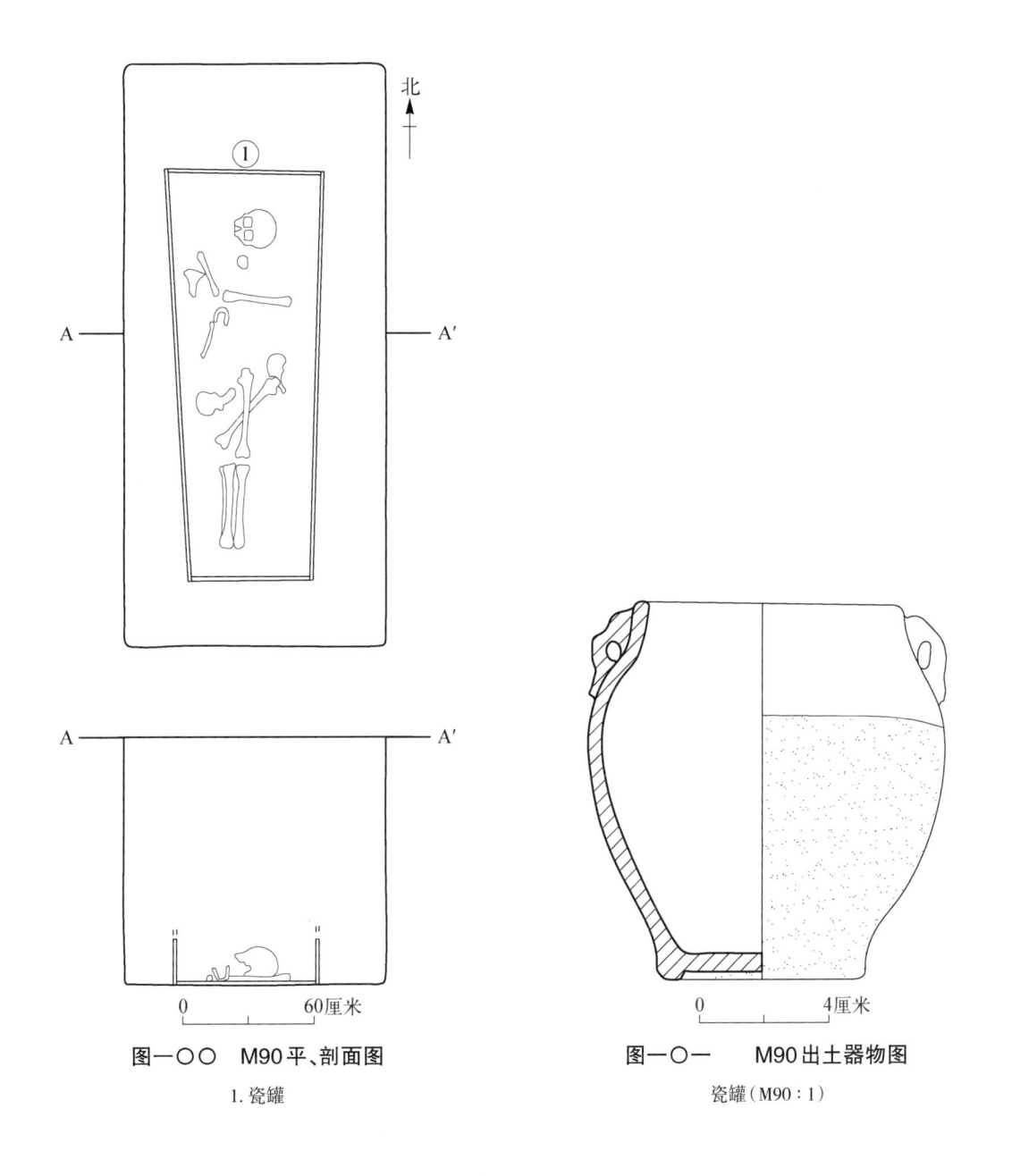

图一〇〇　M90平、剖面图
1. 瓷罐

图一〇一　M90出土器物图
瓷罐(M90:1)

图一〇二　M92平、剖面图
1. 瓷罐

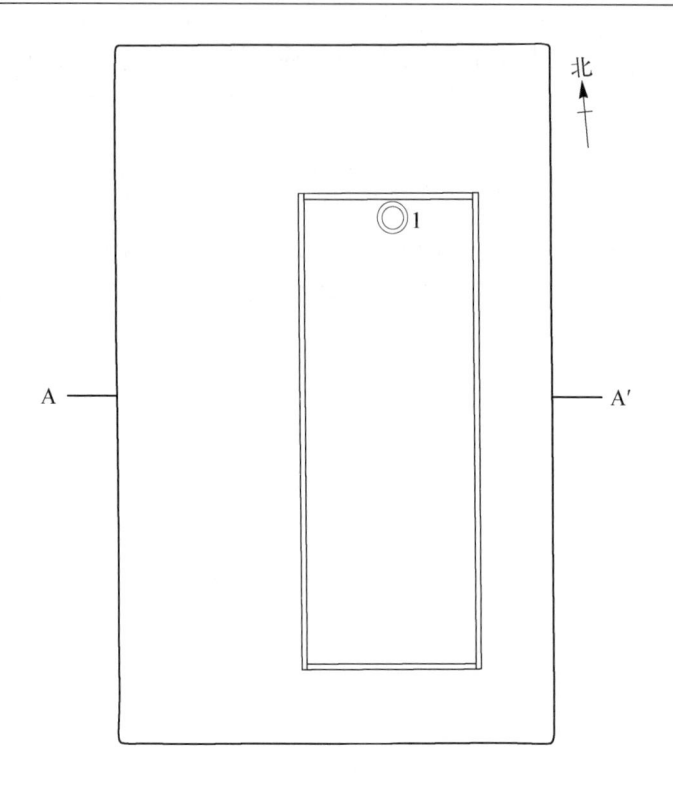

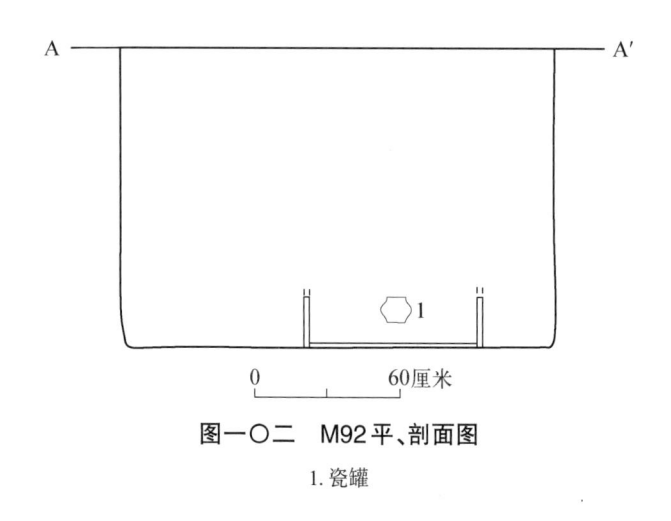

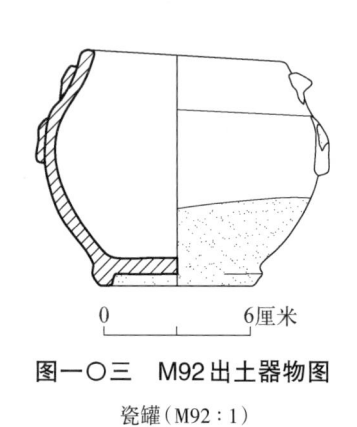

图一〇三　M92出土器物图
瓷罐（M92:1）

第四十四节　M93

一、墓葬形制与结构

M93　东邻M87，长方形竖穴土圹双棺合葬墓，开口于②层下，方向5°，墓口距地表0.9米，墓圹长2.32~2.46米，宽1.56~1.6米，深0.9~1.2米。墓室四壁较整齐，内填花土，土质疏松。墓底置双棺，棺木已朽。东棺打破西棺，两棺间距0.15米，东棺高于西棺0.3米。东棺长1.78米，宽

0.5~0.58米,残高0.2米,棺痕厚0.02米。棺内墓主人为男性,骨架保存较差,仅存头骨及肢骨,长1.34米,头向北,面向东,仰身直肢葬。西棺长1.65米,宽0.5米,残高0.2米,棺痕厚0.02米。棺内墓主人为女性,骨架保存较差,仅存头骨及肢骨,长1.34米,头向北、面向上,仰身直肢葬(图一〇四;彩版四八,1)。

二、随葬品

瓷罐 1件。M93:1,轮制,敞口,圆唇,鼓腹,圈足,肩部饰对称双系,器身外壁上部施黑釉,下部及圈足露胎。口径7.8、腹径10.5、底径5.9、高9.1厘米(图一〇五;彩版四八,2)。

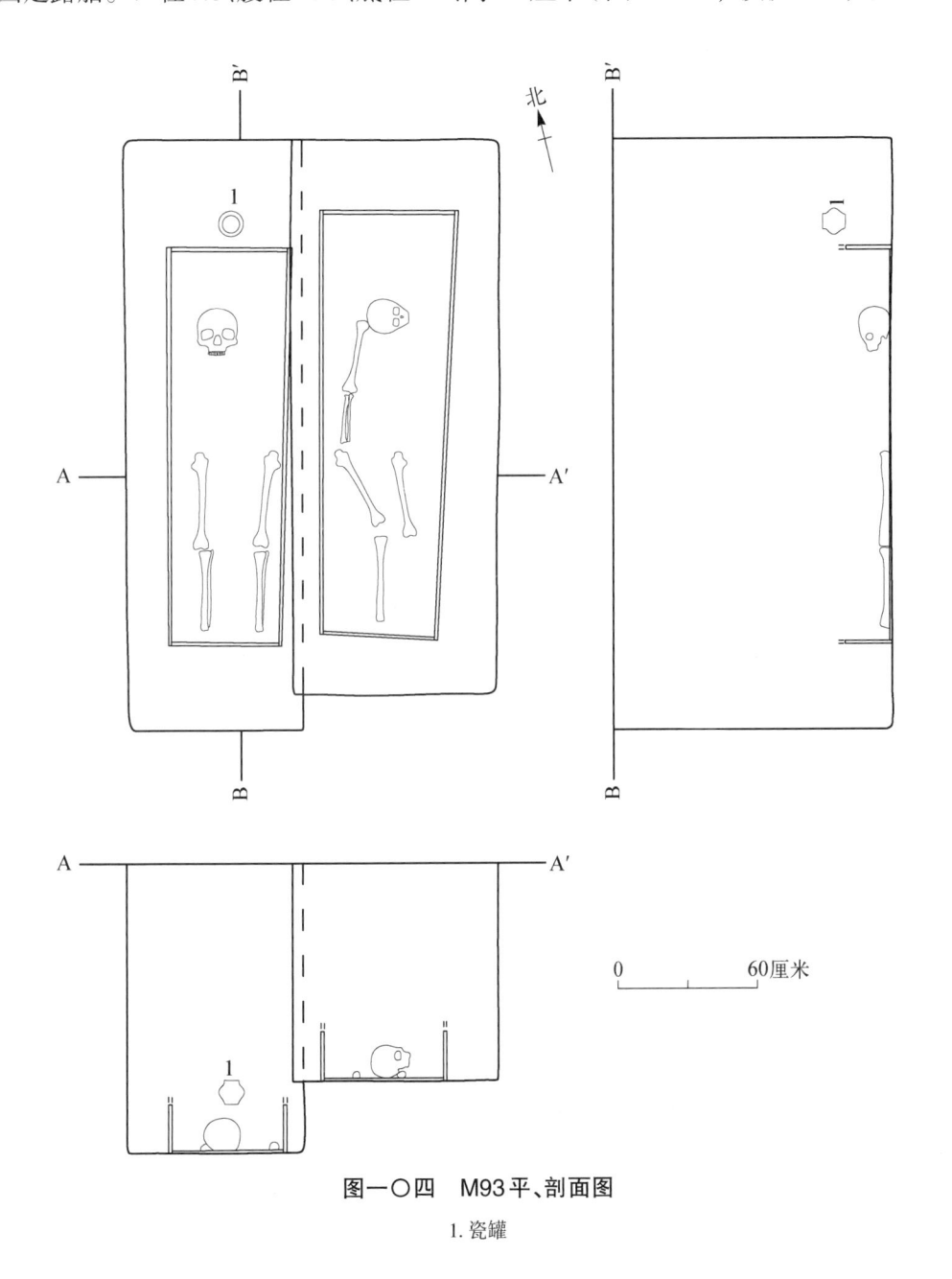

图一〇四 M93平、剖面图
1. 瓷罐

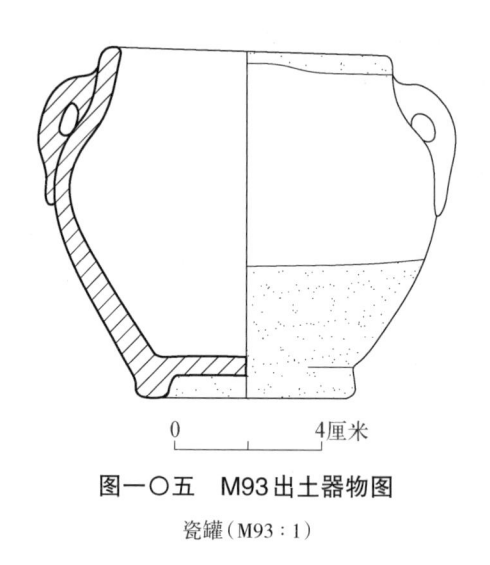

图一〇五　M93出土器物图
瓷罐（M93∶1）

第四十五节　M95

一、墓葬形制与结构

M95　南邻M97，平面近似"龟"状明堂（龟镇），开口于②层下，方向355°，开口距地表0.9米，土圹长1.48米，宽1.46米，深0.6米。明堂底部南北长0.84米，东西宽0.18～0.22米，高0.18米。四周用青砖立砌，室内用三块青砖立砌成"十"字状。明堂南、北两端的立砖分别向外侧倾斜，对称形成龟脚状，龟的头部与尾部分别用板瓦呈南北向斜砌而成。在头部位置分别用小陶盏装饰于西侧，形成眼睛状。明堂顶部北半部用青砖东西向平砌，东西向平砖的上部为南北向平砖顺砌，南北向砖共3层。在明堂中部偏西放置有一块正方形的立砖，立砖的背面有模糊不清的字迹，应为买地券。该立砖的南部为4层，东西向平砌。该平砖的中间为凹状砌制，凹状宽0.16米，进深0.05米。根据整个平面布局情况，头部的板瓦向东南侧倾斜（图一〇六；彩版四九、五〇；彩版五一，1）。

二、随葬品

铜镜　1件。M95∶1，范铸，圆形，背面外缘凸起，中部铸有对称双鱼纹及"长命富贵""金玉满堂"八字。直径13.5厘米（图一〇七；彩版五一，2～4）。

陶盏　2件。

M95∶2，敞口，圆唇，平底。口径5.2、底径3、高2.2厘米（图一〇八，1；彩版五一，5）。

M95∶3，敞口，圆唇，平底。口径5.2、底径3、高2.3厘米（图一〇八，2；彩版五一，6）。

图一〇六　M95平、剖面图

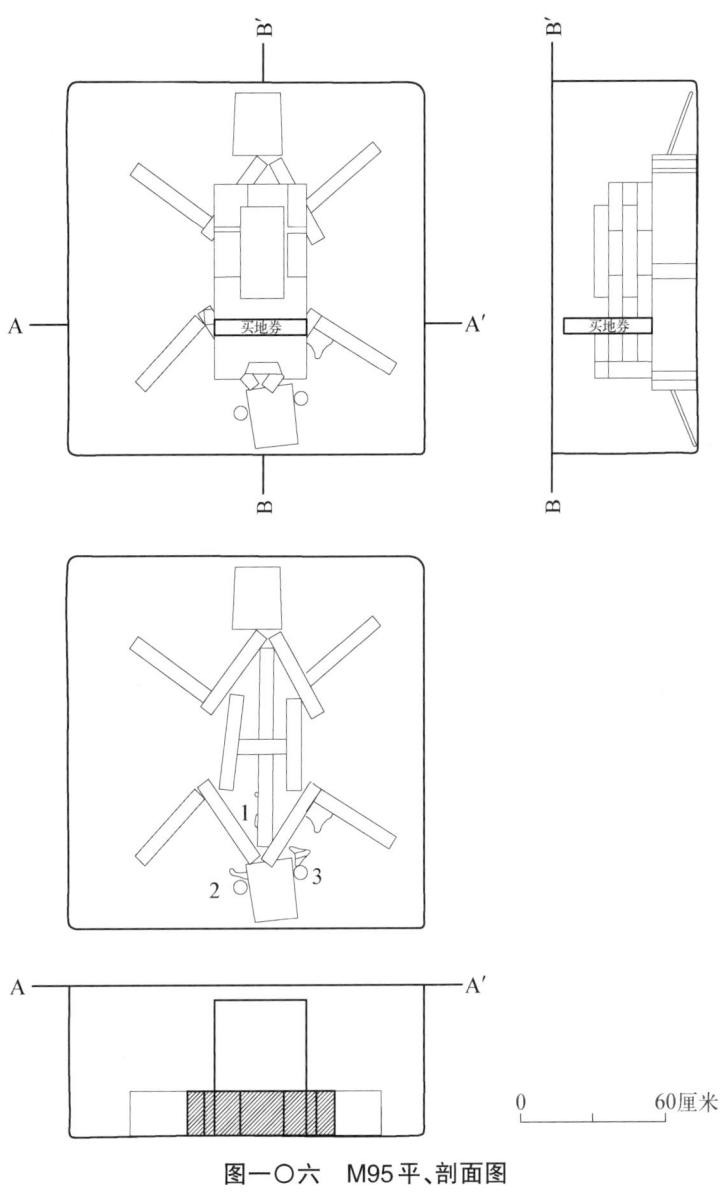

1. 铜镜　2、3. 陶盏

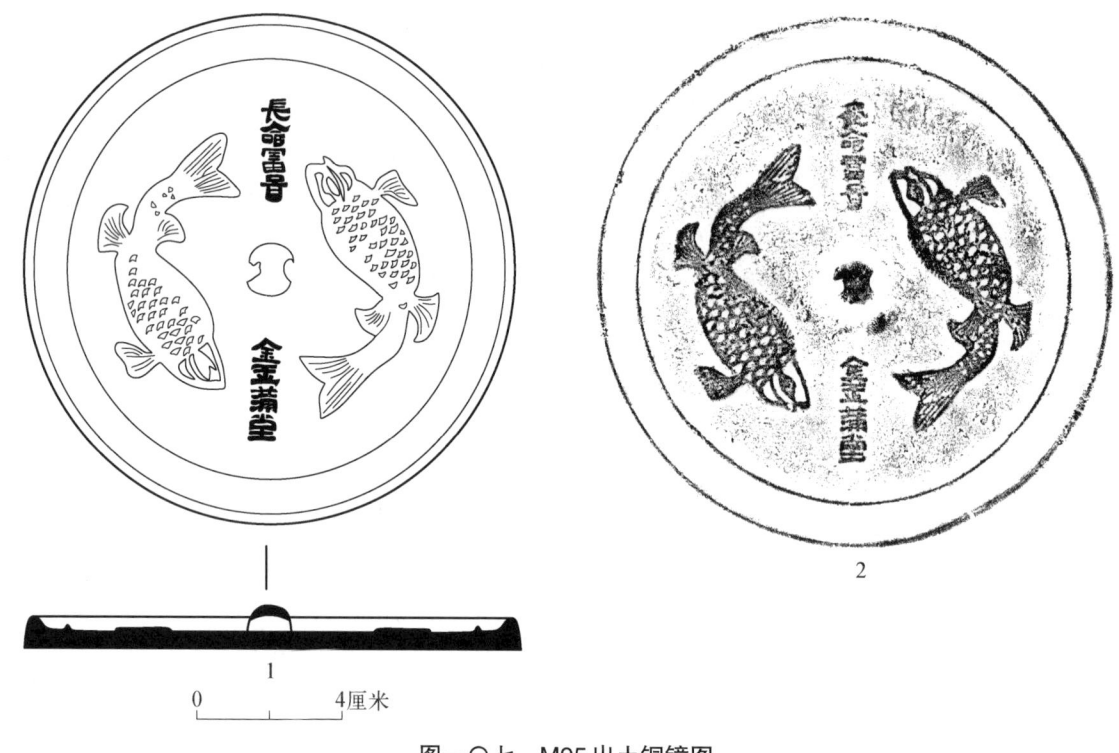

图一〇七 M95出土铜镜图

1. 铜镜线图　2. 铜镜拓片

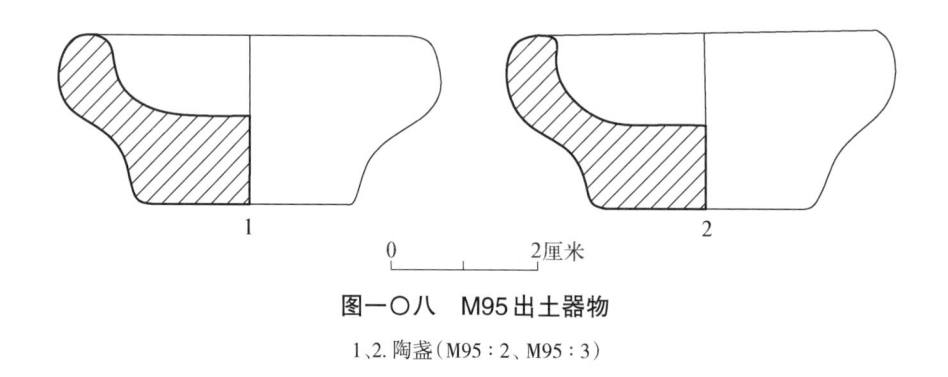

图一〇八 M95出土器物

1、2. 陶盏（M95：2、M95：3）

第四十六节　M96

一、墓葬形制与结构

M96　东邻M95，长方形竖穴土圹单棺墓，开口于②层下，方向10°，墓口距地表0.9米，墓圹长2.45米，宽2.04～2.08米，深0.9米。墓室四壁较整齐，内填花土，土质疏松。墓底置单棺，棺木已朽。棺长1.8米，宽0.42～0.5米，残高0.3米。棺内墓主人为男性，骨架保存较差，长1.36米，头向北，面向上，仰身直肢葬（图一〇九；彩版五二，1）。

二、随葬品

陶罐 1件。M96：1，泥质灰陶，轮制，敞口，圆唇，鼓腹，平底，肩部饰对称双系，系已残缺。口径12.2、腹径16.2、底径11.1、高12.3厘米（图一一〇；彩版五二，2）。

铜钱 1枚。M96：2，范铸，圆形方穿，正面铸有楷书"咸平元宝"四字，旋读。钱径2.5、穿径0.6厘米（图一一一）。

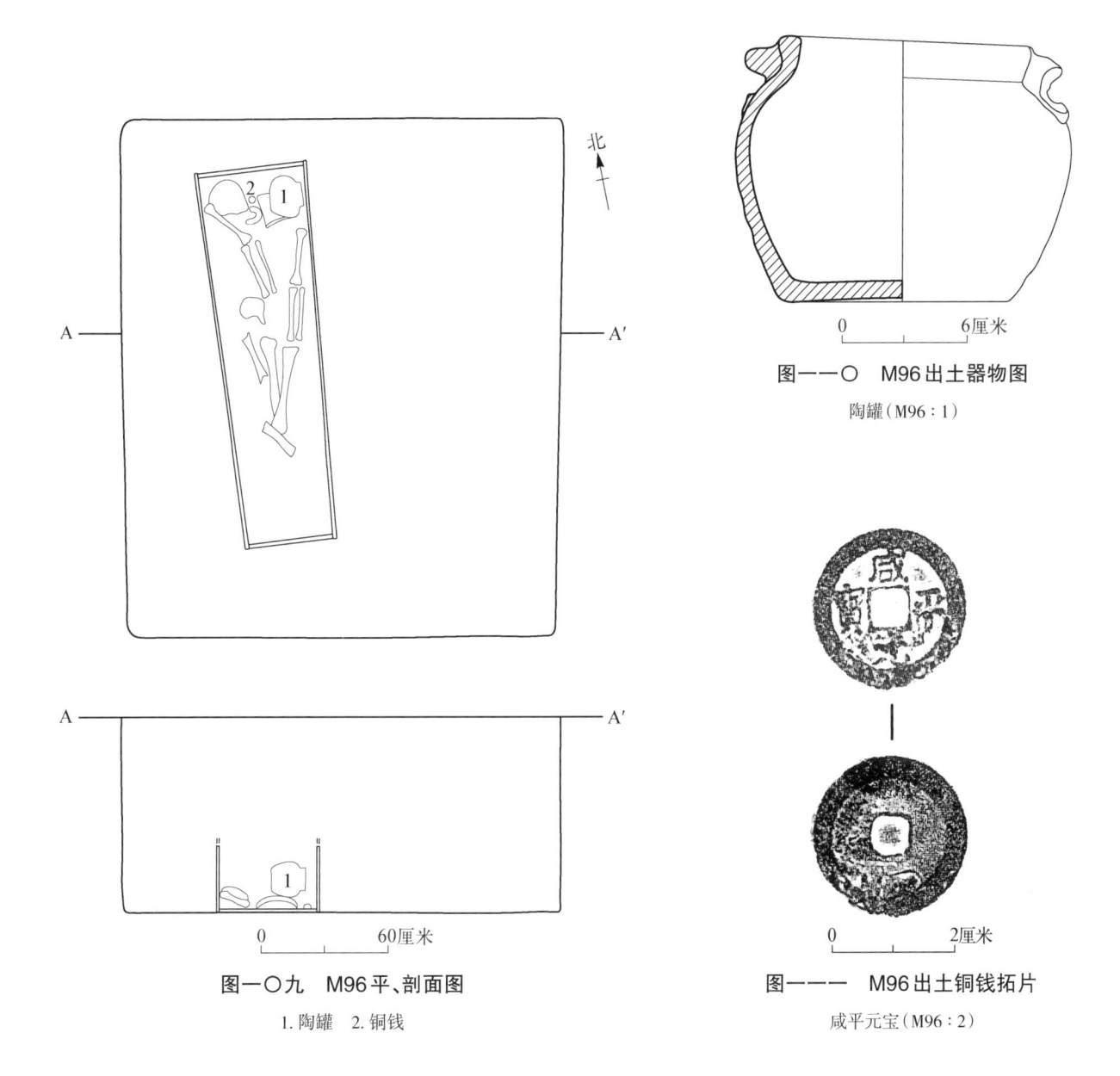

图一一〇　M96出土器物图
陶罐（M96：1）

图一〇九　M96平、剖面图
1.陶罐　2.铜钱

图一一一　M96出土铜钱拓片
咸平元宝（M96：2）

第三章　清代墓葬

第一节　M3

一、墓葬形制与结构

M3　东邻M2，打破M74。长方形竖穴土圹双棺合葬墓，开口于②层下，方向0°，墓口距地表0.9米，墓圹长2.48米，宽1.8米，深0.2～0.3米。墓室四壁较整齐，内填花土，土质疏松。墓底置双棺，棺木已朽，东棺打破西棺，两棺间距0.12～0.22米，东棺高出西棺0.1米。东棺长1.86米，宽0.5米，残高0.2米，棺痕厚0.02米。棺内墓主人为女性，骨架保存较差，长1.36米，头向北，面向上，仰身直肢葬；西棺长1.9米，宽0.52～0.62米，残高0.2米，棺痕厚0.02米。棺内墓主人为男性，骨架保存一般，长1.56米，头向北，面向西，仰身直肢葬（图一一二；彩版五三）。

二、随葬品

铜钱　3枚。标本M3:1，范铸，圆形方穿，正面铸有楷书"乾隆通宝"四字，对读，背面铸有满文"宝泉"二字。钱径2.3、穿径0.6厘米（图一一三）。

第二节　M4

一、墓葬形制与结构

M4　东邻M3，长方形竖穴土圹三棺合葬墓，开口于②层下，方向5°，墓口距地表0.9米，墓圹长2.53～2.72米，宽3.12～3.74米，深0.2～0.3米。墓室四壁较整齐，内填花土，土质疏松。墓底置三棺，棺木已朽，东棺打破中棺，中棺打破西棺，东棺与中棺间距0.14～0.16米，中棺与西棺间距0.16～0.24米。东棺长1.78米，宽0.46～0.6米，残高0.2米，棺痕厚0.02米。棺内墓主人为女性，骨架保存较差，长1.36米，头向北，面向西，仰身直肢葬。中棺长2.02米，宽0.68米，残高0.2米，棺痕厚0.02米。棺内墓主人为女性，骨架保存较差，长1.34米，头向北，面向东，仰身直肢葬。西棺长1.88米，宽0.58米，残高0.1米，棺痕厚0.02米。棺内墓主人为男性，骨架保存较差，长1.62米，头向北，面向东，仰身直肢葬。骨架下铺有白灰，厚约0.02米（图一一四；彩版五四）。

第三章 清代墓葬

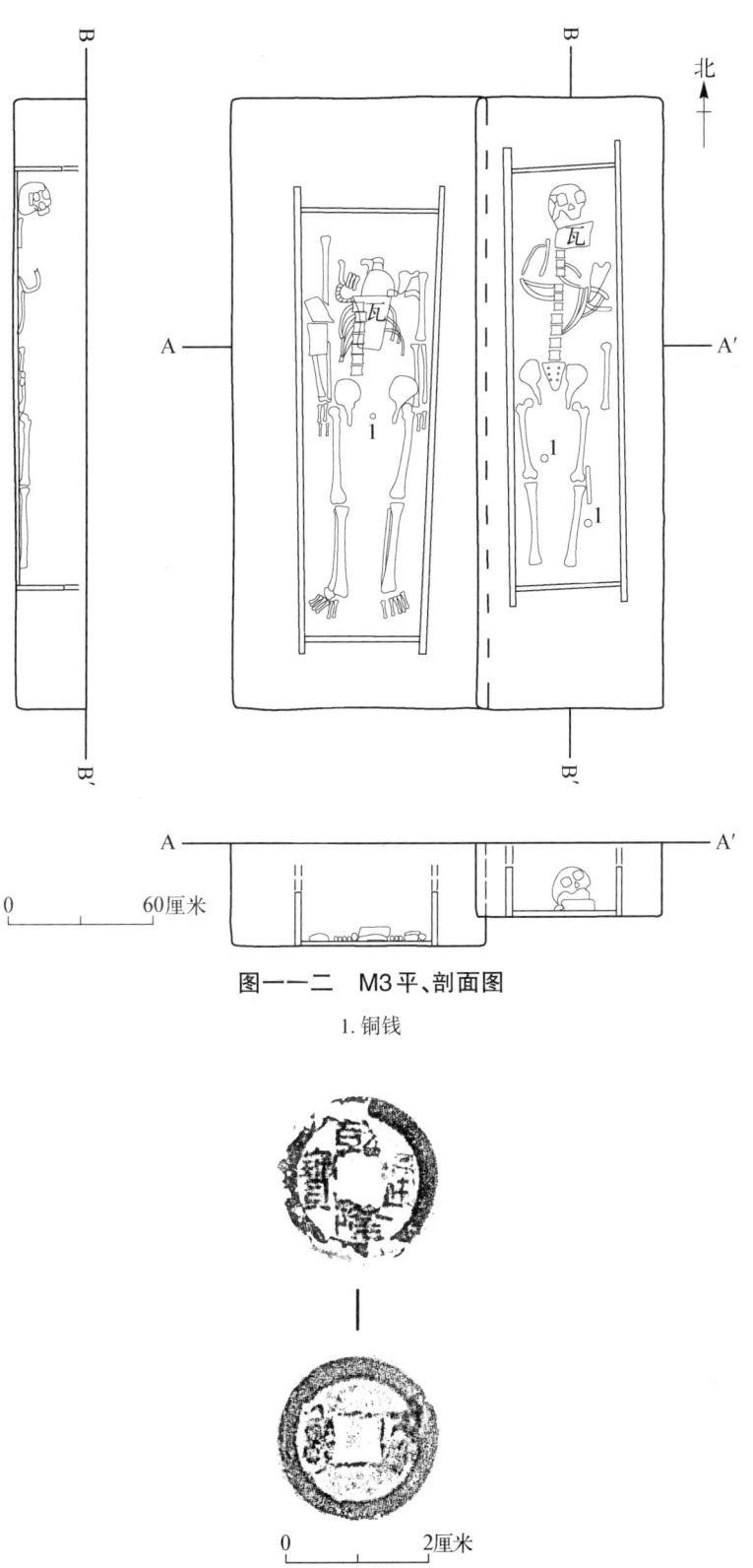

图一一二 M3平、剖面图
1. 铜钱

图一一三 M3出土铜钱拓片
乾隆通宝（M3∶1）

图一一四　M4平、剖面图

1~4.铜簪　5、6.铜钱

二、随葬品

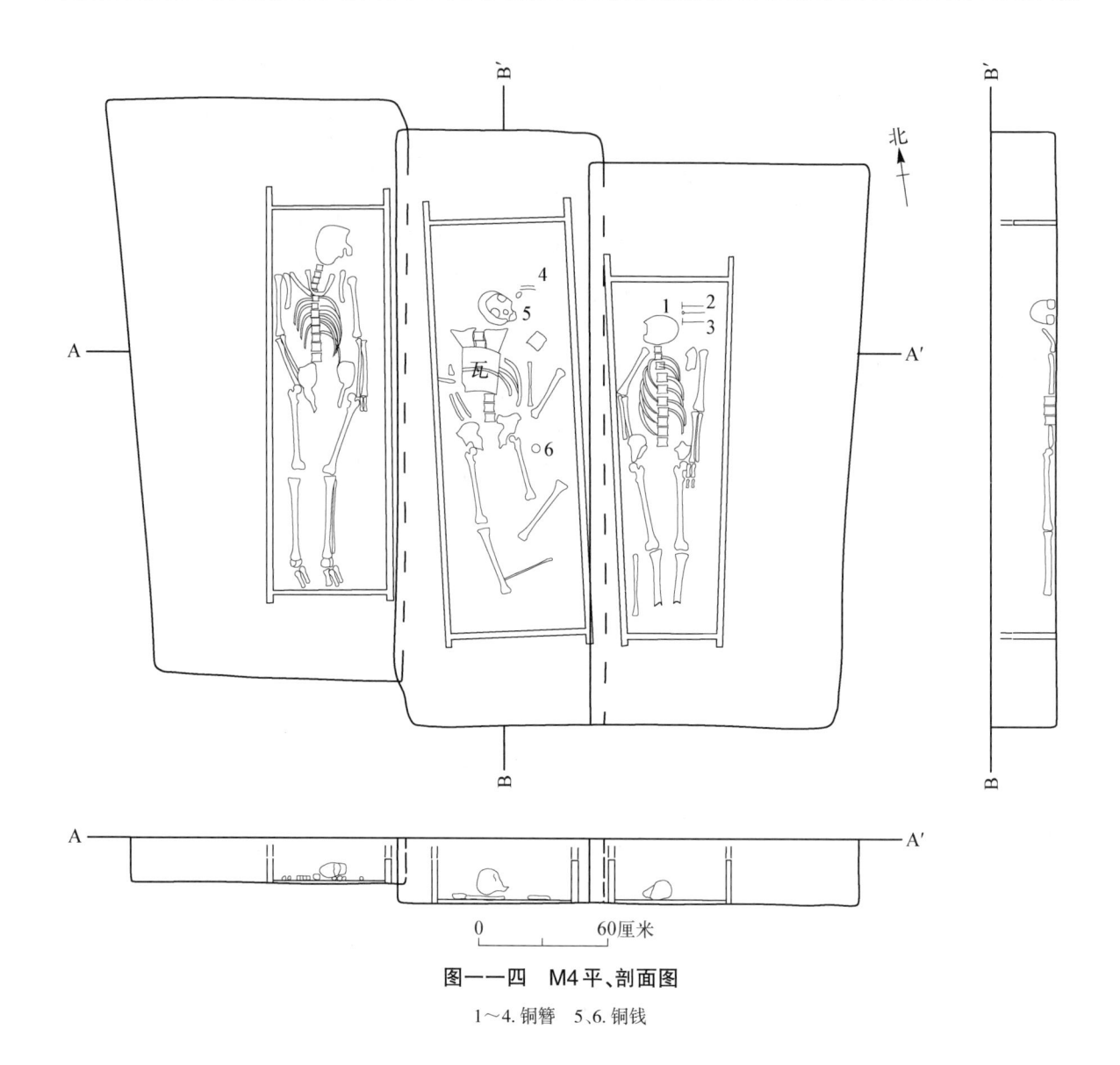

铜簪　4件。

M4:1,簪首呈花瓣形,中部饰"寿"字,截面呈"凸"状,簪体呈长条状,尾端尖锐。直径2.2、长11.2厘米(图一一五,1;彩版五五,1、2)。

M4:2,簪首呈绣球状,簪体呈长条状,尾端尖锐。直径1.5、长13厘米(图一一五,2;彩版五五,3、4)。

M4:3,簪首呈花瓣形,中部饰"福"字,截面呈"凸"状,簪体呈长条状,尾端尖锐。直径1.7、长11厘米(图一一五,3)。

M4:4,簪首呈花瓣形,中部饰"福"字,截面呈"凸"状,簪体呈长条状,尾端尖锐。直径2.1、

图一一五　M4出土器物图

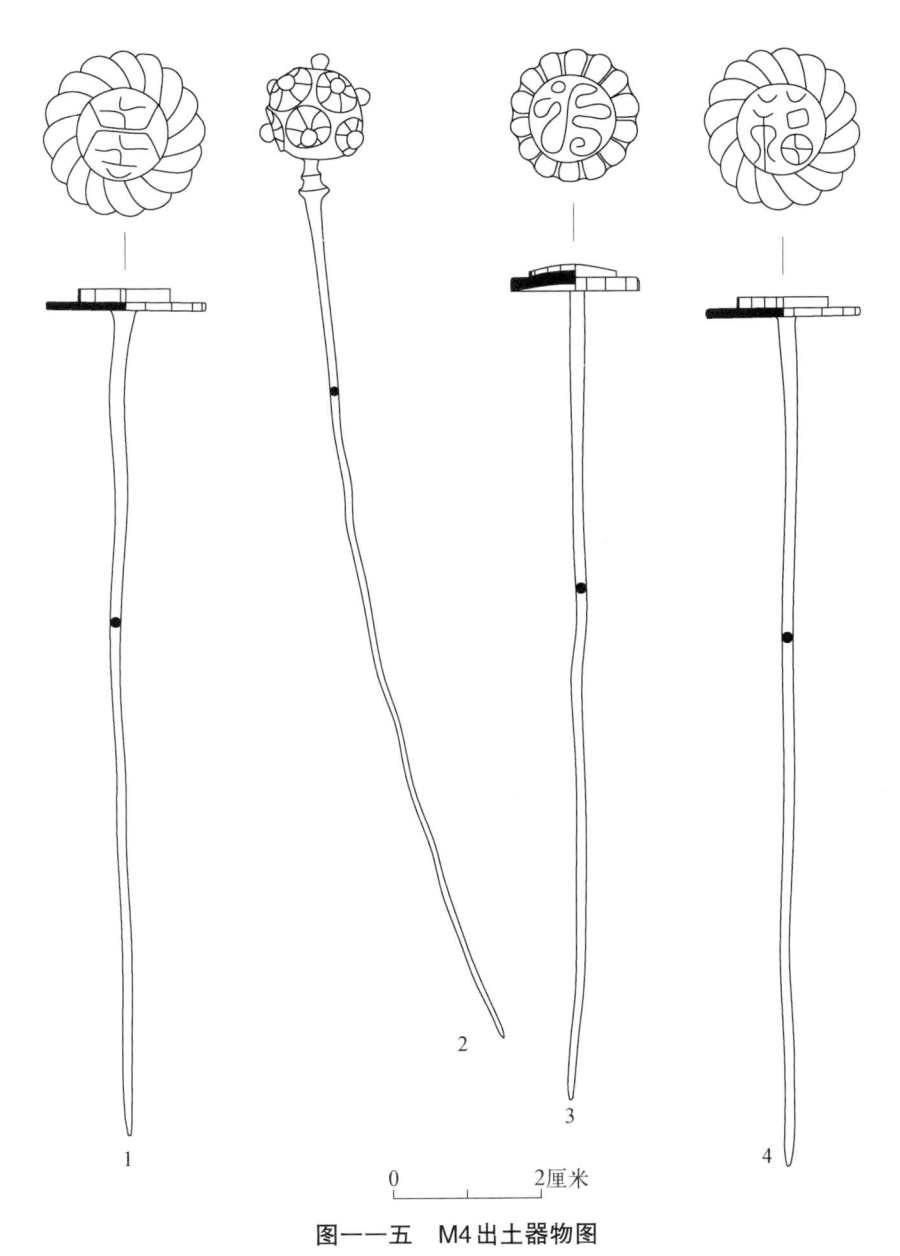

1. M4:1　2. M4:2　3. M4:3　4. M4:4

长11.5厘米（图一一五,4；彩版五五,5、6）。

铜钱　3枚。

"嘉庆通宝"铜钱1枚。M4:5,范铸,圆形方穿,正面铸有楷书"嘉庆通宝"四字,对读,背面铸有满文"宝泉"二字。钱径2.3、穿径0.5厘米（图一一六,2）。

"道光通宝"铜钱2枚。标本M4:6,范铸,圆形方穿,正面铸有楷书"道光通宝"四字,对读,背面铸有满文"宝泉"二字。钱径2、穿径0.6厘米（图一一六,1）。

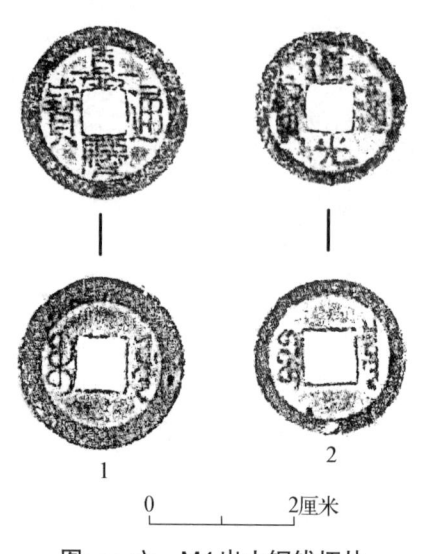

图一一六 M4出土铜钱拓片

1. 嘉庆通宝（M4:6） 2. 道光通宝（M4:5）

第三节 M5

一、墓葬形制与结构

M5 东邻M4，长方形竖穴土圹单棺墓，开口于②层下，方向15°，墓口距地表0.9米，墓圹长2.26米，宽1.33米，深1.04米。墓室四壁较整齐，内填花土，土质疏松。墓底置单棺，棺木已朽，棺长1.88米，宽0.5~0.54米，残高0.38米，棺痕厚0.02米。棺内残留少量墓主人肢骨，初步判断其为搬迁墓，棺底铺有一层青灰，厚约0.02米（图一一七；彩版五六）。

二、随葬品

铜钱 4枚。标本M5:1，范铸，圆形方穿，正面铸有楷书"乾隆通宝"四字，对读，背面铸有满文"宝泉"二字。钱径2.3、穿径0.6厘米（图一一八）。

第四节 M7

一、墓葬形制与结构

M7 长方形竖穴土圹双棺合葬墓，开口于②层下。方向5°，墓口距地表0.4米，墓圹长2.78米，宽1.63米，深0.66~0.7米。墓室四壁较整齐，内填花土，土质疏松。墓底置双棺，棺木已朽，东棺打破西棺，两棺间距0.06~0.12米，东棺高出西棺0.04米。东棺长1.88米，宽0.48~0.56米，残高0.12米，棺痕厚0.02米。棺内墓主人为女性，骨架保存较差，长1.52米，头向北，面向不详，仰身直肢葬。西棺长2.12米，宽0.52~0.68米，残高0.16米，棺痕厚0.02米。棺内墓主人为男性，骨

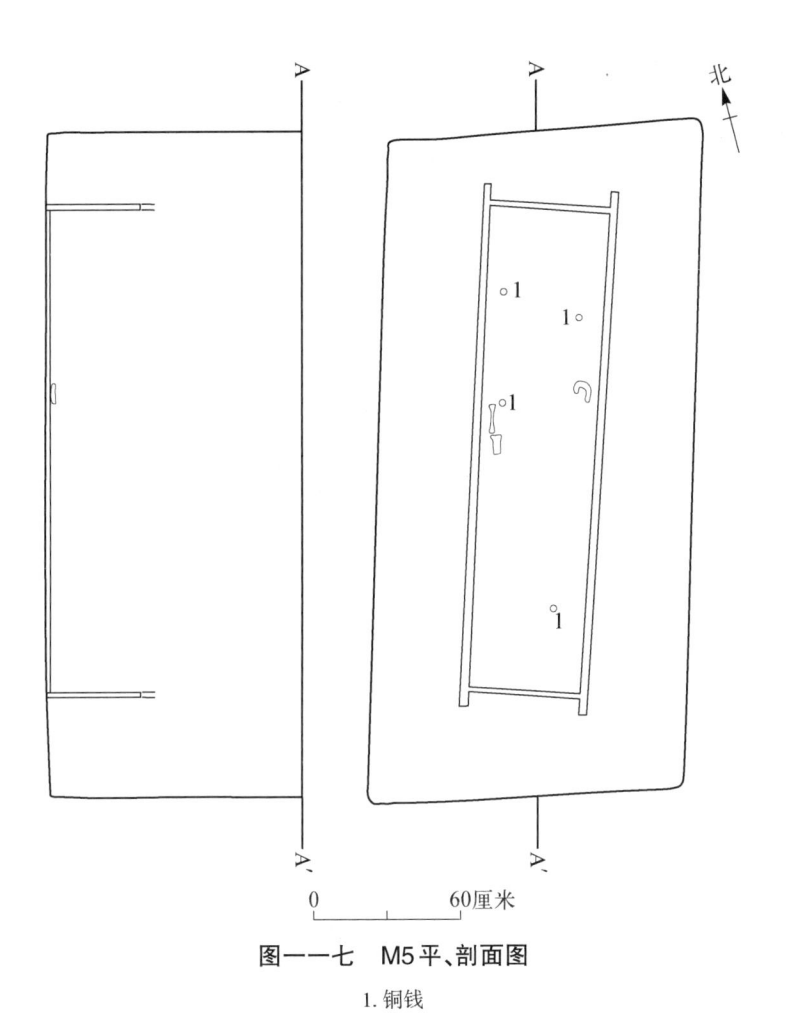

第三章 清代墓葬

0　　　60厘米

图一一七　M5平、剖面图

1. 铜钱

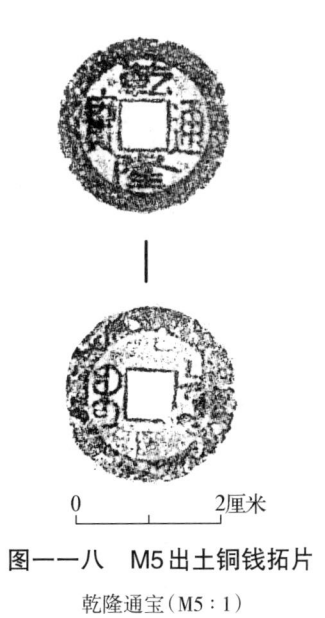

0　　　2厘米

图一一八　M5出土铜钱拓片

乾隆通宝（M5∶1）

图一一九　M7平、剖面图

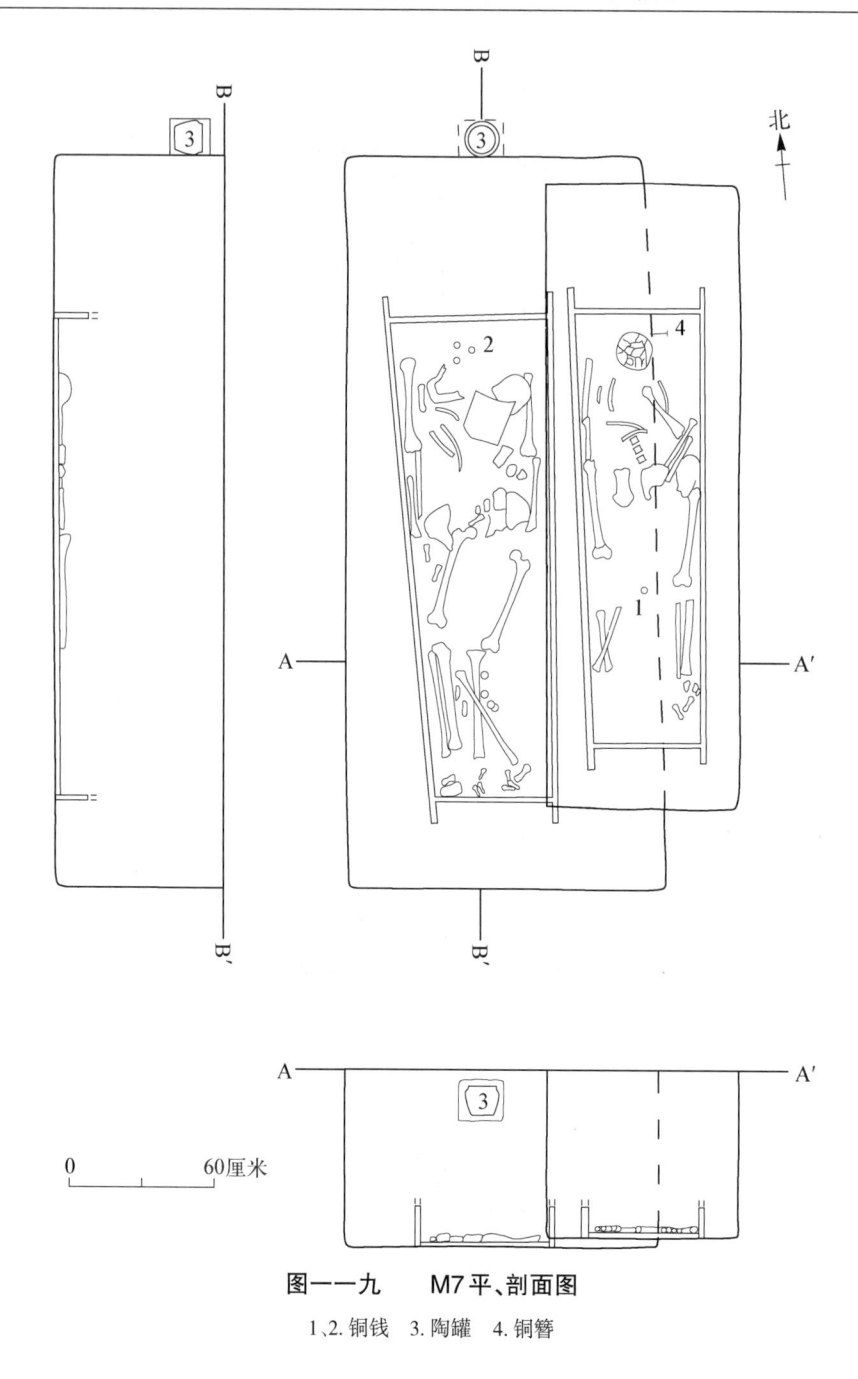

1、2. 铜钱　3. 陶罐　4. 铜簪

架保存较差，长1.74米，头向北，面向不详，仰身屈肢葬。在该棺的北部壁上置一方形壁龛，进深0.14米，宽0.18米，高0.16米，龛距墓底深0.3米，壁龛内放置一陶罐（图一一九；彩版五七，1）。

二、随葬品

铜钱　11枚。

"道光通宝"铜钱5枚。标本M7∶1，范铸，圆形方穿，正面铸有楷书"道光通宝"四字，对读，背面铸有满文"宝泉"二字。钱径2.1、穿径0.6厘米（图一二〇，1）。

"嘉庆通宝"铜钱1枚。M7:2-1,范铸,圆形方穿,正面铸有楷书"嘉庆通宝"四字,对读,背面铸有满文"宝泉"二字。钱径2.2、穿径0.6厘米(图一二〇,2)。

"乾隆通宝"铜钱5枚。标本M7:2-2范铸,圆形方穿,正面铸有楷书"乾隆通宝"四字,对读,背面铸有满文"宝泉"二字。钱径2.5、穿径0.5厘米(图一二〇,3)。

陶罐 1件。M7:3,泥质灰陶,敞口,圆唇,鼓腹,平底,肩部饰对称双系,系已残缺。口径11.3、腹径13.8、底径8.7、高10.2厘米(图一二一,1;彩版五七,2)。

铜簪 1件。M7:4,簪首呈绣球状,簪体呈长条状,尾端残缺。直径1.7、残长3.4厘米(图一二一,2)。

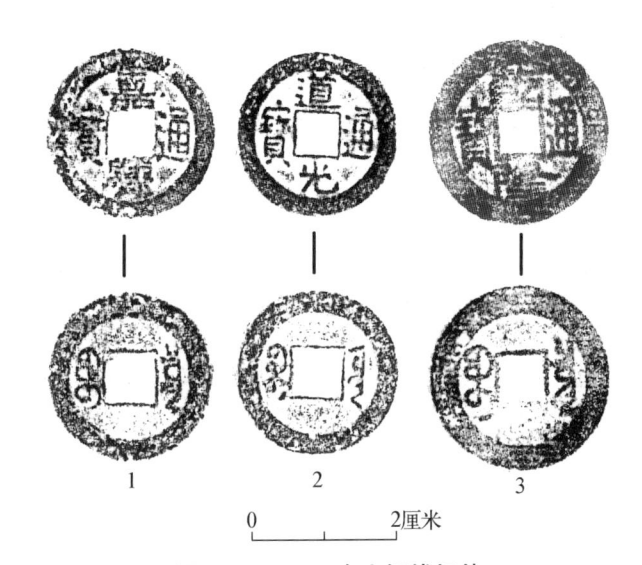

图一二〇 M7出土铜钱拓片

1.道光通宝(M7:4) 2.嘉庆通宝(M74:2-1) 3.乾隆通宝(M47:2-2)

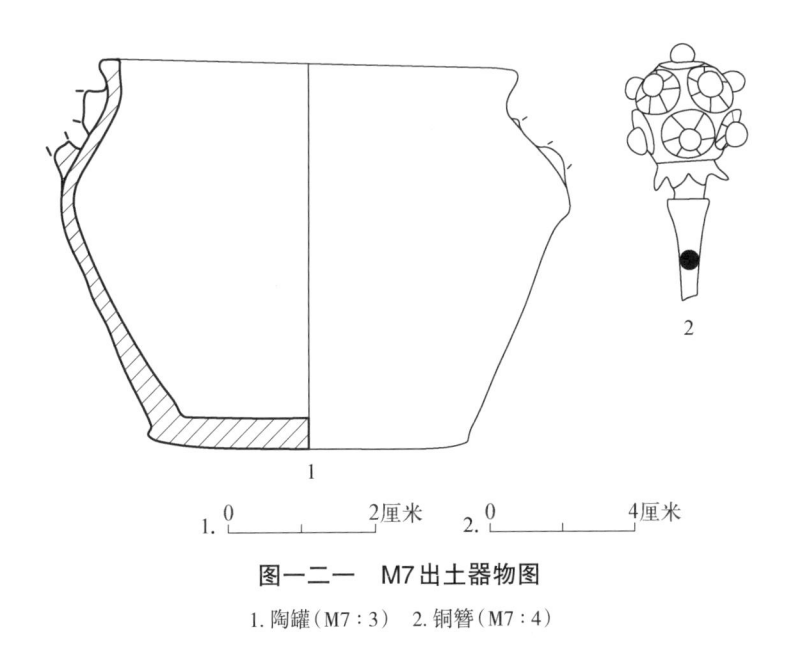

图一二一 M7出土器物图

1.陶罐(M7:3) 2.铜簪(M7:4)

第五节 M9

一、墓葬形制与结构

M9 北邻M12、西邻M10,被M32打破。长方形竖穴土圹双棺合葬墓,开口于②层下,方向355°,深0.9米,墓圹长2.42~2.66米,宽1.72~1.88米,墓底距墓口0.48~0.8米。墓室四壁较整齐,内填花土,土质疏松。墓底置双棺,西棺打破东棺,棺木已朽,两棺间距0.16~0.22米。东棺长2.08米,宽0.6~0.64米,残高0.3米,棺痕厚0.02米。棺内墓主人为女性,骨架保存较差,长1.28米,头向北,面向不详,仰身屈肢葬,骨架下铺有少量白灰。西棺长2.02米,宽0.42~0.5米,残高0.28米,棺痕厚0.02米。棺内墓主人为男性,骨架保存一般,长1.78米,头向北,面向上,仰身直肢葬。骨架下铺有白灰,厚约0.01米(图一二二;彩版五八,1)。

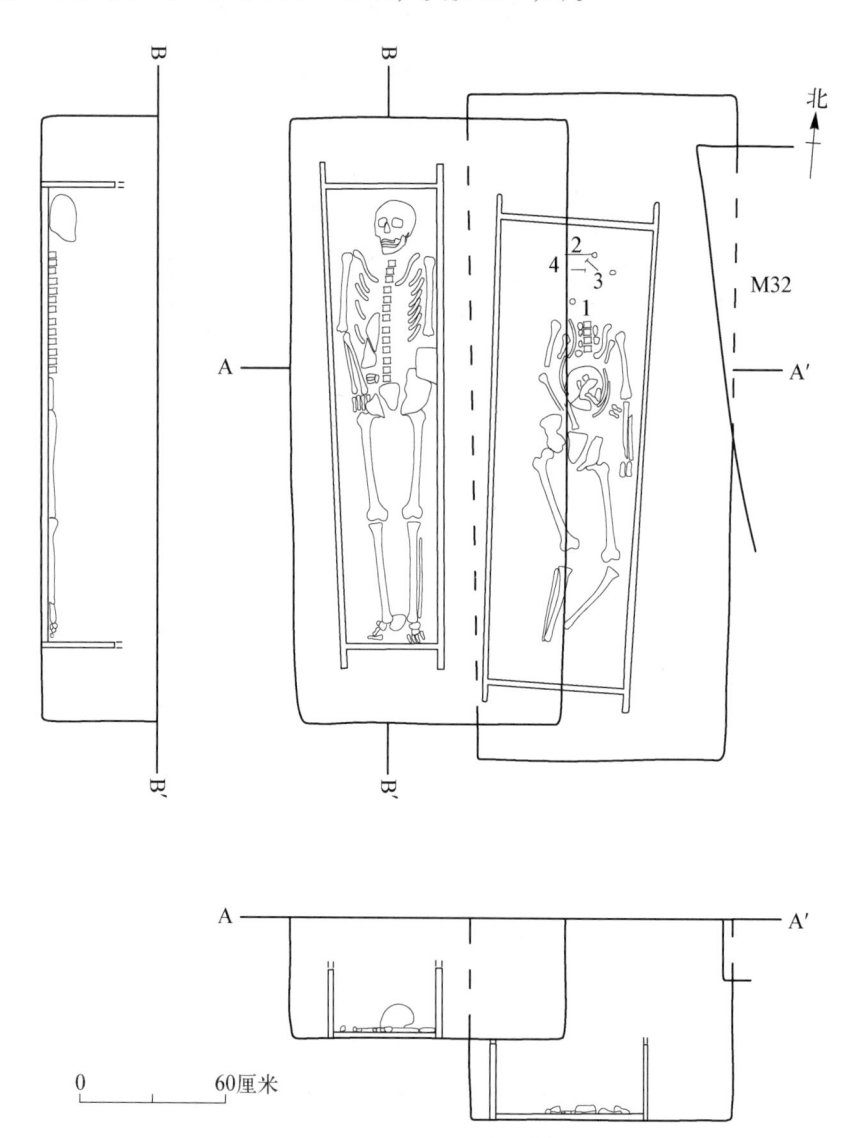

图一二二 M9平、剖面图

1.铜钱　2~4.铜簪

二、随葬品

铜钱 25枚。

标本M9：1-1，范铸，圆形方穿，正面铸有楷书"康熙通宝"四字，对读，背面铸有满文"宝泉"二字。钱径2.7、穿径0.5厘米（图一二三，1）。

标本M9：1-2，范铸，圆形方穿，正面铸有楷书"康熙通宝"四字，对读，背面铸有满文"宝泉"二字。钱径2.3、穿径0.5厘米（图一二三，2）。

铜簪 3件。

M9：2，残，簪首呈花蕊状，簪体扁平，尾端尖锐。长11.9厘米（图一二四，1）。

M9：3，簪首呈花朵状，中部镶嵌宝石，簪体呈长条状，尾端尖锐。长11厘米（图一二四，2；彩版五八，2、3）。

M9：4，仅存簪首，簪首呈花朵状，中部宝石已残缺。簪首残宽1.4厘米（图一二四，3）。

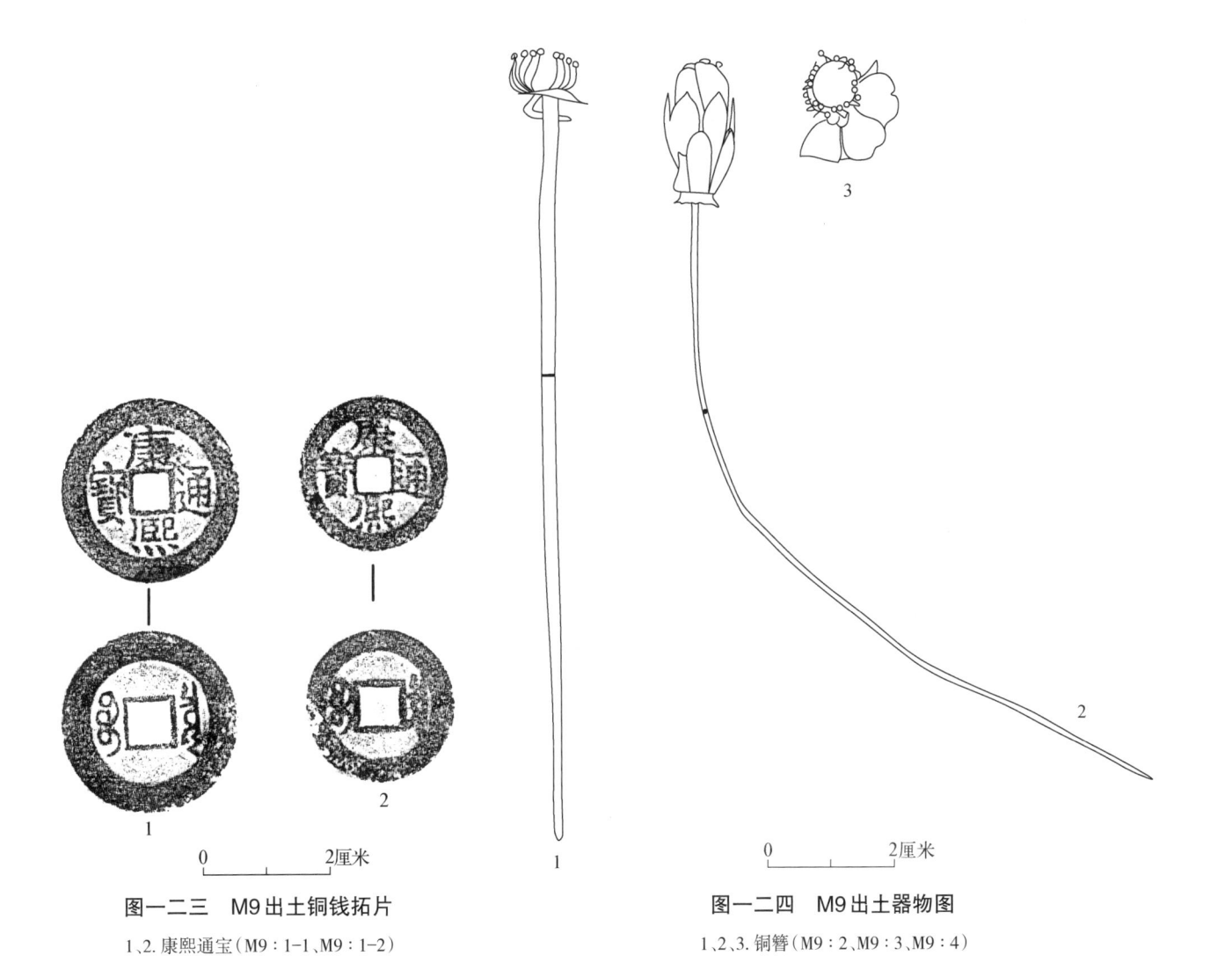

图一二三 M9出土铜钱拓片
1、2. 康熙通宝（M9：1-1、M9：1-2）

图一二四 M9出土器物图
1、2、3. 铜簪（M9：2、M9：3、M9：4）

第六节　M10

一、墓葬形制与结构

M10　北邻M13,长方形竖穴土圹四棺合葬墓,开口于②层下,方向5°,墓口距地表0.9米,墓圹长2.82~3.24米,宽4.2~4.9米,深0.8~1.1米。墓室四壁较整齐,内填花土,土质疏松。墓底置四棺,自东向西,依次编号为A、B、C、D。棺木已朽,A棺打破B棺,B棺打破C棺,C棺打破D棺,A棺与B棺间距0.2~0.44米,B棺与C棺间距0.26~0.36米,C棺与D棺间距0.14~0.22米。

A棺长2.1米,宽0.5~0.64米,残高0.4米,棺痕厚0.04米。棺内墓主人为女性,骨架保存较差,长1.26米,头向北,面向上,葬式不详。骨架下铺有白灰,厚约0.02米。B棺长1.9米,宽0.64米,残高0.4米,棺痕厚0.04米。棺内墓主人为女性,骨架保存较差,长1.26米,头向北,面向西,葬式不详。骨架下铺有青灰,厚约0.02米。C棺长2.04米,宽0.52~0.72米,残高0.2米,棺痕厚0.06米。棺内墓主人为女性,骨架保存较差,长1.4米,头向北,面向下,葬式不详。骨架下铺有白灰,厚约0.02米。D棺一椁一棺,椁长2.24米,宽0.68~0.78米,残高0.5米,椁板厚0.04米,椁与棺间距0.2米;棺长1.86米,宽0.46米,残高0.3米,棺痕厚0.02米。棺内墓主人为男性,骨架保存较差,长1.56米,头向北,面向下,葬式不详。骨架下铺有黑灰,厚约0.02米(图一二五;彩版五九)。

二、随葬品

铜钱　3枚。

"嘉庆通宝"铜钱2枚。标本M10∶1-2,范铸,圆形方穿,正面铸有楷书"嘉庆通宝"四字,对读,背面铸有满文"宝泉"二字。钱径2.2、穿径0.5厘米(图一二六,1)。

"道光通宝"铜钱1枚。M10∶1-1,范铸,圆形方穿,正面铸有楷书"道光通宝"四字,对读,背面铸有满文"宝泉"二字。钱径2.3、穿径0.5厘米(图一二六,2)。

第七节　M12

一、墓葬形制与结构

M12　打破M31,长方形竖穴土圹单棺墓,开口于②层下。方向352°,墓口距地表0.9米,墓圹长2.6米,宽1.06~1.3米,深0.42米。墓室四壁较整齐,内填花土,土质疏松。墓底置单棺,棺木已朽。棺长1.9米,宽0.58米,残高0.14米,棺痕厚0.02米。棺内墓主人骨架保存较差,头向北,面向东,葬式、性别不详。骨架下铺有白灰,厚约0.02米(图一二七;彩版六〇)。

二、随葬品

铜钱　2枚。

第三章 清代墓葬

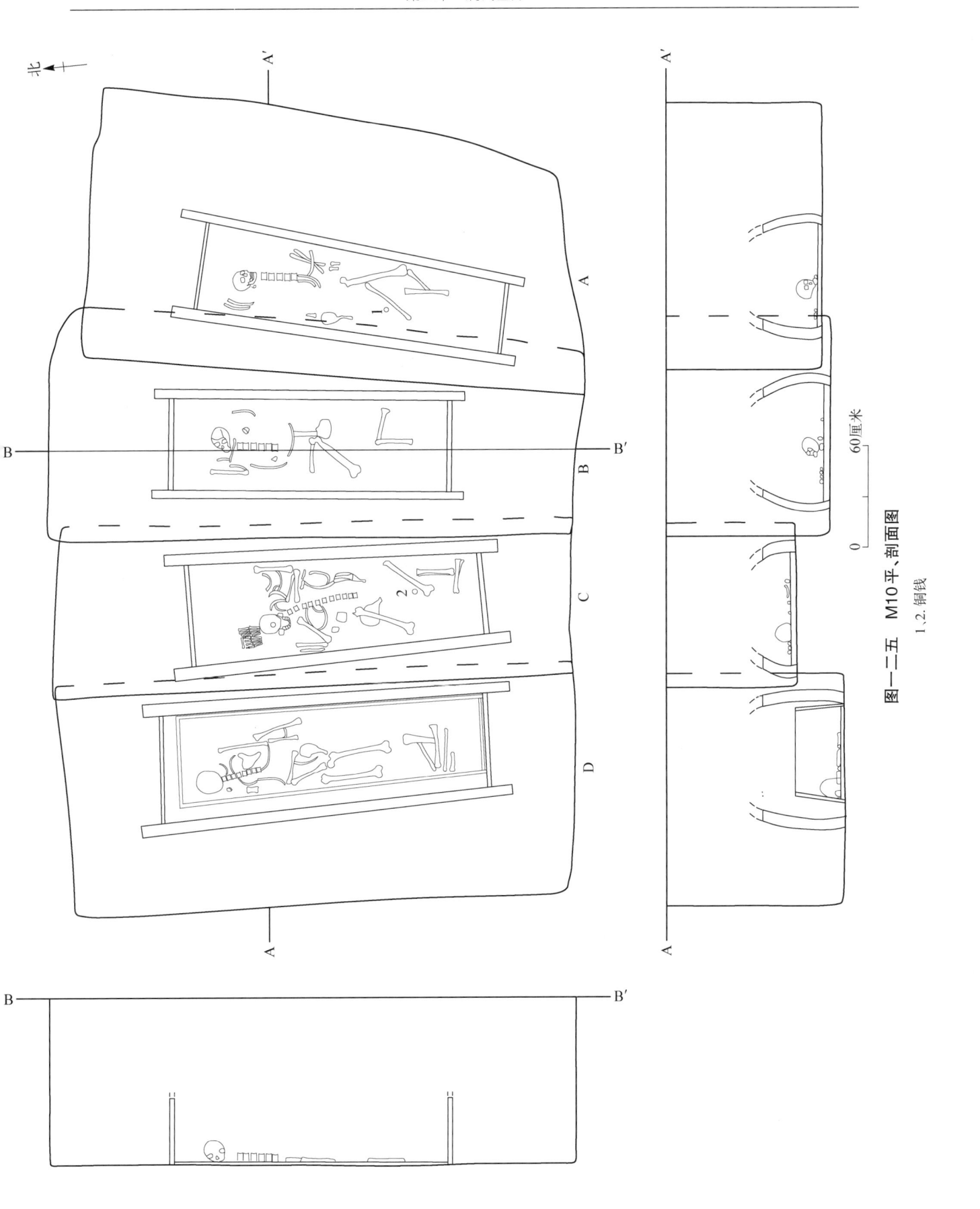

图一二五 M10平、剖面图
1、2. 铜钱

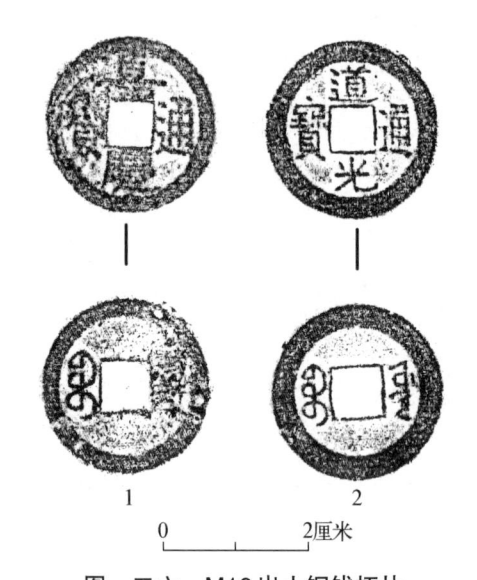

图一二六　M10出土铜钱拓片

1. 嘉庆通宝（M10：1-2）　2. 道光通宝（M10：1-1）

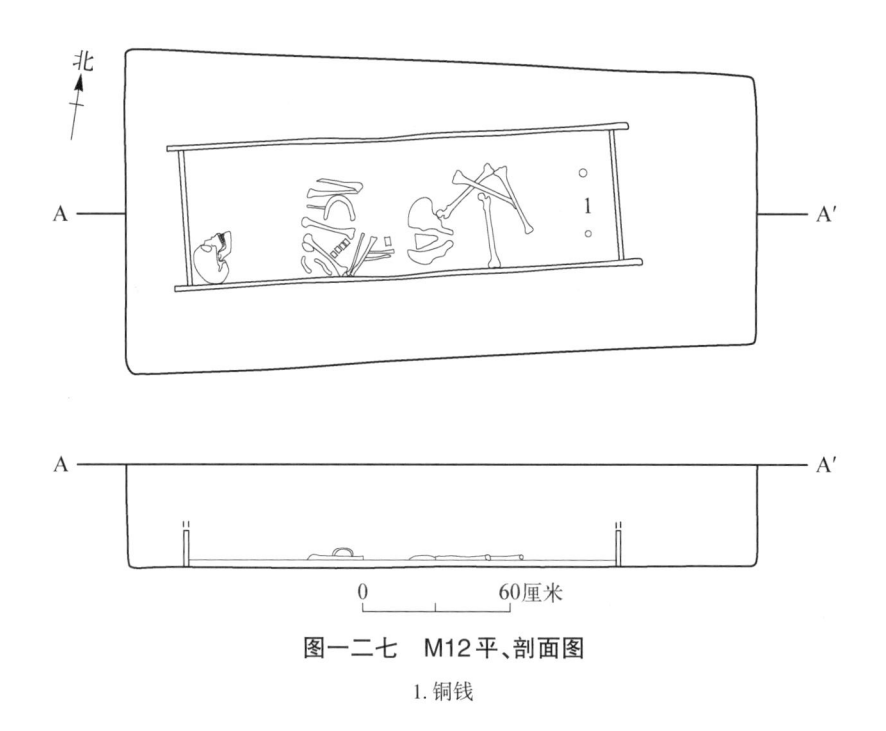

图一二七　M12平、剖面图

1. 铜钱

"顺治通宝"铜钱1枚。M12：1-1，范铸，圆形方穿，正面铸有楷书"顺治通宝"四字，对读。背面铸有"户"二字。钱径2.5、穿径0.5厘米（图一二八，1）。

"康熙通宝"铜钱1枚。M12：1-2，范铸，圆形方穿，正面铸有楷书"康熙通宝"四字，对读。背面铸有满文"宝泉"二字。钱径2.4、穿径0.5厘米（图一二八，2）。

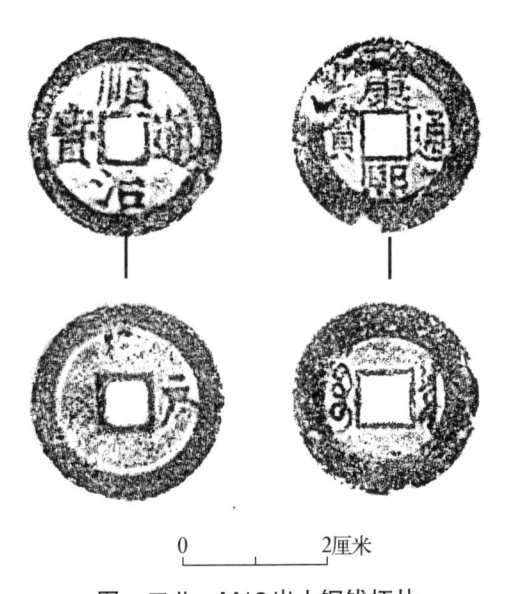

图一二八　M12出土铜钱拓片
1. 顺治通宝（M12∶1-1）　2. 康熙通宝（M12∶1-2）

第八节　M13

一、墓葬形制与结构

M13　西邻M14，打破M14。长方形竖穴土圹单棺墓，开口于②层下，方向355°，墓口距地表0.6米，墓圹长2.11米，宽1.12米，深0.4米。墓室四壁较整齐，内填花土，土质疏松。墓底置单棺，棺木已朽。棺长2米，宽0.45~0.5米，残高0.2米，棺痕厚0.02米。棺内墓主人为女性，骨架保存一般，长1.2米，头向北，面向南，侧身屈肢葬。骨架下铺有青灰，厚约0.01米（图一二九；彩版六一）。

二、随葬品

铜钱　1枚。M13∶1，范铸，圆形方穿，正面铸有楷书"乾隆通宝"四字，对读，背面铸有满文"宝泉"二字。钱径2.4、穿径0.5厘米（图一三〇）。

第九节　M14

一、墓葬形制与结构

M14　东邻M13，被M13打破。长方形竖穴土圹双棺合葬墓，开口于②层下，方向347°，墓口距地表0.9米，墓圹长3.06~3.16米，宽2.04~2.4米，深1~1.2米。墓室四壁较整齐，内填花土，土质疏松。墓底置双棺，棺木已朽，西棺打破东棺，两棺间距0.18~0.26米，东棺高出西棺0.2米。

图一二九　M13平、剖面图
1.铜钱

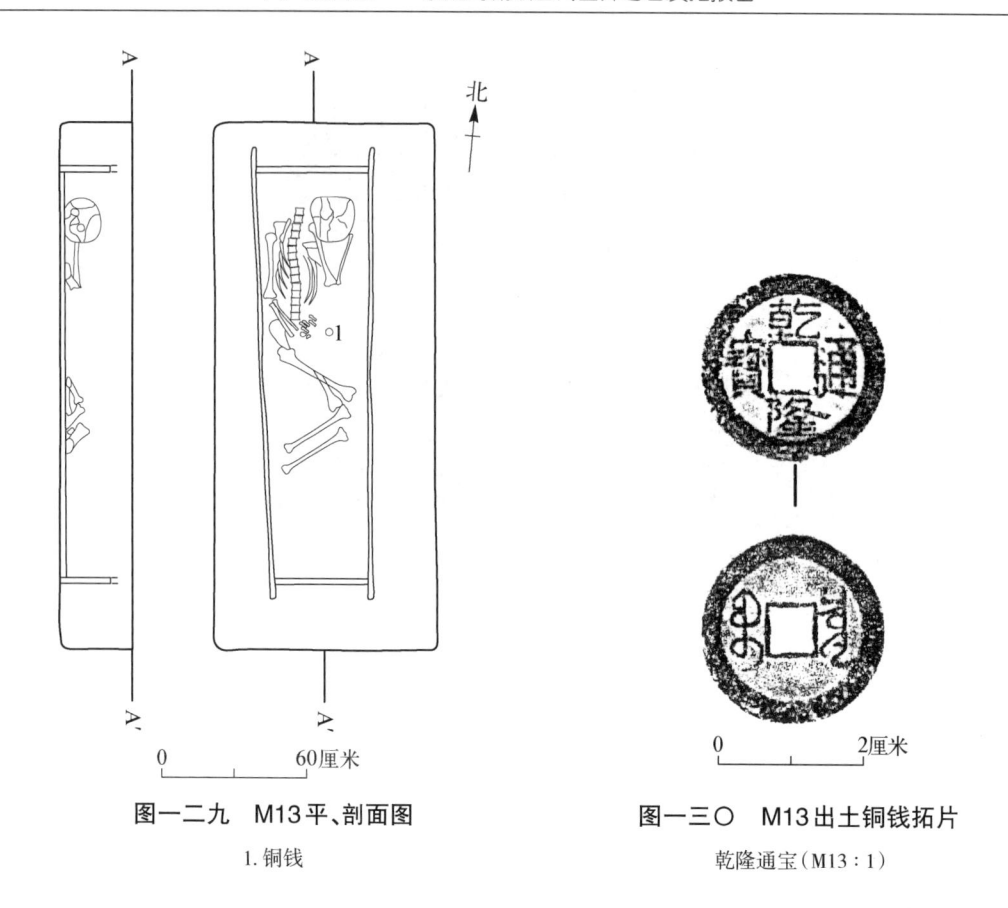

图一三〇　M13出土铜钱拓片
乾隆通宝（M13∶1）

东棺长1.9米，宽0.76～0.86米，残高0.42米，棺痕厚0.08米。棺内墓主人为女性，骨架保存一般，头向北，面向西，侧身屈肢葬。骨架下铺有青灰，厚约0.01米。西棺长1.98米，宽0.5～0.66米，残高0.6米，棺痕厚0.04米。棺内墓主人为男性，骨架保存一般，头向北，面向南，仰身屈肢葬。骨架下铺有青灰，厚约0.01米（图一三一；彩版六二）。

二、随葬品

铜钱　1枚。M14∶1，范铸，圆形方穿，正面铸有楷书"康熙通宝"四字，对读，背面铸有满文"宝泉"二字。钱径2.4、穿径0.5厘米（图一三二）。

第十节　M17

一、墓葬形制与结构

M17　长方形竖穴土圹四棺合葬墓，开口于②层下，方向356°，墓口距地表0.9米，墓圹长2.86～3.14米，宽4.46～4.66米，深0.82～1.1米。墓室四壁较整齐，内填花土，土质疏松。墓底置四棺，自西向东依次编号为A、B、C、D。棺木已朽，由D棺打破C棺，C棺打破B棺，B棺打破A棺，A棺与B棺间距0.28～0.36米，B棺与C棺间距0.2～0.22米，C棺与D棺间距0.4～0.52米。

第三章　清代墓葬

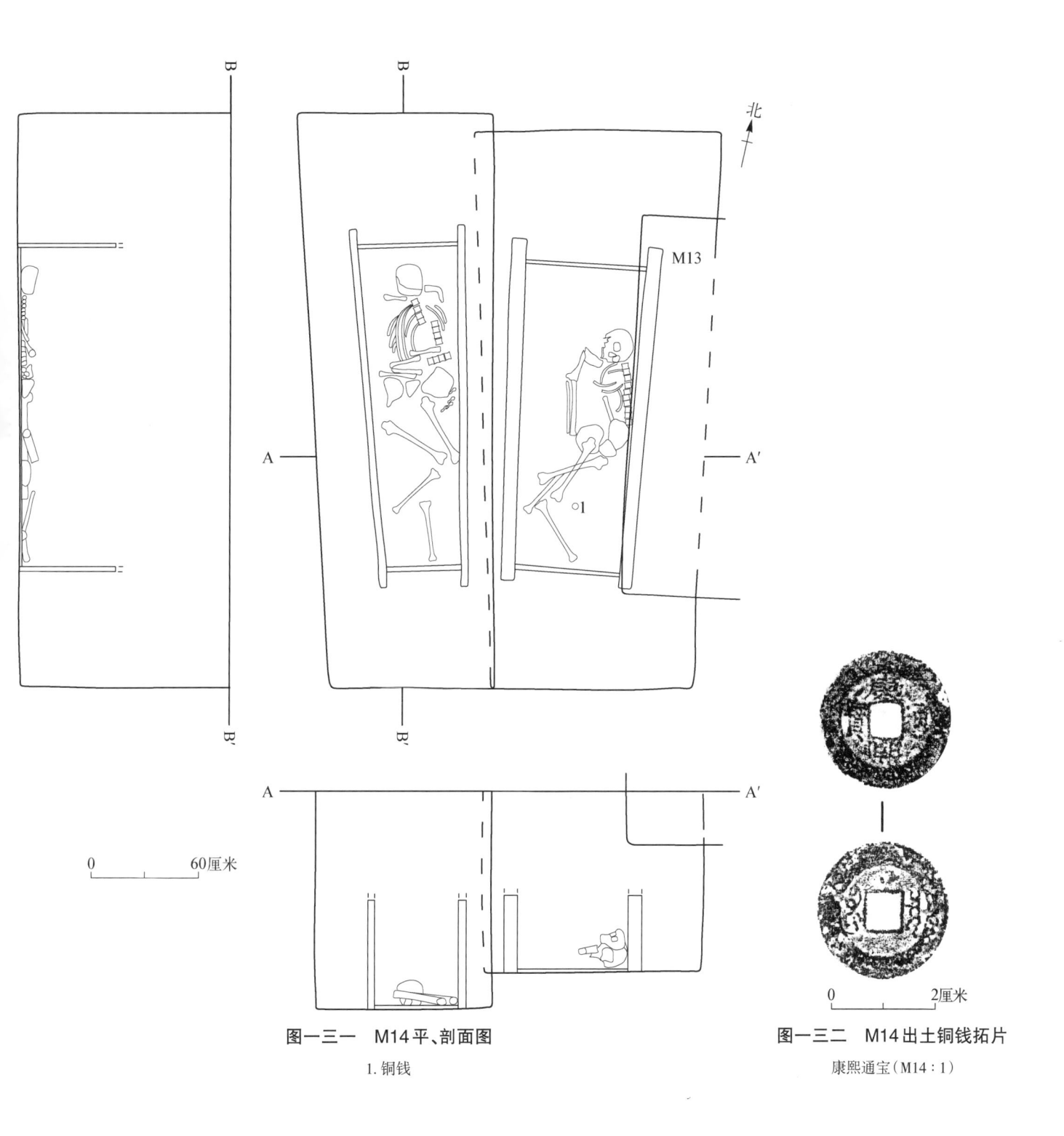

图一三一　M14平、剖面图
1.铜钱

图一三二　M14出土铜钱拓片
康熙通宝（M14:1）

A棺一椁一棺，椁长1.9米，宽0.46~0.54米，椁与棺间距0.1米。棺长2.5米，宽0.8~0.9米，棺痕厚0.08米。棺内墓主人为男性，骨架保存较差，长1.56米，头向北，面向不详，仰身屈肢葬。B棺长2米，宽0.58~0.66米，棺痕厚0.02米。棺内墓主人为女性，骨架保存较差，长1.56米，头向北，面向不详，仰身屈肢葬。C棺长1.82米，宽0.64~0.74米，棺痕厚0.02米。棺内墓主人为女性，骨架保存较差，长1.18米，头向北，面向不详，侧身屈肢葬。D棺长1.88米，宽0.34~0.36米，棺痕厚0.06米。棺内墓主人为女性，骨架保存较差，长1.32米，头向北，面向东，侧身屈肢葬（图一三三；彩版六三）。

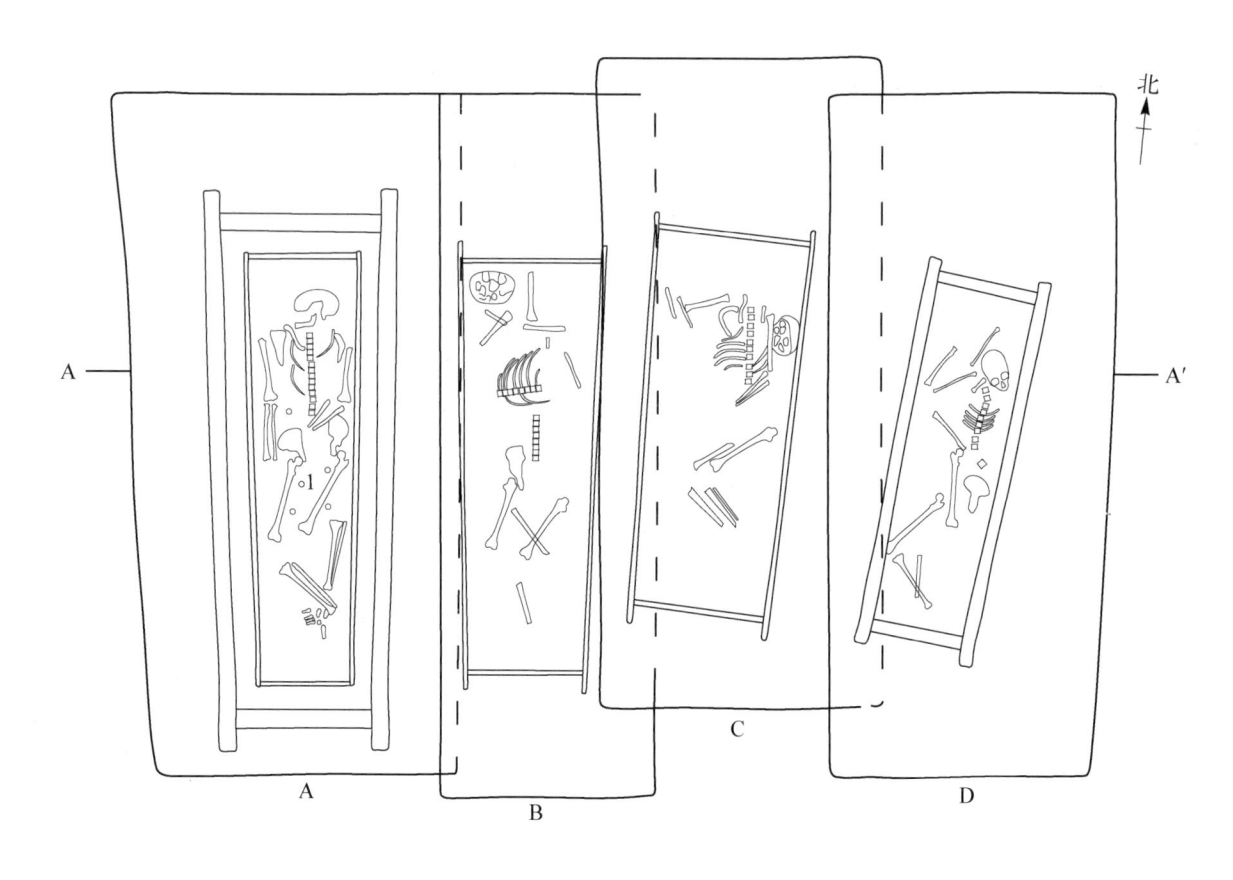

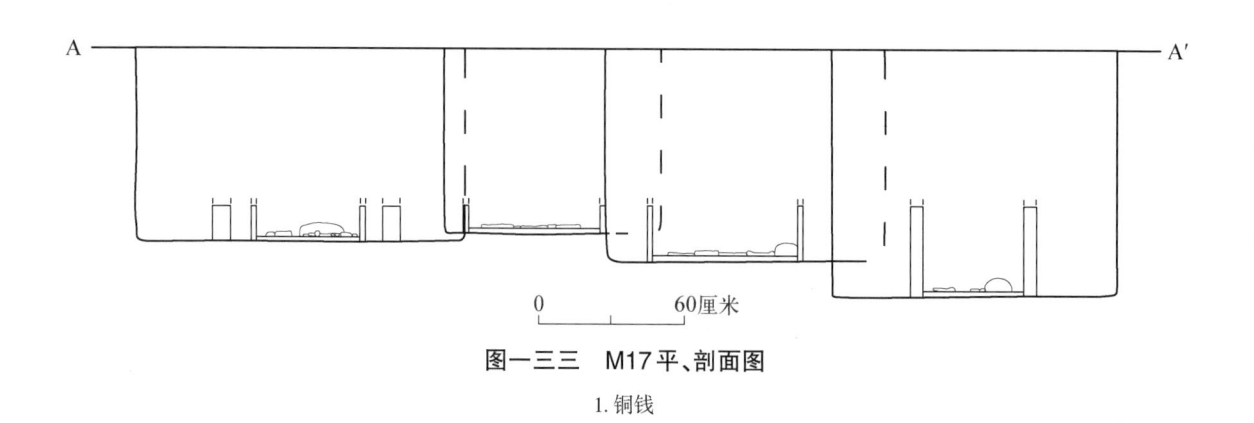

图一三三　M17平、剖面图

1. 铜钱

二、随葬品

铜钱 80枚。

标本M17：1-1，圆形方穿，正面铸有楷书"康熙通宝"四字，对读，背面铸有满文"宝泉"二字。钱径2.6、穿径0.5厘米（图一三四，1）。

标本M17：1-2，范铸，圆形方穿，正面铸有楷书"康熙通宝"四字，对读，背面铸有满文"宝泉"二字。钱径2.3、穿径0.5厘米（图一三四，2）。

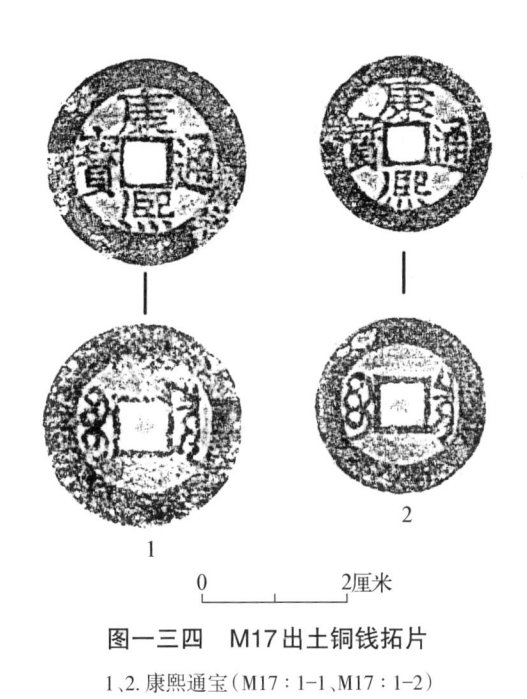

图一三四 M17出土铜钱拓片
1、2. 康熙通宝（M17：1-1、M17：1-2）

第十一节 M18

一、墓葬形制与结构

M18 东邻M98，打破M98。长方形竖穴土圹单棺墓，开口于②层下，方向13°，墓口距地表0.9米，墓圹长2.44米，宽1.34米，深0.62米。墓室四壁较整齐，内填花土，土质疏松。墓内未发现葬具及墓主人骨架，初步判断其为搬迁墓（图一三五；彩版六四）。

二、随葬品

该墓未出土随葬品。

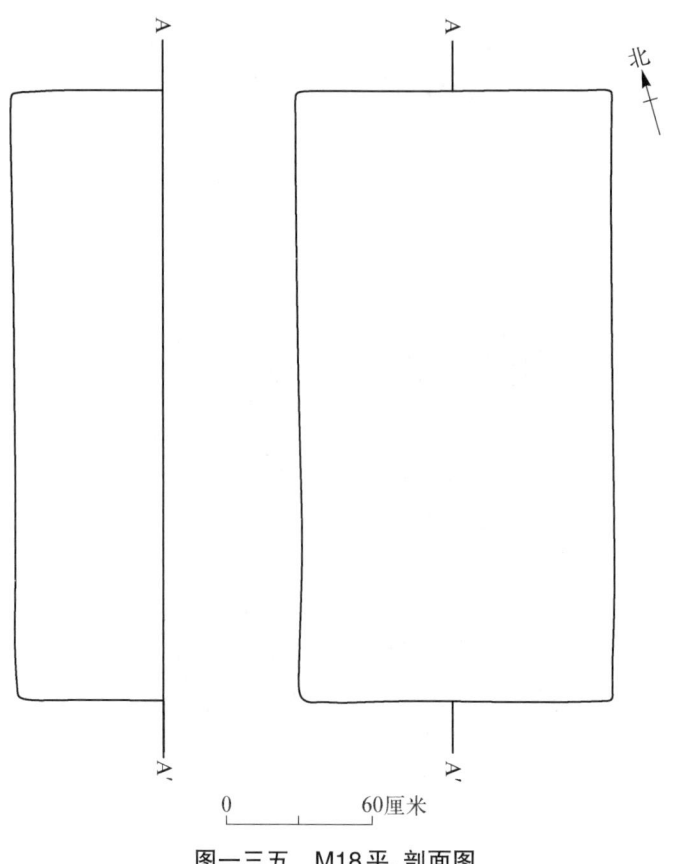

图一三五　M18平、剖面图

第十二节　M19

一、墓葬形制与结构

M19　长方形竖穴土圹单棺墓,开口于②层下,方向355°,墓口距地表0.9米,墓圹长2.34米,宽0.9~0.96米,深1.1米。墓室四壁较整齐,内填花土,土质疏松。墓底置单棺,棺木已朽。棺长1.48米,宽0.47~0.5米,残高0.24米,棺痕厚0.02米。棺内墓主人为男性,骨架保存较差,头向北,面向、葬式不详(图一三六;彩版六五,1)。

二、随葬品

瓷罐　1件。M19:1,敛口,圆唇,溜肩,鼓腹,圈足,足心凸起,肩部饰对称双系,器身外壁上半部施墨绿釉。口径10.6、腹径16.4、底径7.3、高13.7厘米(图一三七;彩版六五,2)。

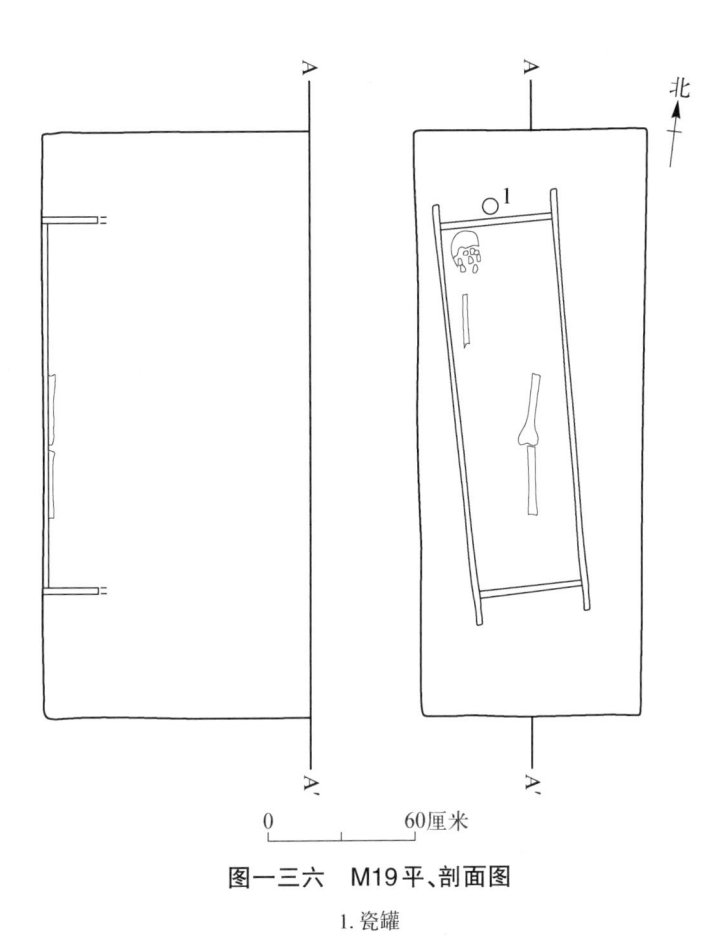

第三章 清代墓葬

图一三六 M19平、剖面图
1. 瓷罐

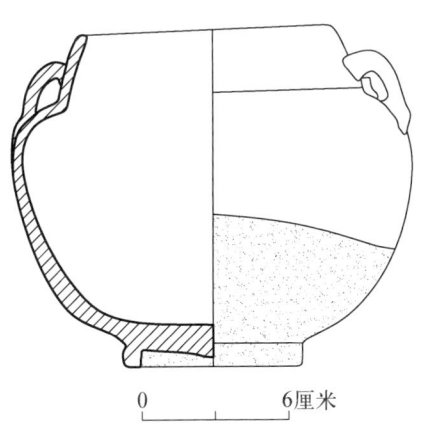

图一三七 M19出土器物图
瓷罐（M19∶1）

第十三节　M22

一、墓葬形制与结构

M22　北邻M20。长方形竖穴土圹双棺合葬墓，开口于②层下，方向5°，墓口距地表0.9米，墓圹长2.75米，宽2.16米，墓底距墓口0.9米。墓室四壁较整齐，内填花土，土质疏松。墓底置双棺，西棺打破东棺，棺木已朽。两棺间距0.24～0.28米。西棺长1.86米，宽0.54～0.64米，残高0.6米，棺痕厚0.02米。棺内墓主人为女性，骨架保存较差，长1.4米，头向北，面向下，仰身直肢葬。东棺长1.8米，宽0.54～0.56米，残高0.4米，棺痕厚0.02米。棺内墓主人为男性，骨架保存较差，长1.63米，头向北，面向上，仰身直肢葬（图一三八；彩版六六，1）。

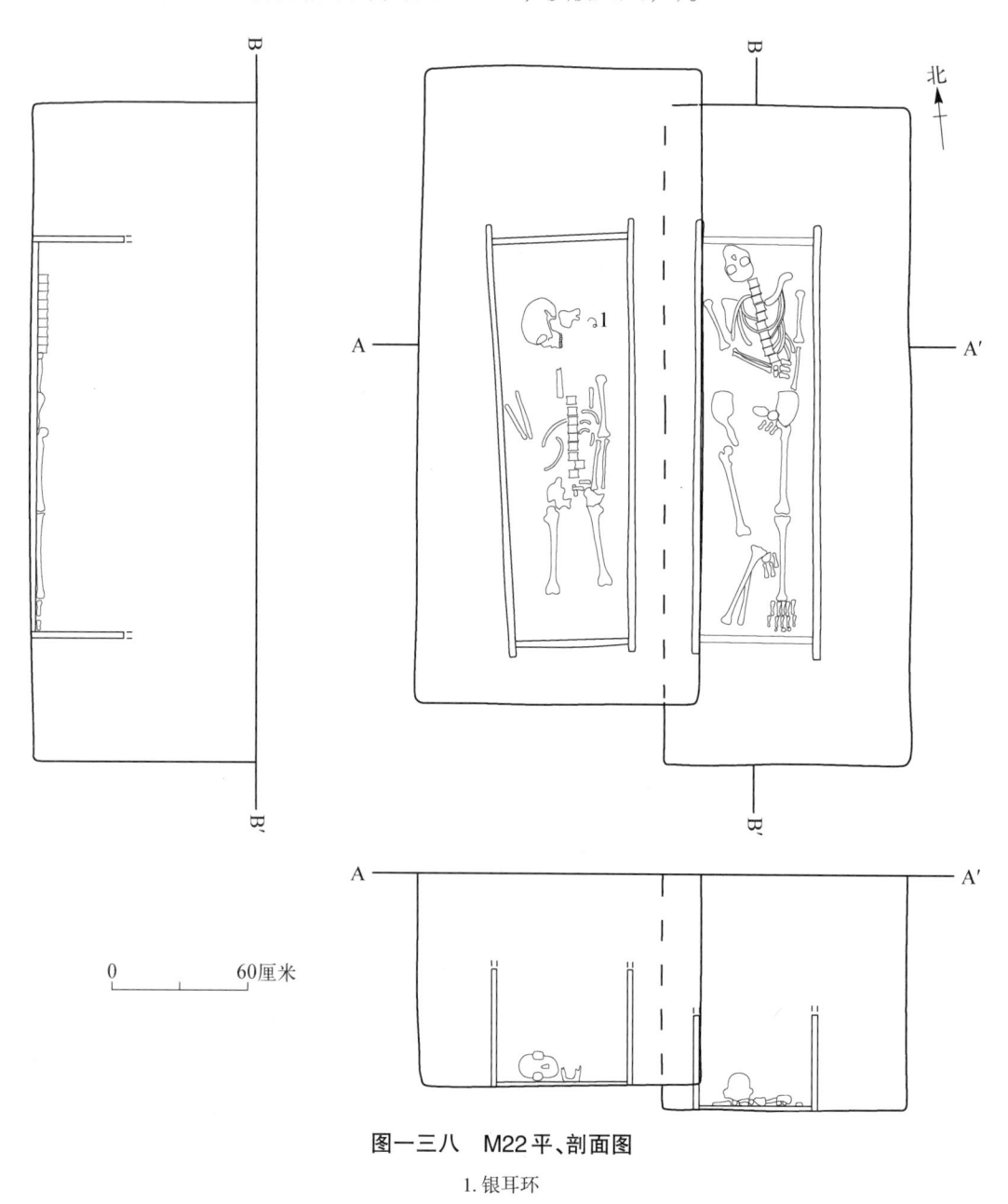

图一三八　M22平、剖面图

1. 银耳环

二、随葬品

银耳环 1件。M22:1,银质,鱼钩状,环首成蘑菇头状。直径2.4厘米(图一三九;彩版六六,2)。

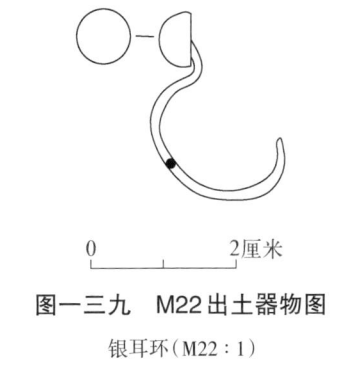

图一三九 M22出土器物图
银耳环(M22:1)

第十四节 M24

一、墓葬形制与结构

M24 打破M25,被M22打破。长方形竖穴土圹单棺墓,开口于②层下,方向355°,墓口距地表0.9米,墓圹长2.64米,宽1.9~2.02米,深0.56米。墓室四壁较整齐,内填花土,土质疏松。墓底置单棺,棺木已朽。棺长1.74米,宽0.42~0.54米,残高0.18米。棺内墓主人为男性,骨架保存较差,头向北,面向西,仰身直肢葬(图一四〇;彩版六七)。

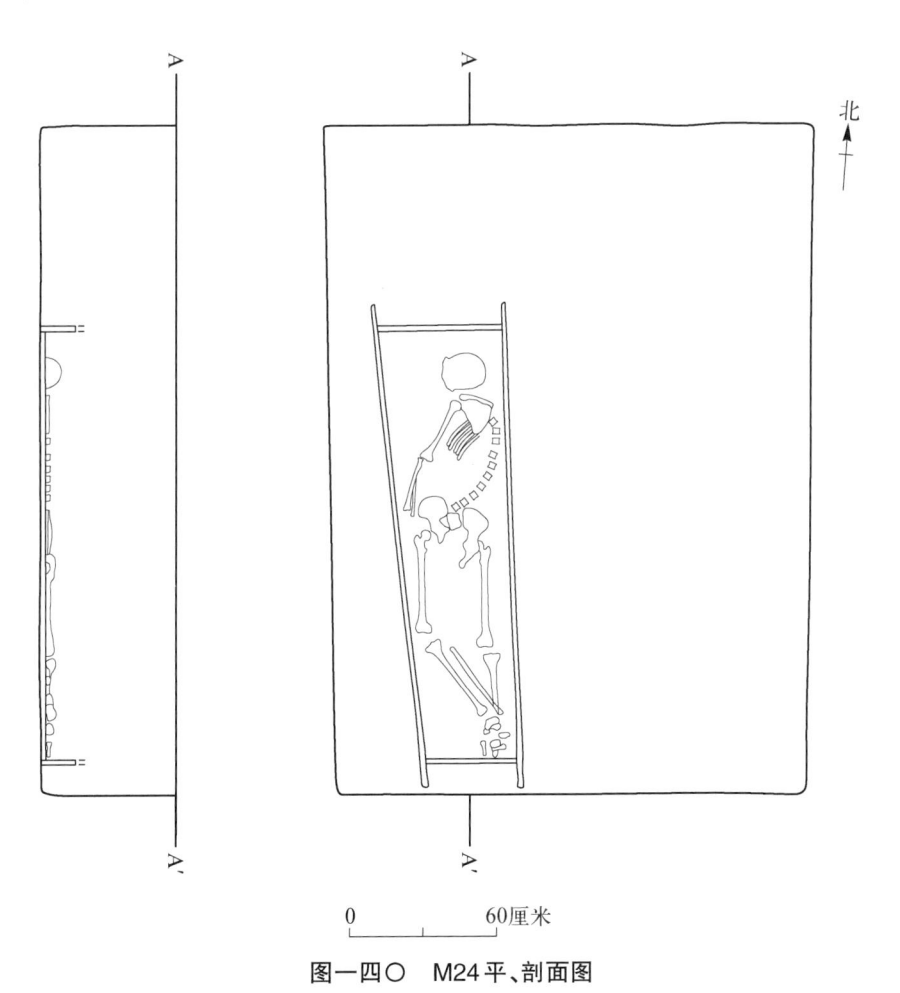

图一四〇 M24平、剖面图

二、随葬品

该墓未出土随葬品。

第十五节　M25

一、墓葬形制与结构

M25　被M24和M22打破。长方形竖穴土圹四棺合葬墓，开口于②层下，方向15°，墓口距地表0.9米，墓圹长2.66～2.82米，宽3.88～4.04米，深0.9～1.1米。墓室四壁较整齐，内填花土，土质疏松。墓底置四棺，自西向东依次编号A、B、C、D，棺木已朽。A棺打破B棺，B棺打破C棺、C棺打破D棺。A棺与B棺间距0.38～0.48米，B棺与C棺间距0.26～0.4米，C棺与D棺间距0.26～0.42米。B棺高出A棺0.04米，高出C棺0.2米，D棺高出C棺0.04米。

A棺长1.66米，宽0.46～0.56米，残高0.24米，棺痕厚0.02米。棺内墓主人女性，骨架保存较差，长1.28米，头向北，面向不详，仰身直肢葬。B棺长2米，宽0.46～0.58米，残高0.2米，棺痕厚0.02米。棺内墓主人为女性，骨架保存较差，长1.36米，头向北，面向上，侧身屈肢葬。C棺长2米，宽0.54～0.74米，残高0.4米，棺痕厚0.1米。棺内墓主人为女性，骨架保存较差，头向北，面向、葬式不详。D棺长2.06米，宽0.56～0.72米，残高0.36米，棺痕厚0.06米。棺内墓主人为男性，骨架保存较差，头向北，面向南，葬式不详（图一四一；彩版六八）。

二、随葬品

铜钱　8枚。

"康熙通宝"铜钱1枚。M25∶1，范铸，圆形方穿，正面铸有楷书"康熙通宝"四字，对读。背面铸有满文"宝泉"二字，钱径2.6、穿径0.6厘米（图一四二，1）。

"乾隆通宝"铜钱7枚。范铸，圆形方穿，正面铸有楷书"乾隆通宝"四字，对读。标本M25∶2，背面铸有满文"宝泉"二字。钱径2.3、穿径0.6厘米。标本M25∶3，背面铸有满文"宝泉"二字。钱径2.4、穿径0.5厘米（图一四二，2）。

第十六节　M26

一、墓葬形制与结构

M26，长方形竖穴土圹单棺墓，开口于②层下，方向0°，墓口距地表0.9米，墓圹长2.56米，宽1.24～1.52米，深0.62米。墓室四壁较整齐，内填花土，土质疏松。墓底置单棺，棺木已朽。棺长1.78米，宽0.38～0.54米，残高0.18米，棺痕厚0.02米。棺内墓主人为女性，骨架保存较差，头向北，面向不详，仰身屈肢葬（图一四三；彩版六九，1）。

第三章 清代墓葬

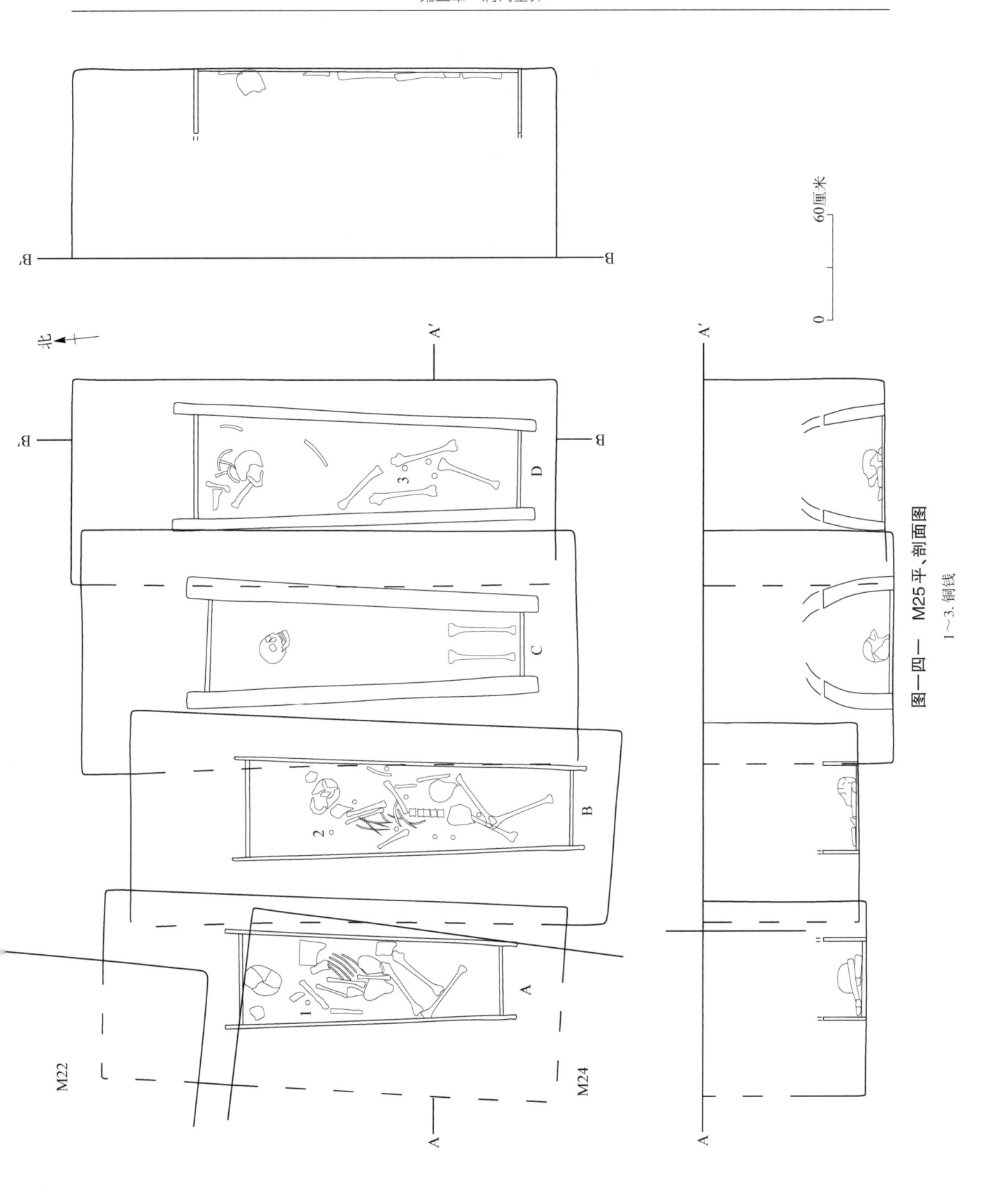

图一四一 M25平、剖面图
1~3. 铜钱

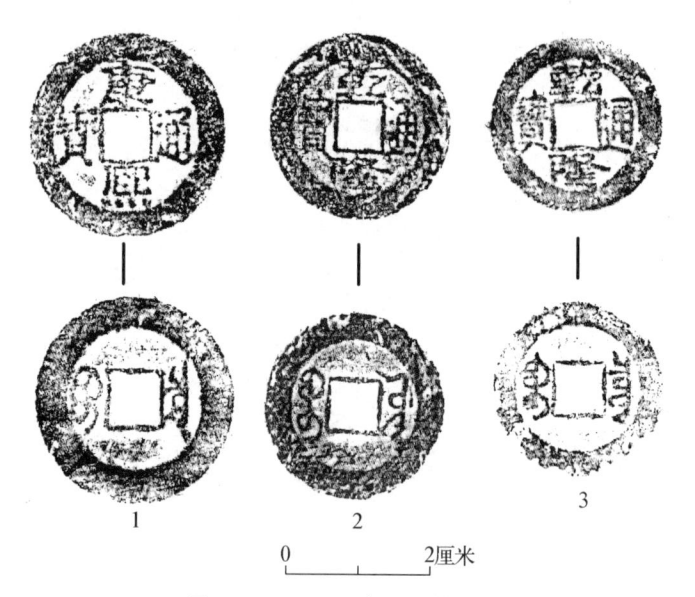

图一四二　M25出土铜钱拓片

1. 康熙通宝（M25:1）　2. 乾隆通宝（M25:2、M25:3）

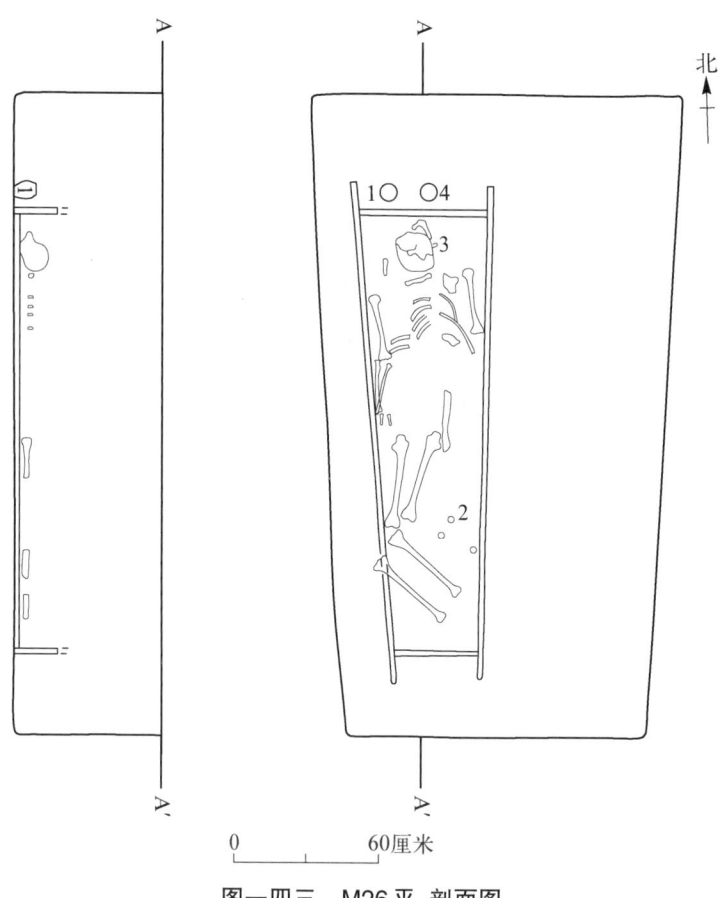

图一四三　M26平、剖面图

1、4. 瓷罐　2. 铜钱　3. 银耳环

二、随葬品

瓷罐 2件。

M26∶1，轮制，敛口，圆唇，溜肩，鼓腹，圈足，器身肩部饰对称双系，器身上半部施墨绿釉，口沿处露胎。口径8.6、腹径13.1、底径6.7、高12.6厘米（图一四四，1；彩版六九，2）。

M26∶4，轮制，敛口，圆唇，溜肩，鼓腹，圈足，器身肩部饰对称双系，器身上半部施墨绿釉。口径8.6、腹径11.5、底径6.6、高12.4厘米（图一四四，2；彩版六九，4）。

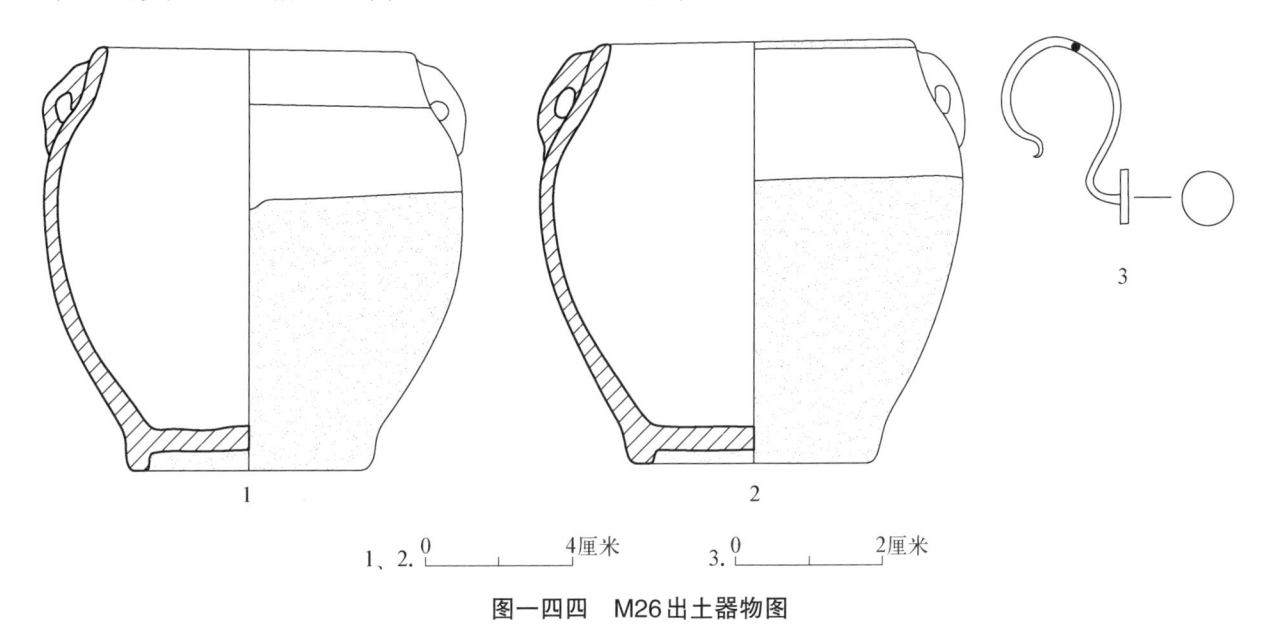

图一四四 M26出土器物图
1、2.瓷罐（M26∶1、M26∶4） 2.银耳环（M26∶3）

铜钱 2枚。

"天禧通宝"铜钱1枚。M26∶2-1，范铸，圆形方穿，正面铸有行书"天禧通宝"四字，旋读。钱径2.2、穿径0.6厘米（图一四五，1）。

"乾隆通宝"铜钱1枚。M26∶2-2，范铸，圆形方穿，正面铸有楷书"乾隆通宝"四字，对读，背面铸有满文"宝泉"二字。钱径2.6、穿径0.6厘米（图一四五，2）。

银耳环 1件。M26∶3，银质，鱼钩状，环首成圆饼状。直径1.7厘米（图一四四，3；彩版六九，3）。

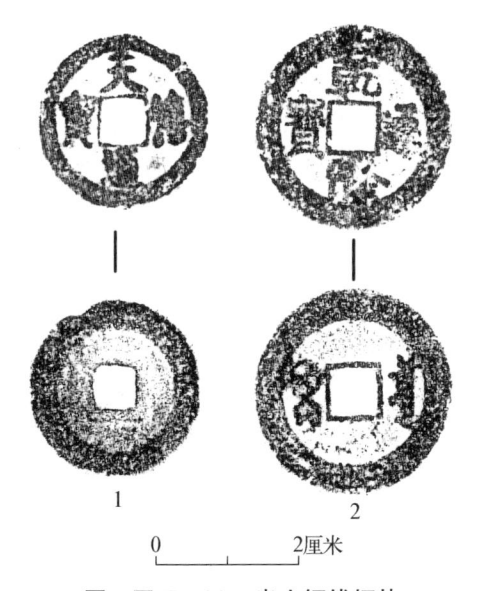

图一四五 M26出土铜钱拓片
1.天禧通宝（M26∶2-1） 2.乾隆通宝（M26∶2-2）

第十七节　M27

一、墓葬形制与结构

M27　南邻M28，打破M30。长方形竖穴土圹单棺墓，开口于②层下，方向0°，墓口距地表0.9米，墓圹长3.16米，宽0.92米，墓底距墓口0.2米。墓室四壁较整齐，内填花土，土质疏松。墓底置单棺，棺木已朽。棺长2.16米，宽0.6米，残高0.1米，棺痕厚0.02米。棺内墓主人为男性，骨架保存较差，长1.2米，头向北，面向上，仰身直肢葬（图一四六；彩版七〇）。

二、随葬品

铜钱　3枚。

"康熙通宝"铜钱2枚。标本M27：1-1，范铸，圆形方穿，正面铸有楷书"康熙通宝"四字，对

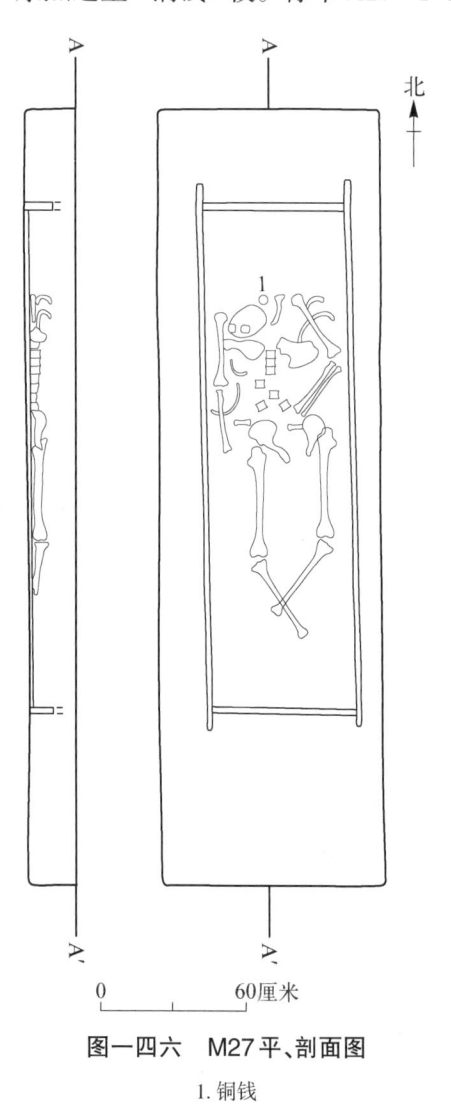

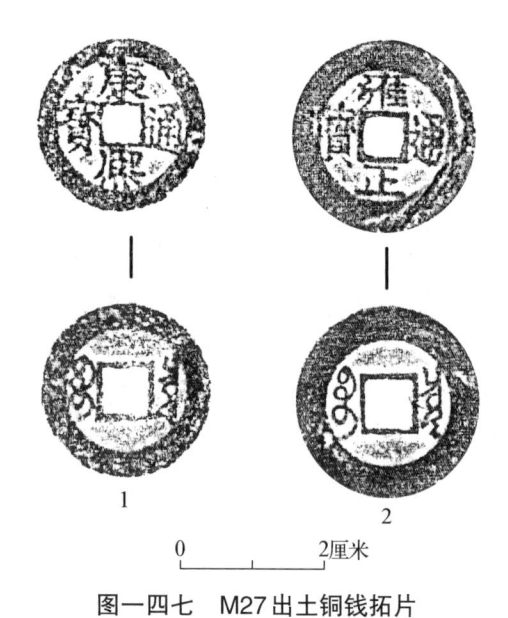

图一四六　M27平、剖面图
1. 铜钱

图一四七　M27出土铜钱拓片
1. 康熙通宝（M27：1-1）　2. 雍正通宝（M27：1-2）

读,背面铸有满文"宝泉"二字。钱径2.2、穿径0.5厘米(图一四七,1)。

M27∶1-2,范铸,圆形方穿,正面铸有楷书"雍正通宝"四字,对读,背面铸有满文"宝泉"二字。钱径2.52、穿径0.55厘米(图一四七,2)。

第十八节　M30

一、墓葬形制与结构

M30　南邻M28,被M27打破。长方形竖穴土圹单棺墓,开口于②层下,方向0°,墓口距地表0.9米,墓圹长2.78～2.94米,宽1.21～1.58米,深1.2米。墓室四壁较整齐,内填花土,土质疏松。墓底置单棺,棺木已朽。棺长2.02米,宽0.5～0.6米,残高0.4米,棺痕厚0.06米。棺内墓主人为男性,骨架保存较差,长1.46米,头向北,面向西,侧身屈肢葬(图一四八;彩版七一,1)。

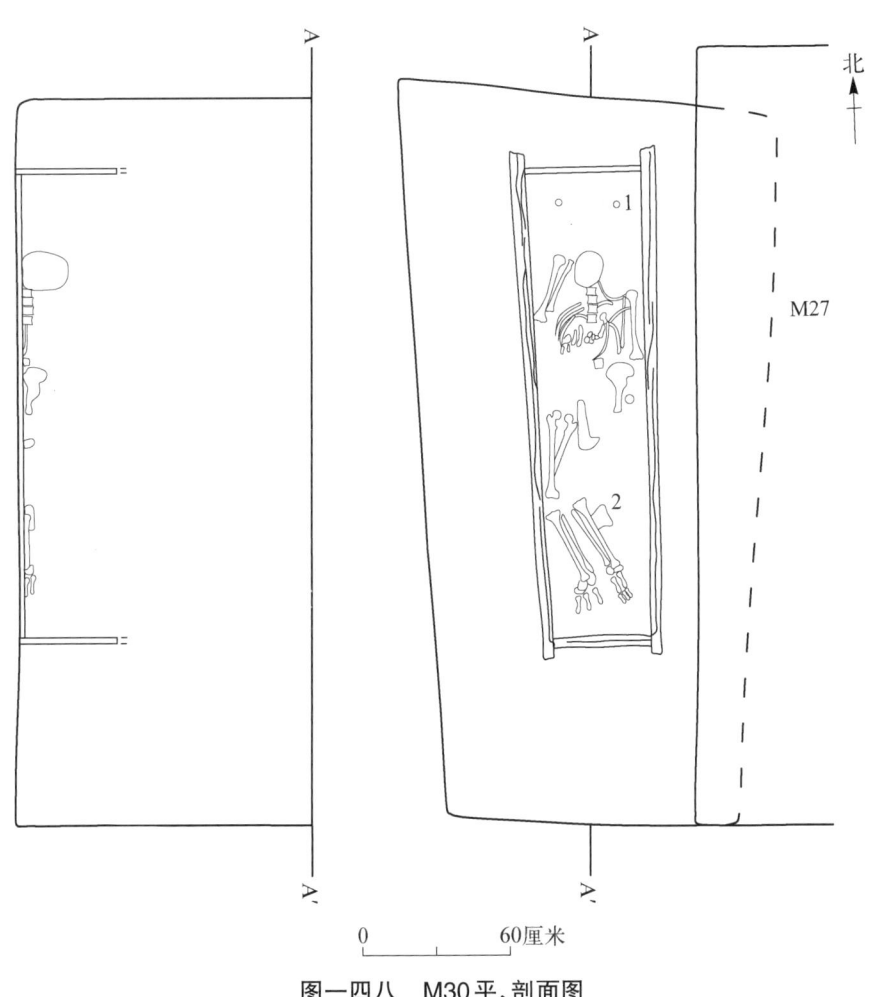

图一四八　M30平、剖面图
1. 铜钱　2. 镇墓石

二、随葬品

铜钱 3枚。

"康熙通宝"铜钱2枚。标本M30∶1-1,范铸,圆形方穿,正面铸有楷书"康熙通宝"四字,对读,背面铸有满文"宝泉"二字。钱径2.2、穿径0.5厘米(图一四九,1)。

"嘉庆通宝"铜钱1枚。M30∶1-2,范铸,圆形方穿,正面铸有楷书"嘉庆通宝"四字,对读,背面铸有满文"宝泉"二字。钱径2.2、穿径0.5厘米(图一四九,2)。

镇墓石 1件。M30∶2,呈不规则形,表面粗糙。长8.4、宽5厘米(图一五〇;彩版七一,2)。

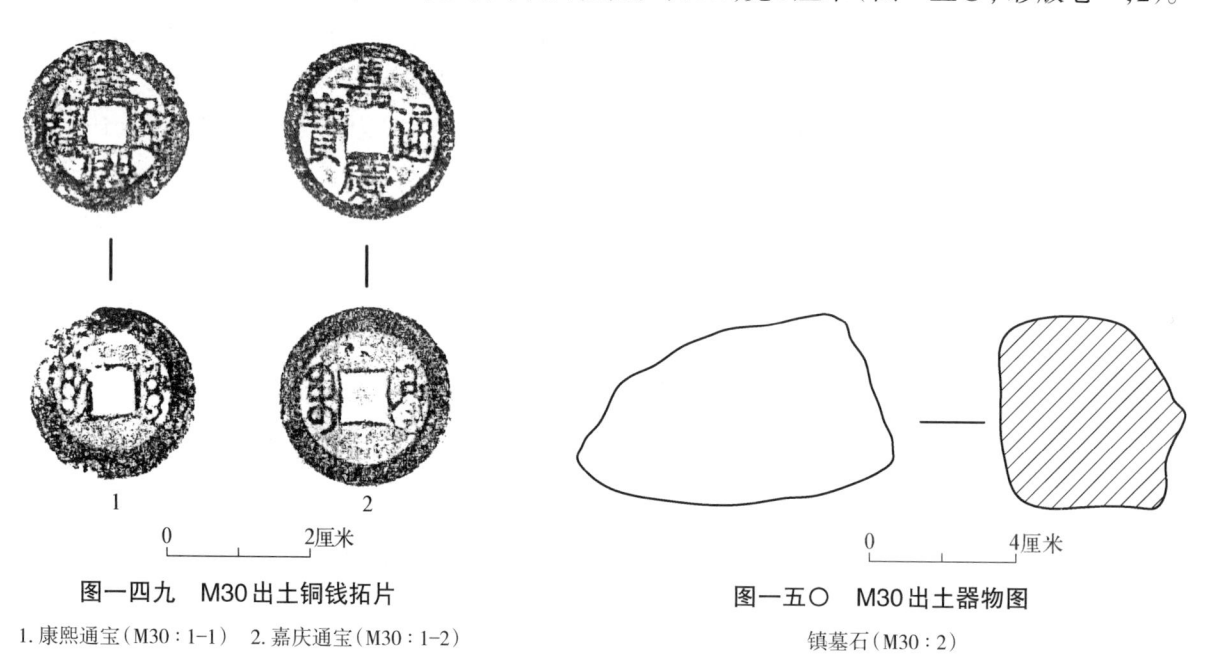

图一四九 M30出土铜钱拓片
1.康熙通宝(M30∶1-1) 2.嘉庆通宝(M30∶1-2)

图一五〇 M30出土器物图
镇墓石(M30∶2)

第十九节 M32

一、墓葬形制与结构

M32 北邻M12,打破M8、M9。长方形竖穴土圹单棺墓,开口于②层下,方向348°,墓口距地表0.9米,墓圹长2.63米,宽0.11~0.16米,深0.4米。墓室四壁较整齐,内填花土,土质疏松。墓底置单棺,棺木已朽。棺长1.98米,宽0.42~0.66米,残高0.2米,棺痕厚0.02米。棺内墓主人为女性,骨架保存较差,长1.5米,头向北,面向不详,仰身直肢葬(图一五一;彩版七二,1)。

二、随葬品

铜簪 1件。M32∶1,仅存簪首,首部呈花朵状,截面呈凸形,中部錾刻"寿"字。簪首直径2.8厘米(图一五二,1)。

银耳环 1件。M32∶2,鱼钩状,环首成圆饼状。直径2.1厘米(图一五二,2;彩版七二,2)。

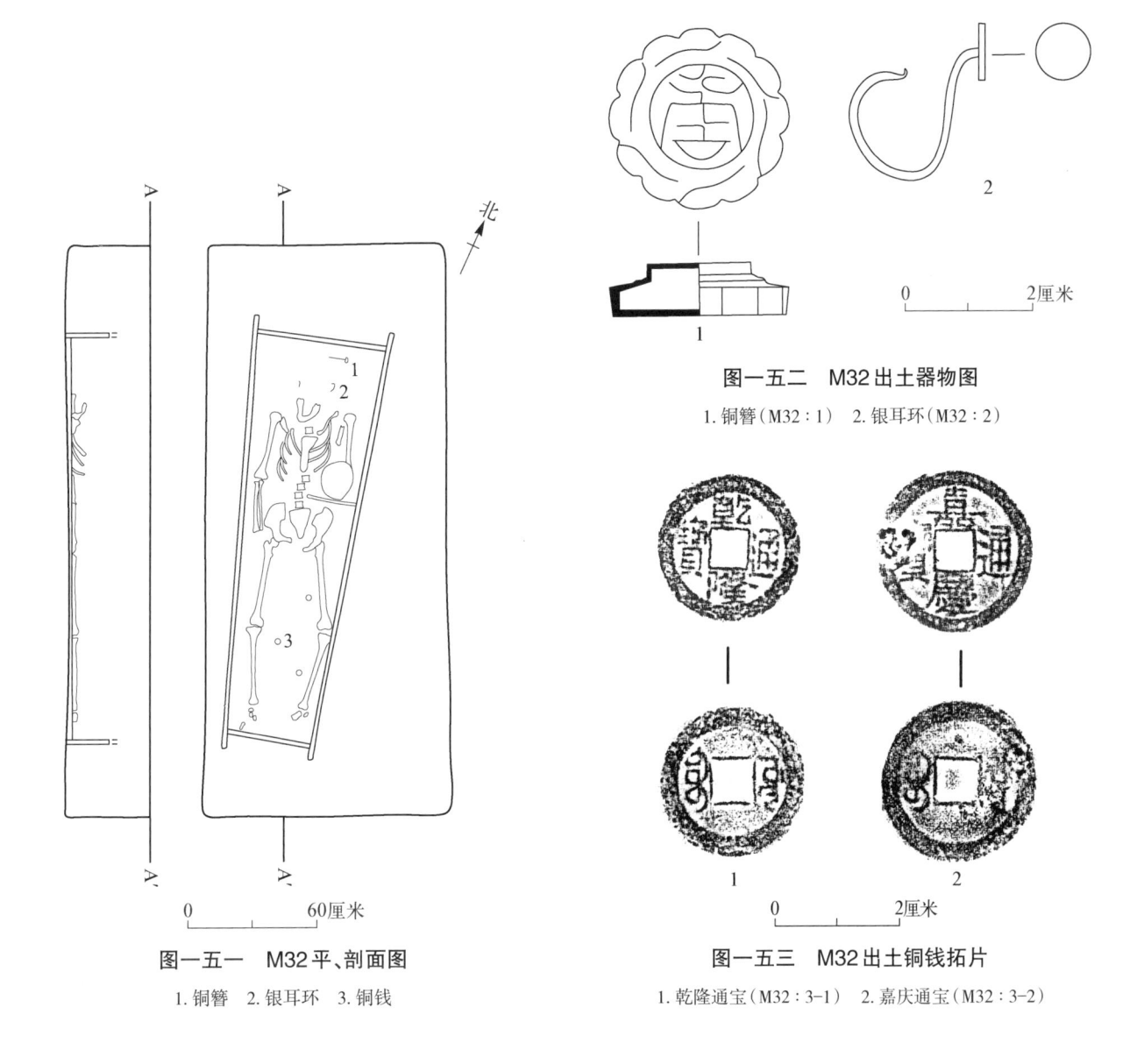

图一五二　M32出土器物图
1. 铜簪（M32∶1）　2. 银耳环（M32∶2）

图一五一　M32平、剖面图
1. 铜簪　2. 银耳环　3. 铜钱

图一五三　M32出土铜钱拓片
1. 乾隆通宝（M32∶3-1）　2. 嘉庆通宝（M32∶3-2）

铜钱　6枚。

"乾隆通宝"铜钱2枚。标本M32∶3-1，范铸，圆形方穿，正面铸有楷书"乾隆通宝"四字，对读，背面铸有满文"宝泉"二字。钱径2.1、穿径0.5厘米（图一五三，1）。

"嘉庆通宝"铜钱4枚。标本M32∶3-2，范铸，圆形方穿，正面铸有楷书"嘉庆通宝"四字，对读，背面铸有满文"宝泉"二字。钱径2.3、穿径0.5厘米（图一五三，2）。

第二十节　M37

一、墓葬形制与结构

M37　西南邻M36，长方形竖穴土圹单棺墓，开口于②层下，方向3°，墓口距地表0.9米，墓圹长2.16米，宽0.9米，深0.25米。墓室四壁较整齐，内填花土，土质较硬。墓底置单棺，棺木已朽，仅存棺痕。棺长1.66米，宽0.5米，残高0.1米，棺痕厚0.01米。棺内墓主人为男性，骨架保存较完整，长1.36米，头向北，面向上，仰身直肢葬（图一五四；彩版七三）。

二、随葬品

铜钱 2枚。

"嘉靖通宝"铜钱1枚。M37∶1-1，范铸，圆形方穿，正面铸有楷书"嘉靖通宝"四字，对读，背面铸有满文"宝泉"二字。钱径2.4、穿径0.5厘米（图一五五，1）。

"康熙通宝"铜钱1枚。M37∶1-2，范铸，圆形方穿，正面铸有楷书"康熙通宝"四字，对读，背面铸有满文"宝泉"二字。钱径2.7、穿径0.6厘米（图一五五，2）。

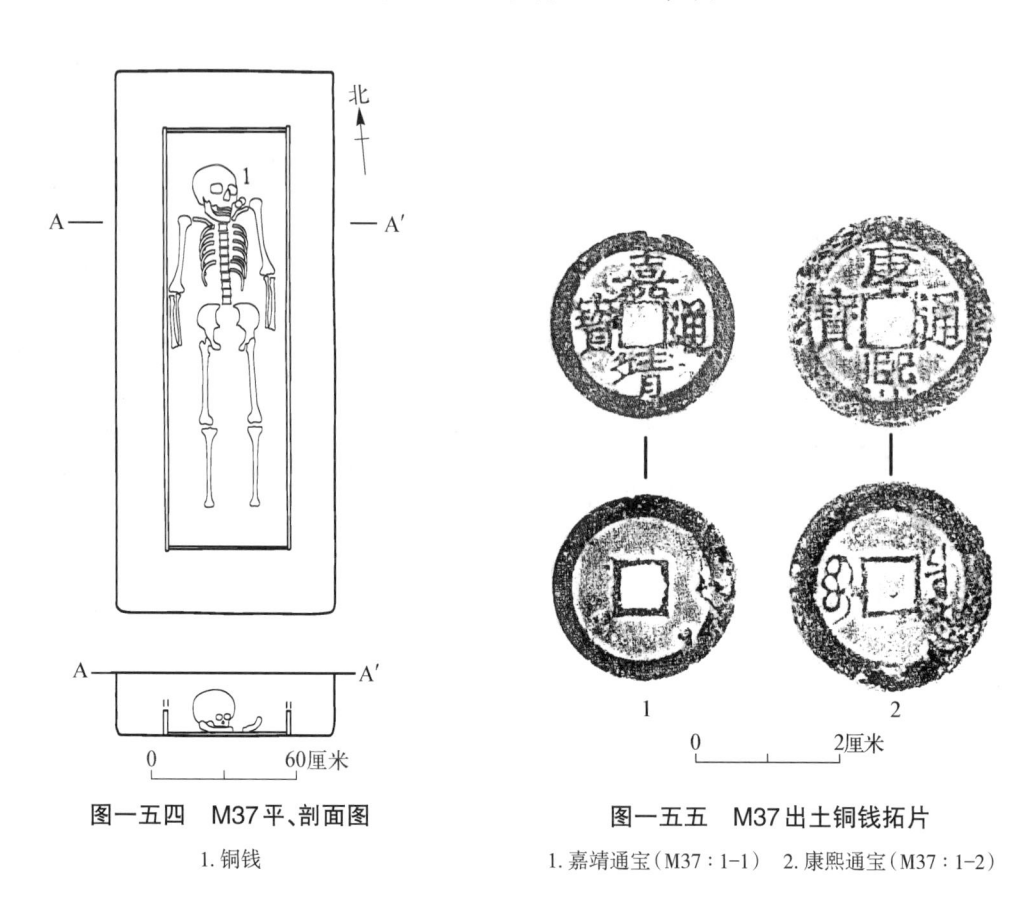

图一五四　M37平、剖面图
1.铜钱

图一五五　M37出土铜钱拓片
1.嘉靖通宝（M37∶1-1）　2.康熙通宝（M37∶1-2）

第二十一节　M71

一、墓葬形制与结构

M71　长方形竖穴土圹三棺合葬墓，开口于②层下，方向10°，墓口距地表0.9米，墓圹长2.22～2.35米，宽2.93～3.12米，深0.8～0.9米。墓室四壁较整齐，内填花土，土质疏松。墓底置

图一五六　M71平、剖面图

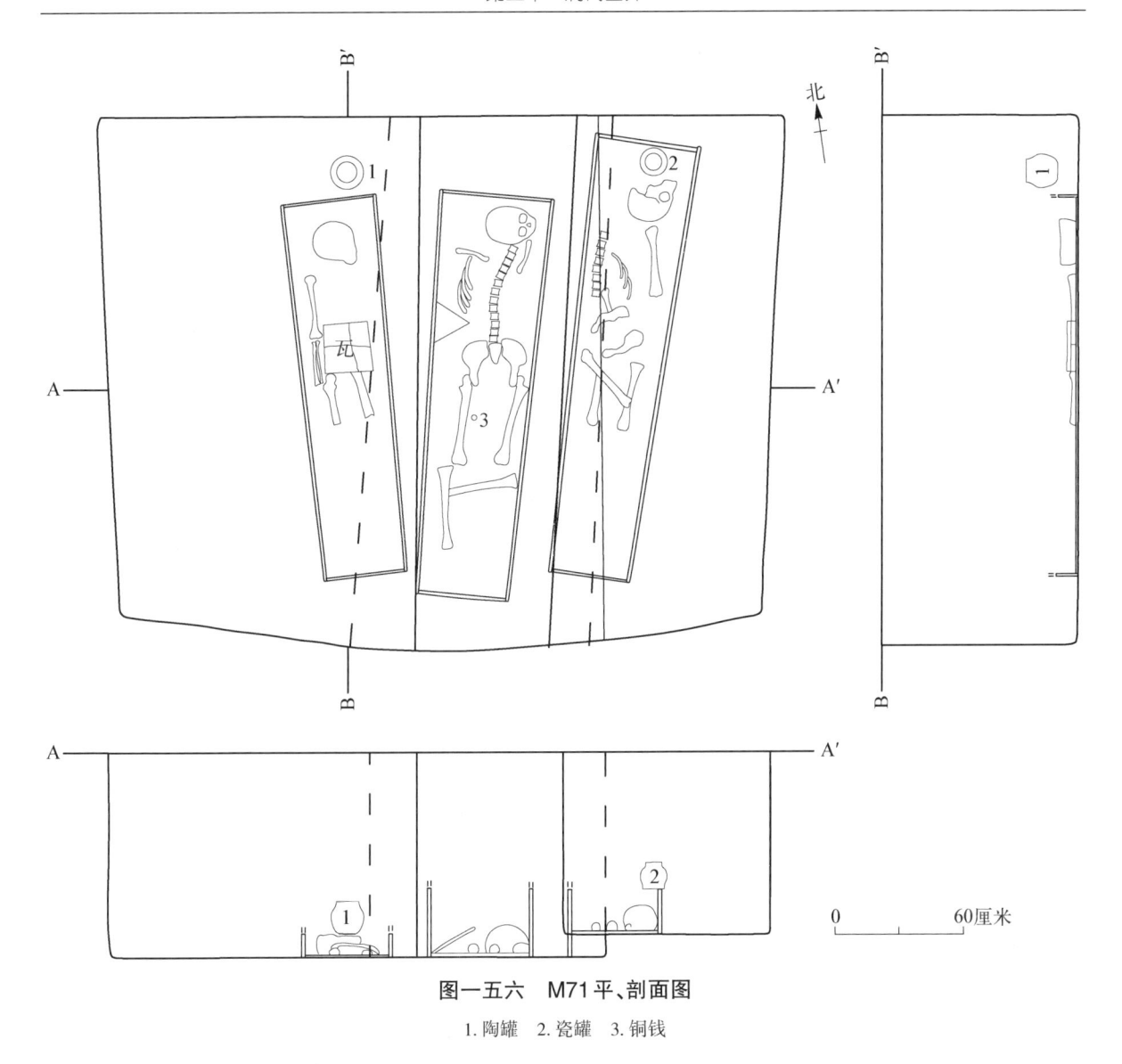

1. 陶罐　2. 瓷罐　3. 铜钱

三棺,棺木已朽。西棺打破中棺,东棺打破中棺。

东棺长1.92米,宽0.35~0.44米,残高0.2米,棺痕厚0.01米。棺内墓主人为女性,骨架保存较差,长1.13米,头向北,面向东,仰身直肢葬。中棺长1.76米,宽0.4~0.58米,残高0.3米,棺痕厚0.01米。棺内墓主人为男性,骨架保存较差,长1.52米,头向北,面向东,仰身直肢葬。西棺长1.64米,宽0.34~0.4米,残高0.1米,棺痕厚0.01米。棺内墓主人为女性,骨架保存较差,长0.9米,头向北,面向下,仰身直肢葬(图一五六;彩版七四,1、2)。

二、随葬品

陶罐　1件。M71:1,泥质灰陶,敞口,圆唇,溜肩,鼓腹,平底内凹,肩部饰对称双系。系已残缺。口径12.8、腹径16.2、底径11.6、高10.7厘米(图一五七,1;彩版七四,3)。

瓷罐　1件。M71:2,轮制,敞口,圆唇,溜肩,鼓腹,圈足,器身外壁施黑釉,近底处及圈足露胎。口径6.2、腹径8.9、底径5.7、高10.3厘米（图一五七，2；彩版七四，4）。

铜钱 1枚。M71：3，范铸，圆形方穿，正面铸有楷书"雍正通宝"四字，对读，背面铸有满文"宝泉"二字。钱径2.7、穿径0.6厘米（图一五八）。

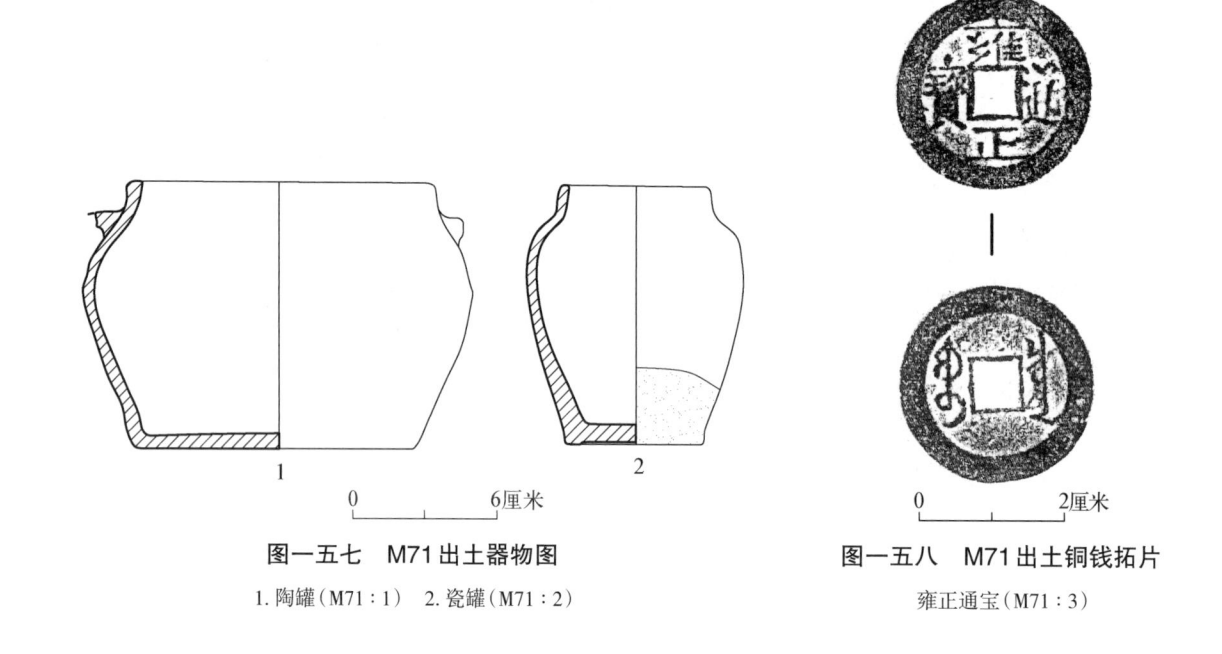

图一五七　M71出土器物图
1.陶罐（M71：1）　2.瓷罐（M71：2）

图一五八　M71出土铜钱拓片
雍正通宝（M71：3）

第二十二节　M75

一、墓葬形制与结构

M75　北邻M67，长方形竖穴土圹四棺合葬墓，开口于②层下，方向0°，墓口距地表0.9米，墓圹长2.43～2.63米，宽2.85～4.24米，深0.76～1.3米。墓室四壁较整齐，内填花土，土质疏松。墓底置四棺，自东向西依次编号A、B、C、D，棺木已朽。D棺打破C棺，B棺分别打破A、C棺，A棺与B棺间距0.16米，B棺高于A棺0.5米，B棺与C棺间距0.28米，B棺高于C棺0.5米，C棺与D棺间距0.6～0.86米，D棺高于C棺0.55米。

A棺长1.68米，宽0.52～0.66米，残高0.6米，棺痕厚0.06米。棺内墓主人为女性，骨架保存较差，长1.38米，头向北，面向西，仰身直肢葬。B棺长1.9米，宽0.42～0.5米，残高0.1米，棺痕厚0.02米。棺内墓主人为女性，骨架保存较完整，长1.6米，头向北，面向上，仰身直肢葬。C棺长1.72米，宽0.46～0.58米，残高0.6米，棺痕厚0.06米。棺内墓主人为女性，骨架保存较差，长1.6米，头向北，面向西，仰身直肢葬。D棺长1.72米，宽0.42米，残高0.06米，棺痕厚0.02米。棺内墓主人为男性，骨架保存较完整，长1.62米，头向北，面向东，仰身直肢葬（图一五九；彩版七五，1）。

二、随葬品

铜钱　11枚。

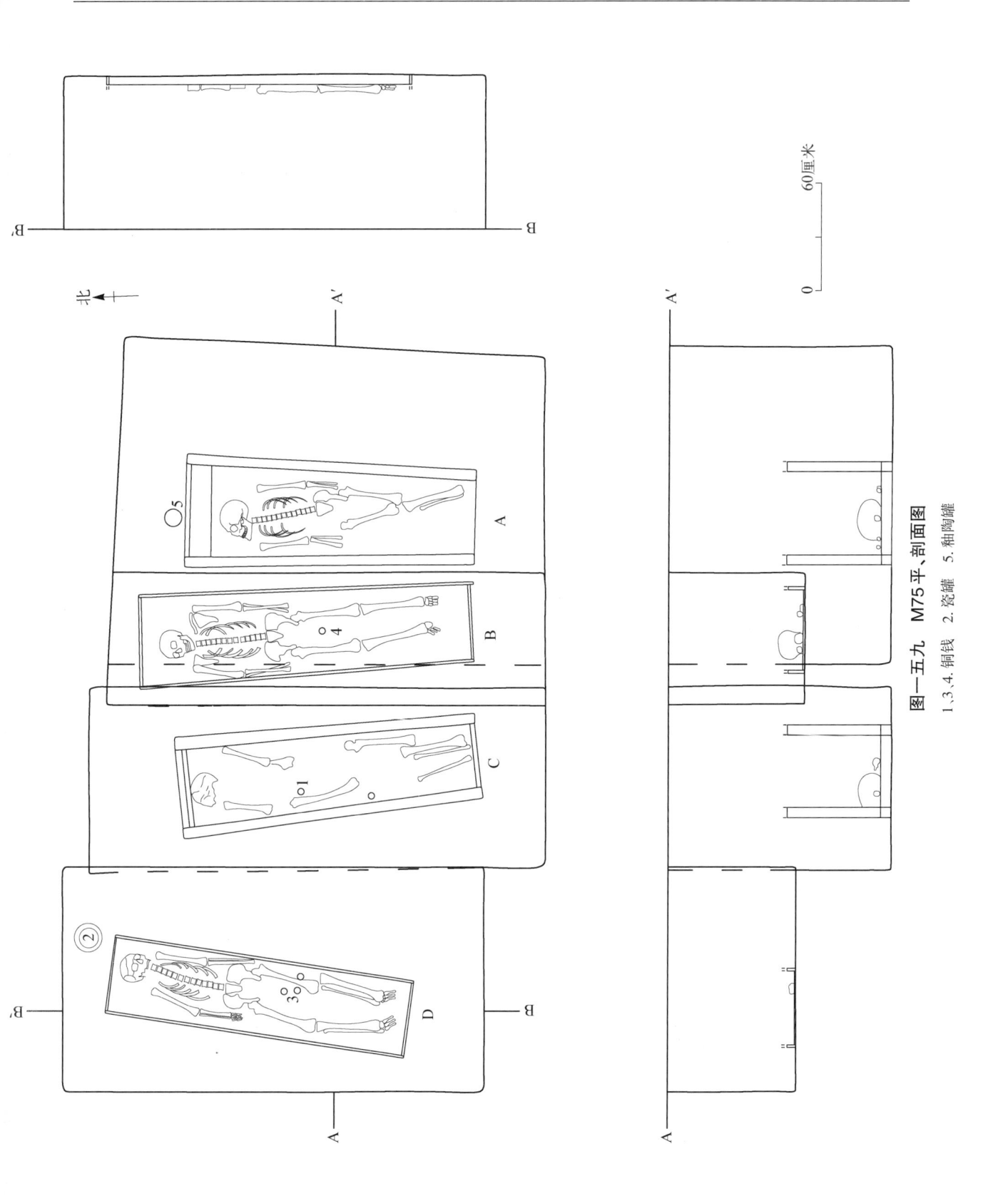

图一五九 M75平、剖面图
1、3、4. 铜钱 2. 瓷罐 5. 釉陶罐

"嘉靖通宝"铜钱1枚。M75:1，范铸，圆形方穿，正面铸有楷书"嘉靖通宝"四字，对读。钱径2.4、穿径0.4厘米（图一六一，1）。

"崇祯通宝"铜钱4枚。标本M75:3，范铸，圆形方穿，正面铸有楷书"崇祯通宝"四字，对读。钱径2.7、穿径0.5厘米（图一六一，2）。

"顺治通宝"铜钱6枚。标本M75:4，范铸，圆形方穿，正面铸有楷书"顺治通宝"四字，对读，背面铸有"户"字。钱径2.5、穿径0.5厘米（图一六一，3）。

瓷罐 1件。M75:2，直口，圆唇，溜肩，鼓腹，假圈足，器身外壁施黑釉，口部及近底处露胎。口径10.6、腹径16.3、底径11.9、高16厘米（图一六〇，1；彩版七五，2）。

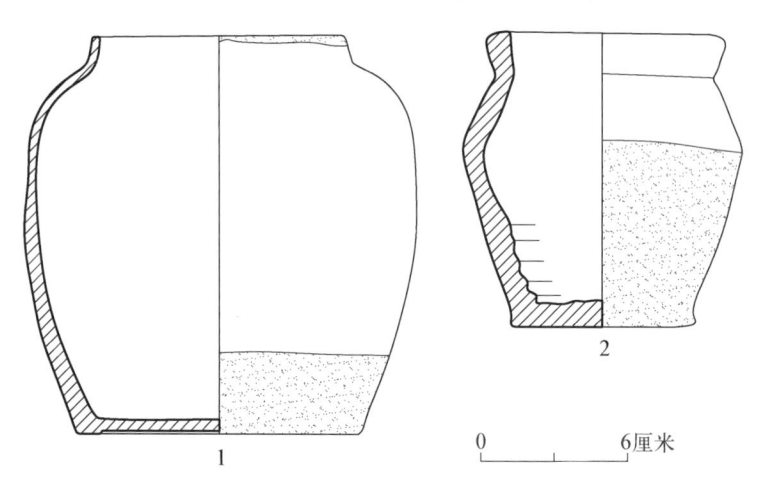

图一六〇 M75出土器物图
1. 瓷罐（M75:2） 2. 釉陶罐（M75:5）

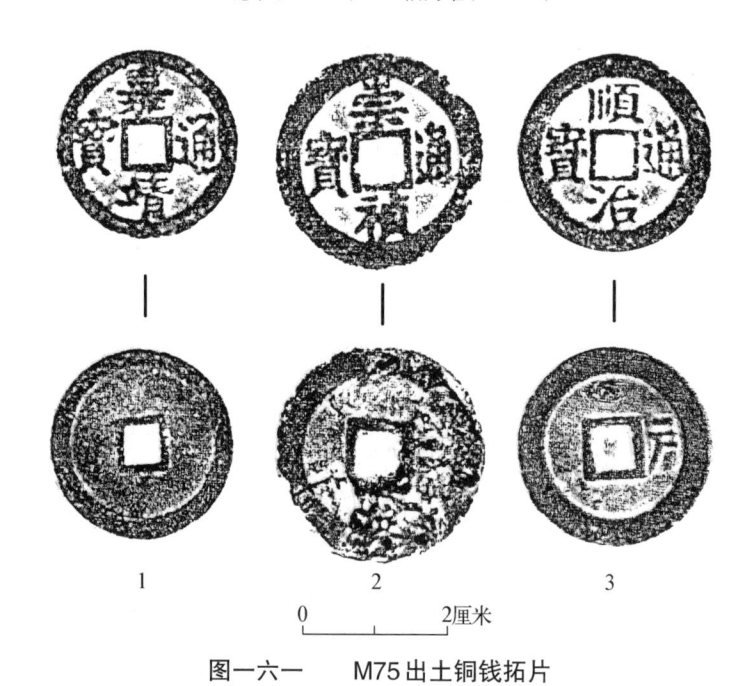

图一六一 M75出土铜钱拓片
1. 嘉靖通宝（M75:1） 2. 崇祯通宝（M75:3） 3. 顺治通宝（M75:4）

釉陶罐 1件。M75:5，泥质红陶，轮制，敞口，圆唇，鼓腹，圈足，器身外壁上部施酱釉。口径9.8、腹径11.5、底径7.6、高11.8厘米（图一六〇，2；彩版七五，3）。

第二十三节 M77

一、墓葬形制与结构

M77 南邻M85，长方形竖穴土圹双棺合葬墓，开口于②层下，方向0°，墓口距地表0.9米，墓圹长2.89米，宽2.1~2.24米，深0.4米。墓室四壁较整齐，内填花土，土质疏松。墓底置双棺，棺木已朽。东棺打破西棺。东棺长1.9米，宽0.7米，残高0.3米。棺内墓主人为男性，骨架保存较差，长1.6米，头向北，面向上，仰身直肢葬。西棺长2米，宽0.56~0.66米，残高0.3米，棺痕厚0.01米。棺内墓主人为女性，骨架保存较差，长1.36米，头向北，面向上，仰身直肢葬（图一六二；彩版七六，1）。

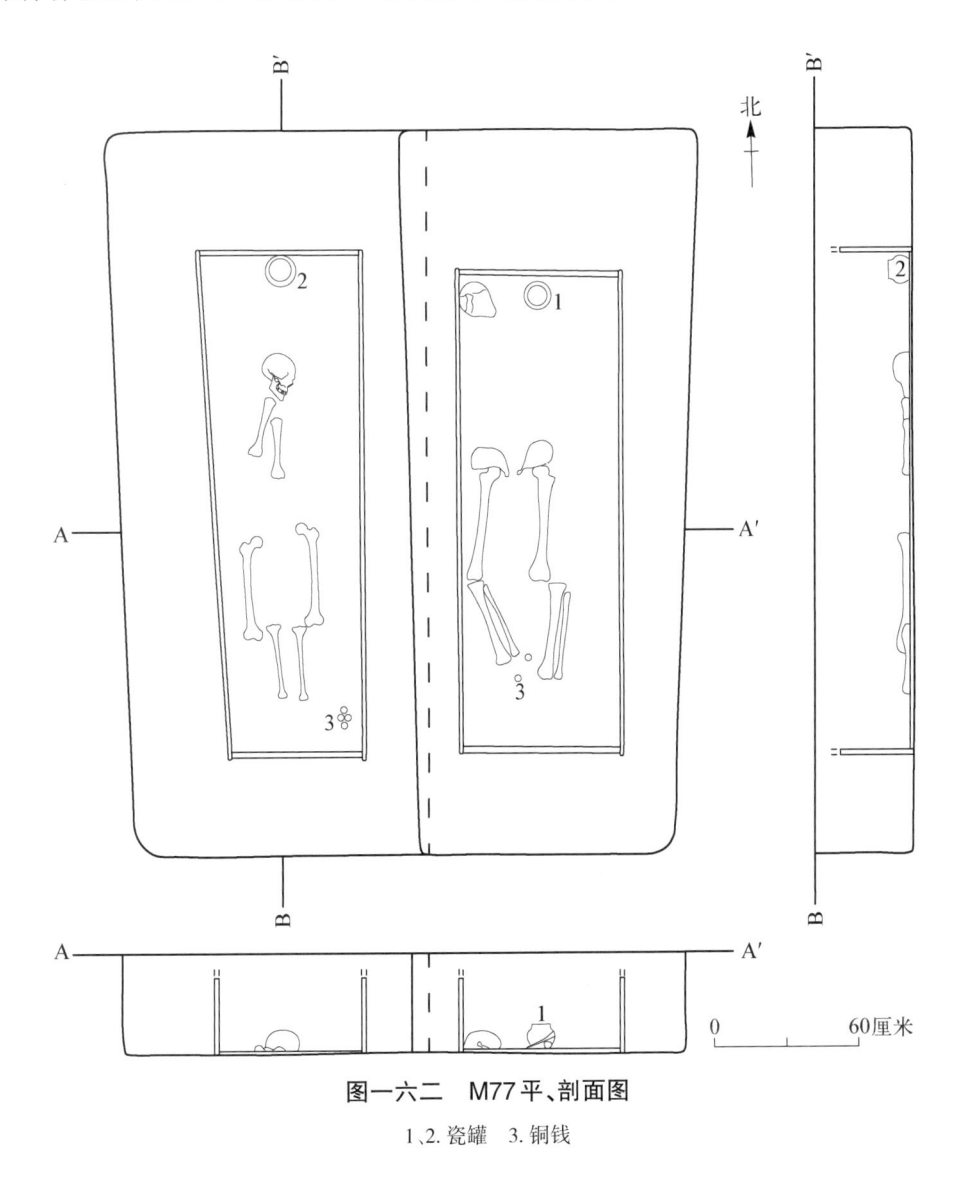

图一六二 M77平、剖面图
1、2. 瓷罐 3. 铜钱

二、随葬品

瓷罐 2件。

M77：1，轮制，敛口，溜肩，鼓腹，圈足，肩部饰对称双系，系已残缺，器身外壁上部施黑釉，下腹部及圈足露胎。口径8、腹径10.4、底径6.7、高8.8厘米（图一六三，1；彩版七六，2）。

M77：2，轮制，敛口，溜肩，鼓腹，圈足，肩部饰对称双系，系已残缺，器身外壁上部施黑釉，下腹部及圈足露胎。口径7.6、腹径10、底径5.7、高8.7厘米（图一六三，2；彩版七六，3）。

铜钱 14枚。

标本M77：3，范铸，圆形方穿，正面铸有楷书"顺治通宝"四字，对读，背面铸有"宣"字。钱径2.4、穿径0.5厘米（图一六四，1）。

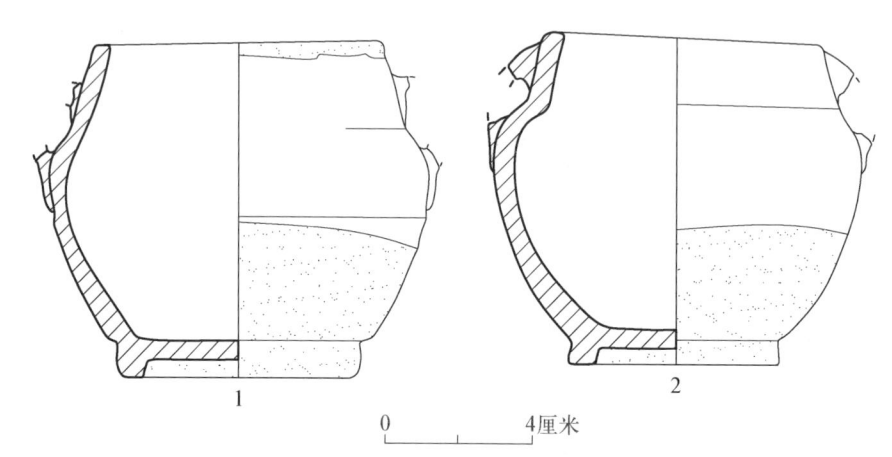

图一六三　M77出土器物图

1、2.瓷罐（M77：1、M77：2）

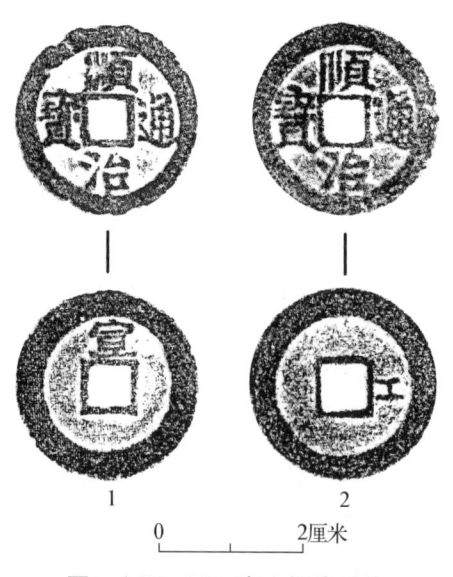

图一六四　M77出土铜钱拓片

1、2.顺治通宝（M77：3、M77：4）

标本M77：4，范铸，圆形方穿，正面铸有楷书"顺治通宝"四字，对读，背面铸有"工"字。钱径2.4、穿径0.5厘米（图一六四，2）。

第二十四节 M82

一、墓葬形制与结构

M82 东邻M81，长方形竖穴土圹双棺合葬墓，开口于②层下，方向0°，墓口距地表0.9米，墓圹长2.55～2.85米，宽2.12～2.2米，深1.17～1.2米。墓室四壁较整齐，内填花土，土质疏松。墓底置双棺，棺木已朽。西棺打破东棺，西棺高于东棺0.03米，两棺间距0.18～0.2米。东棺长1.98米，宽0.46米，残高0.4米，棺痕厚0.02米。棺内墓主人为男性，骨架保存较差，长1.54米，头向北，面向西，仰身直肢葬。西棺长2米，宽0.62～0.8米，残高0.4米，棺痕厚0.02～0.12米。棺内墓主人为女性，骨架保存较差，残长0.68米，头向北，面向南，葬式不明。在该棺的北部有一方形壁龛，进深0.2米，宽0.2米，高0.2米，距墓底0.9米，龛内放置一瓷罐（图一六五；彩版七七，1）。

二、随葬品

瓷罐 1件。M82：1，直口，圆唇，鼓腹，圈足，器身外壁施墨绿釉，近底处及圈足露胎。口径11.6、腹径13.9、腹径7.2、高8.2厘米（图一六六；彩版七七，2）。

铜钱 13枚。

"万历通宝"铜钱6枚。标本M82：2-1，范铸，圆形方穿，正面铸有楷书"万历通宝"四字，对读。钱径2.4、穿径0.5厘米（图一六七，1）。

"康熙通宝"铜钱3枚。标本M82：2-2，范铸，圆形方穿，正面铸有楷书"康熙通宝"四字，对读，背面铸有满文"宝泉"二字（图一六七，3）。钱径2.6、穿径0.5厘米。标本M82：3-1，范铸，圆形方穿，正面铸有楷书"康熙通宝"四字，对读，背面铸有满文"宝泉"二字。钱径2.3、穿径0.5厘米（图一六七，4）。

"顺治通宝"铜钱1枚。M82：2-3，范铸，圆形方穿，正面铸有楷书"顺治通宝"四字，对读，背面铸有满文"宝泉"二字。钱径2.7、穿径0.5厘米（图一六七，2）。

"崇祯通宝"铜钱1枚。M82：2-4，范铸，圆形方穿，正面铸有楷书"崇祯通宝"四字，对读。钱径2.6、穿径0.5厘米（图一六七，5）。

"咸平元宝"铜钱1枚。M82：2-5，范铸，圆形方穿，正面铸有楷书"咸平元宝"四字，旋读。钱径2.4、穿径0.6厘米（图一六七，6）。

"嘉靖通宝"铜钱1枚。M82：2-6，范铸，圆形方穿，正面铸有楷书"嘉靖通宝"四字，对读。钱径2.4、穿径0.6厘米（图一六七，7）。

图一六五　M82平、剖面图

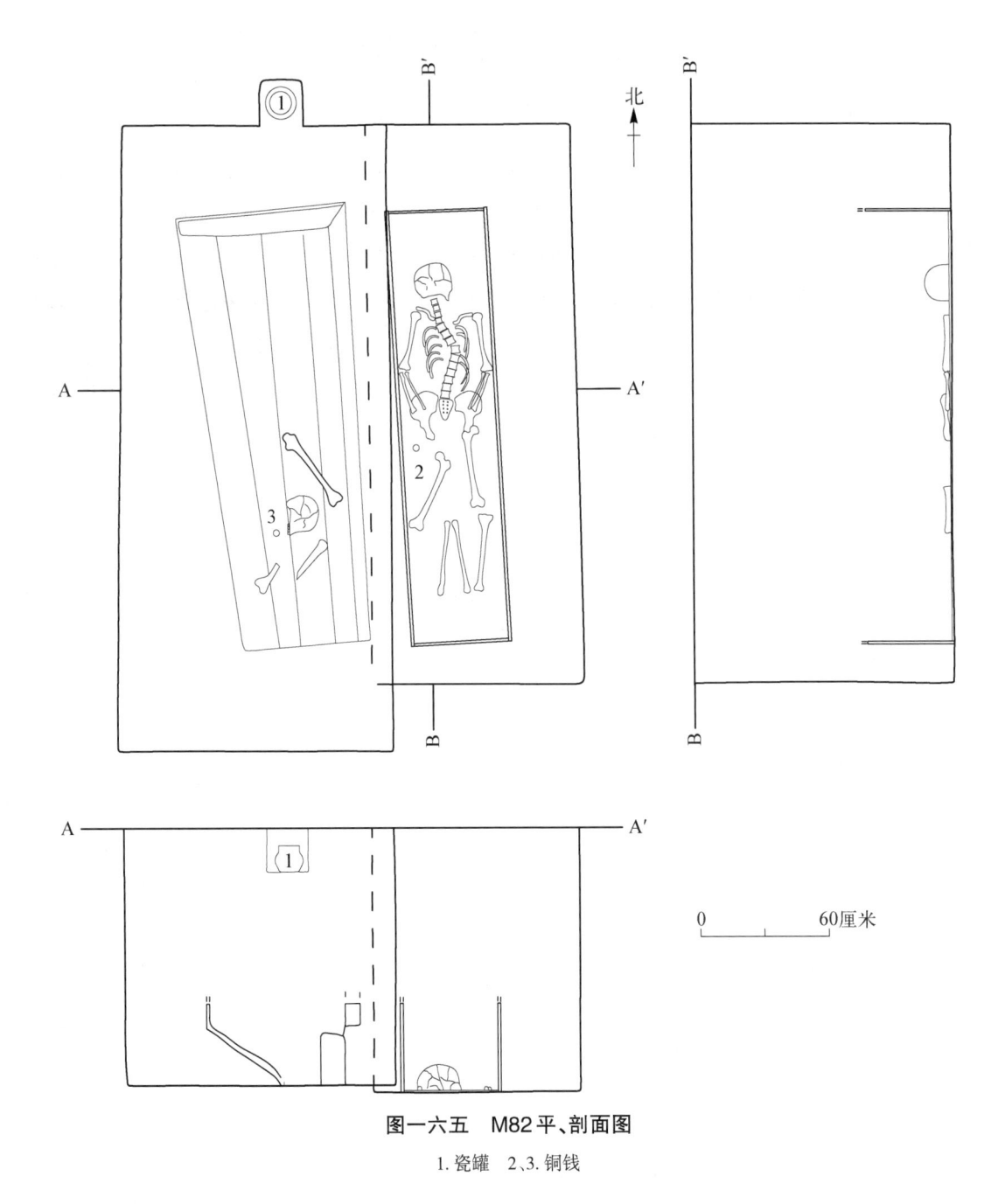

1. 瓷罐　2、3. 铜钱

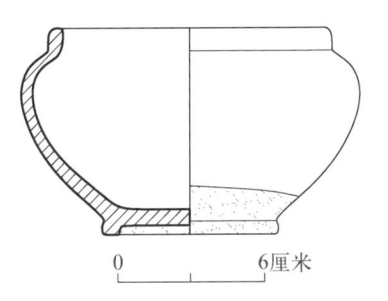

图一六六　M82出土器物图

瓷罐（M82∶1）

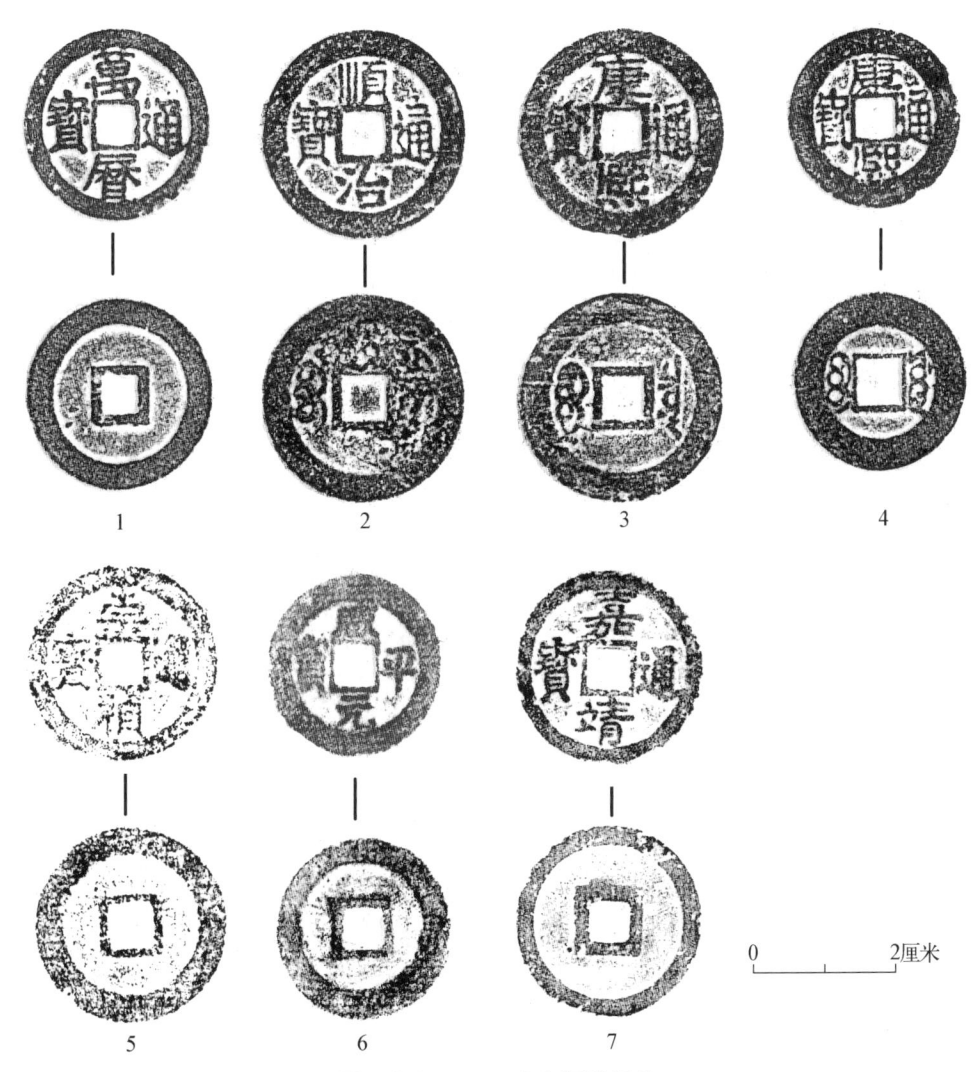

图一六七　M82出土铜钱拓片

1. 万历通宝（M82∶2-1）　2. 顺治通宝（M82∶2-3）　3、4. 康熙通宝（M82∶2-2、M82∶3-1）　5. 崇祯通宝（M82∶2-4）
6. 咸平元宝（M82∶2-5）　7. 嘉靖通宝（M82∶2-6）

第二十五节　M83

一、墓葬形制与结构

M83　西邻 M82，长方形竖穴土圹单棺墓，开口于②层下，方向0°，墓口距地表0.9米，墓圹长2.56米，宽1.2米，深0.6米。墓室四壁较整齐，内填花土，土质疏松。墓底置单棺，棺木已朽。棺长1.86米，宽0.54~0.6米，残高0.3米，棺痕厚0.02米。棺内墓主人为男性，骨架保存较差，长1.44米，头向北，面向上，仰身直肢葬（图一六八；彩版七八）。

二、随葬品

铜钱　5枚。

"万历通宝"铜钱1枚。M83:1-1，范铸，圆形方穿，正面铸有楷书"万历通宝"四字，对读。钱径2.4、穿径0.5厘米（图一六九，1）。

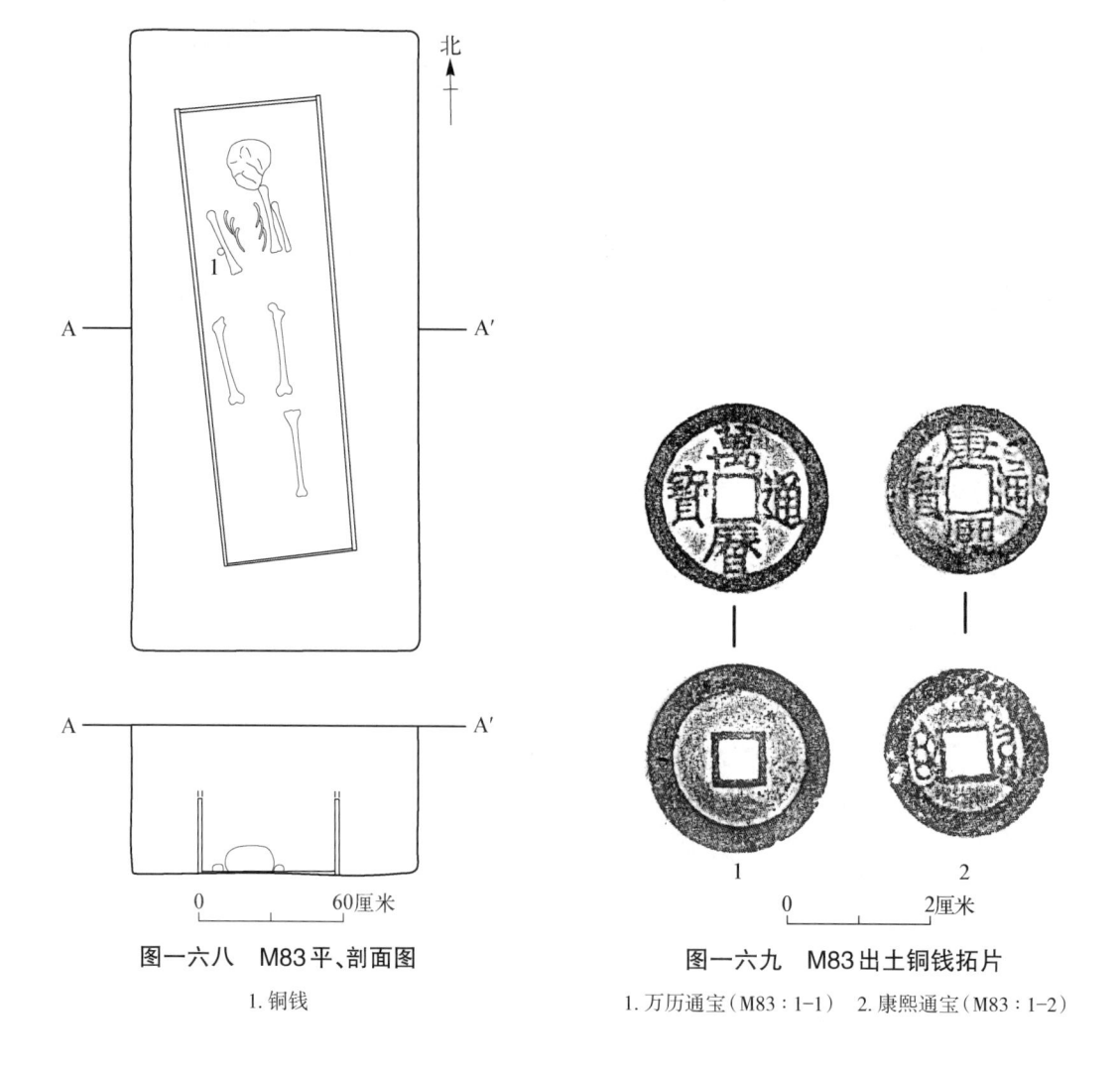

图一六八　M83平、剖面图
1.铜钱

图一六九　M83出土铜钱拓片
1.万历通宝（M83:1-1）　2.康熙通宝（M83:1-2）

"康熙通宝"铜钱4枚。标本M83∶1-2,范铸,圆形方穿,正面铸有楷书"康熙通宝"四字,对读,背面铸有满文"宝泉"二字。钱径2.1、穿径0.5厘米(图一六九,2)。

第二十六节　M84

一、墓葬形制与结构

M84　北邻M76,长方形竖穴土圹双棺合葬墓,开口于②层下,方向5°,墓口距地表0.9米,墓圹长3.07～3.2米,宽2.2～2.5米,深1.05米。墓室四壁较整齐,内填花土,土质疏松。墓底置双棺,棺木已朽。东棺打破西棺,东棺高于西棺0.05米,两棺间距0.32米。东棺长2.2米,宽0.66～0.8米,残高0.48米,棺痕厚0.07米。棺内墓主人为男性,骨架保存较差,长1.52米,头向北,面向上,仰身直肢葬。西棺长2.18米,宽0.56～0.72米,残高0.53米,棺痕厚0.07米。棺内墓主人为女性,骨架保存较差,长1.26米,头向北,面向上,仰身直肢葬。在该棺的北部有一方形壁龛,进深0.2米,宽0.2米,高0.2米,距墓底1米,龛内放置一黑釉瓷罐(图一七〇;彩版七九,1)。

二、随葬品

瓷罐　2件。

M84∶1,直口,圆唇,鼓腹,圈足,器身外壁施墨绿釉,近底处及圈足露胎。口径10.4、腹径13.7、底径7.2、高9.8厘米(图一七一,1;彩版七九,2)。

M84∶2,直口,圆唇,鼓腹,圈足,器身外壁施墨绿釉,口沿、近底处及圈足露胎。口径10.4、腹径16.6、底径12.1、高14.3厘米(图一七一,2;彩版七九,3)。

铜钱　28枚。

"顺治通宝"铜钱17枚。标本M84∶3-3,范铸,圆形方穿,正面铸有楷书"顺治通宝"四字,对读,背面字纹腐蚀严重,无法辨认。钱径2.1、穿径0.5厘米(图一七二,1)。标本M84∶3-2,范铸,圆形方穿,正面铸有楷书"顺治通宝"四字,对读,背面铸有"宣"字。钱径2.1、穿径0.5厘米(图一七二,2)。

"康熙通宝"铜钱6枚。标本M84∶3-1,范铸,圆形方穿,正面铸有楷书"康熙通宝"四字,对读,背面铸有满文及汉字"东"字。钱径2.1、穿径0.5厘米(图一七二,3)。

"雍正通宝"铜钱4枚。标本M84∶3-4,范铸,圆形方穿,正面铸有楷书"雍正通宝"四字,对读,背面铸有满文"宝泉"二字。钱径2.5、穿径0.5厘米(图一七二,4)。

"崇祯通宝"铜钱1枚。M84∶6,范铸,圆形方穿,正面铸有楷书"崇祯通宝"四字,对读。钱径2.6、穿径0.6厘米(图一七二,5)。

铜簪　2件。

M84∶4,簪首呈圆形,中部凸起,截面呈凸字,簪体呈条状,尾端尖锐。簪首直径1.4、长11.3厘米(图一七二,4)。

M84∶5,簪首呈圆形,中部凸起,截面呈凸字,簪体呈条状,尾端残缺。簪首直径1.5、残长3.7厘米(图一七二,3)。

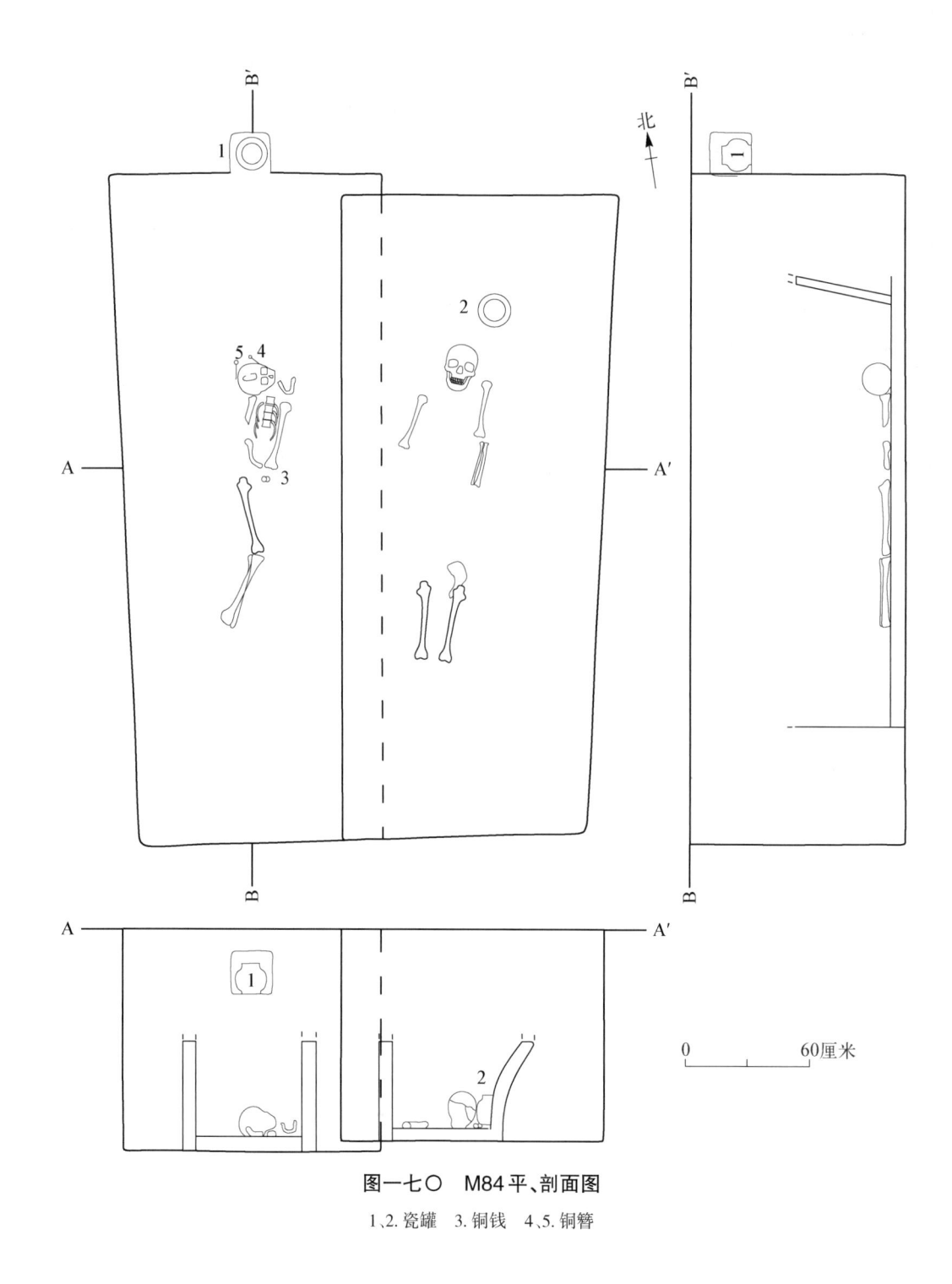

图一七〇 M84平、剖面图
1、2. 瓷罐 3. 铜钱 4、5. 铜簪

第三章 清代墓葬

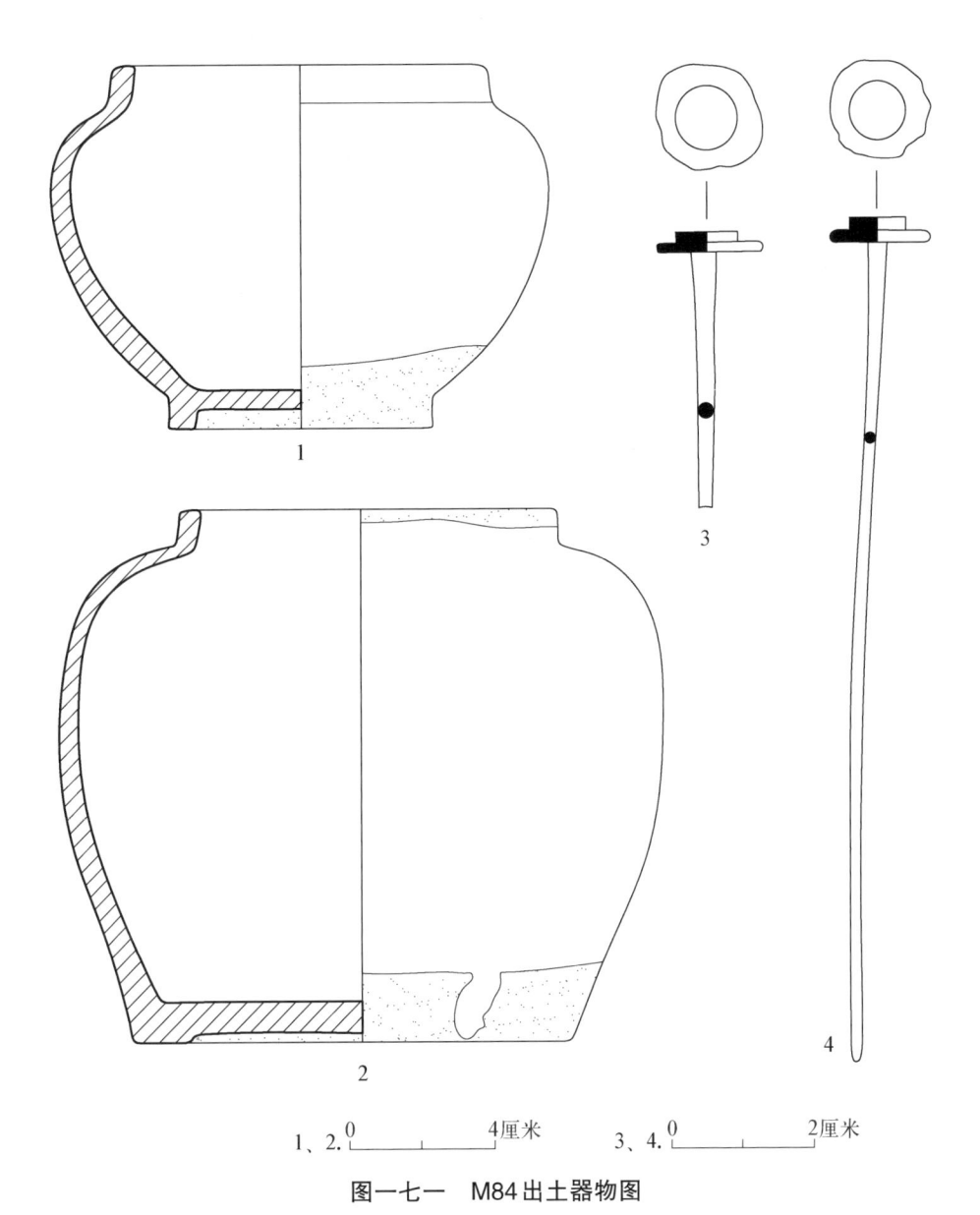

图一七一 M84出土器物图
1、2. 瓷罐（M84：1、M84：2） 3、4. 铜簪（M84：5、M84：4）

图一七二　M84出土铜钱拓片

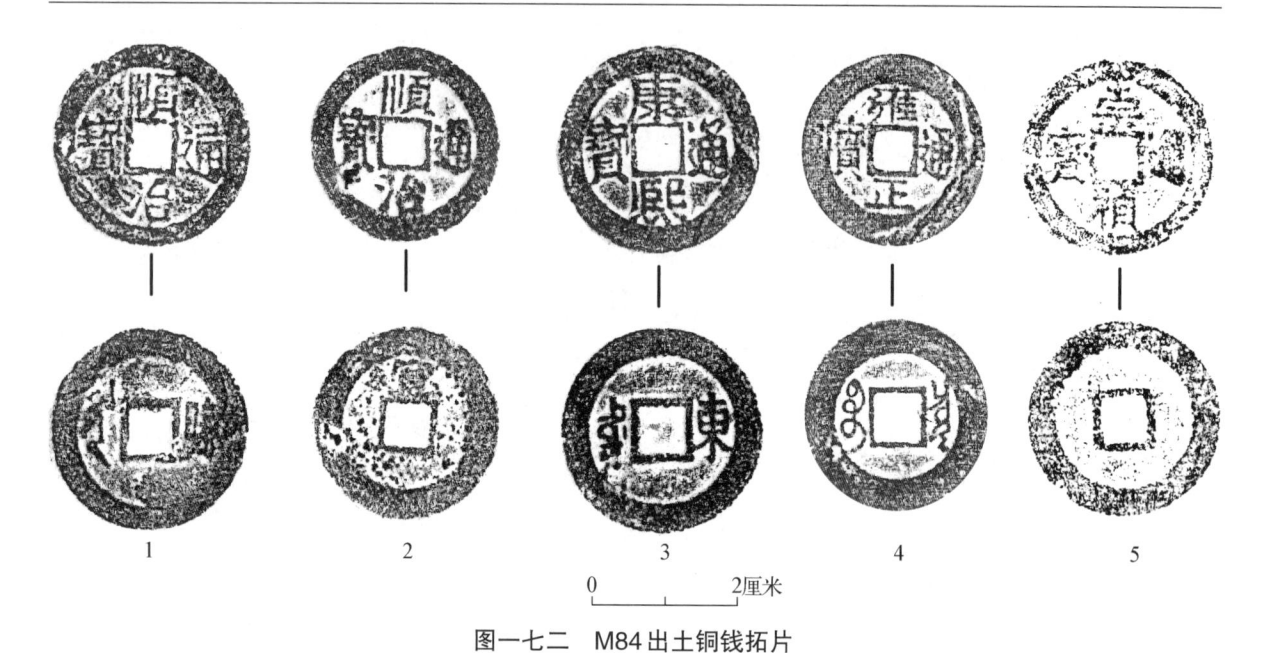

1、2. 顺治通宝（M84∶3-3、M84∶3-2）　3. 康熙通宝（M84∶3-1）　4. 雍正通宝（M84∶3-4）　5. 崇祯通宝（M84∶6）

第二十七节　M87

一、墓葬形制与结构

M87　北邻M79，打破M88。长方形竖穴土圹双棺合葬墓，开口于②层下，方向0°，墓口距地表0.9米，墓圹长2.53米，宽1.95～2.02米，深0.35～0.6米。墓室四壁较整齐，内填花土，土质疏松。墓底置双棺，棺木已朽。西棺打破东棺，两棺间距0.28～0.48米，西棺高于东棺0.25米。东棺长1.58米，宽0.48～0.52米，残高0.3米，棺痕厚0.02米。棺内墓主人为男性，骨架保存较差，长1.2米，头向北，面向东，仰身直肢葬。西棺长1.85米，宽0.48～0.66米，残高0.15米，棺痕厚0.02米。棺内墓主人为女性，骨架保存较差，长1.42米，头向北，面向南，仰身直肢葬（图一七三；彩版八〇）。

二、随葬品

铜钱　3枚。标本M87∶1，范铸，圆形方穿，正面铸有楷书"康熙通宝"四字，对读，背面铸有满文"宝泉"二字。钱径2.2、穿径0.5厘米（图一七四）。

第二十八节　M88

一、墓葬形制与结构

M88　西邻M87，被M87打破。长方形竖穴土圹双棺合葬墓，开口于②层下，方向350°，墓口

图一七三　M87平、剖面图
1. 铜钱

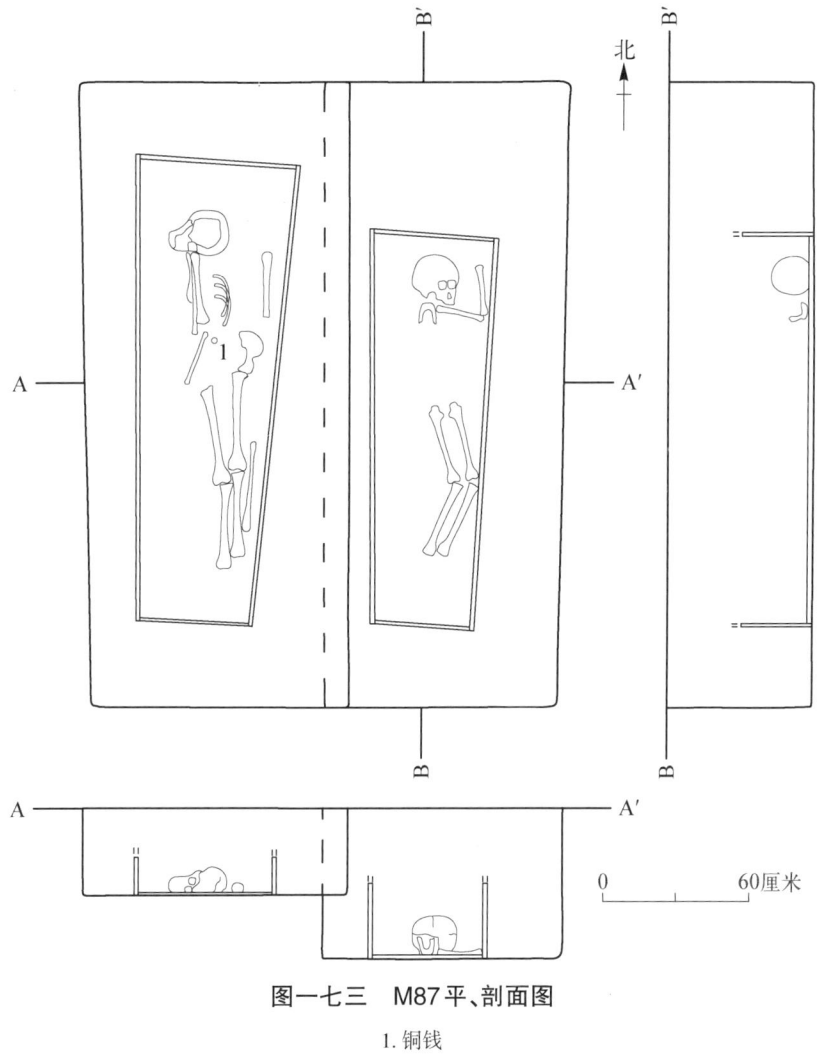

距地表0.9米，墓圹长2.6米，宽2米，深0.5～0.75米。墓室四壁较整齐，内填花土，土质疏松。墓底置双棺，棺木已朽。东棺打破西棺，两棺间距0.04～0.14米，东棺高于西棺0.2米。东棺长1.5米，宽0.46～0.56米，残高0.05米，棺痕厚0.01米。棺内未见墓主人骨架，初步判断其为搬迁墓。西棺长1.68米，宽0.6～0.66米，残高0.35米，棺痕厚0.02米。棺内墓主人为男性，骨架保存较完整，长1.56米，头向北，面向西，仰身直肢葬（图一七五；彩版八一）。

二、随葬品

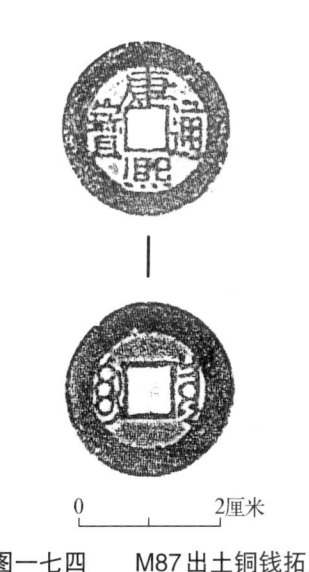

该墓未出土随葬品。

图一七四　M87出土铜钱拓片
康熙通宝（M87∶1）

图一七五　M88平、剖面图

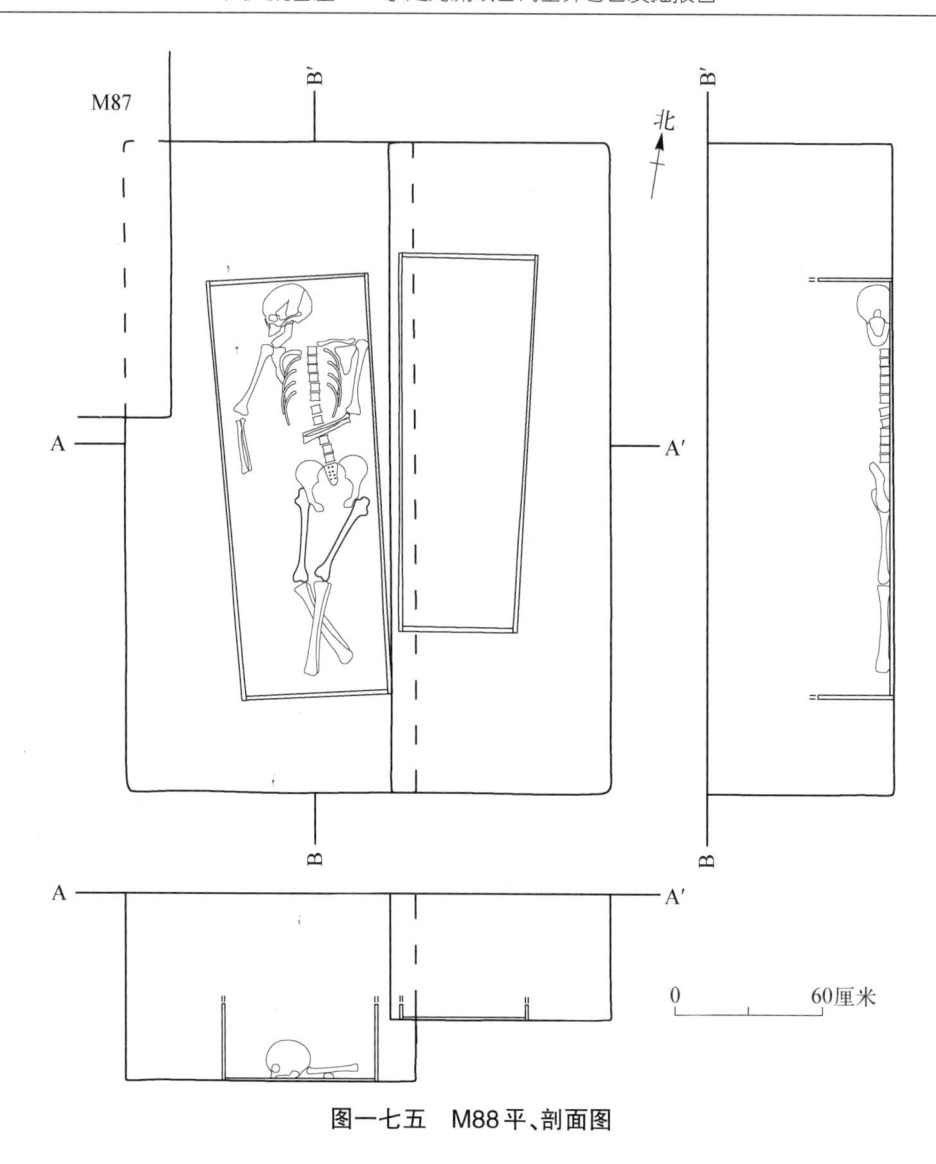

第二十九节　M89

一、墓葬形制与结构

M89　东邻M90，长方形竖穴土圹双棺合葬墓，开口于②层下，方向0°，墓口距地表0.9米，墓圹长2.73米，宽1.81米，墓底距墓口1～1.2米。墓室四壁较整齐，内填花土，土质疏松。

墓底置双棺，棺木已朽。东棺打破西棺，两棺间距0.04～0.1米，东棺高于西棺0.2米。东棺长1.82米，宽0.44～0.62米，残高0.2米，棺痕厚0.02米。棺内墓主人为男性，骨架保存较差，长1.54米，头向北，面向西，仰身直肢葬。西棺长1.86米，宽0.68米，残高0.4米，棺痕厚0.02米。棺内墓主人骨架保存较差，仅存下肢，头向、面向不明。该棺北部置一方形壁龛，进深0.2米，宽0.2米，高0.2米，墓底龛内放置一瓷罐（图一七六；彩版八二，1）。

图一七六 M89平、剖面图

1. 瓷罐 2. 铜钱 3. 釉陶罐

二、随葬品

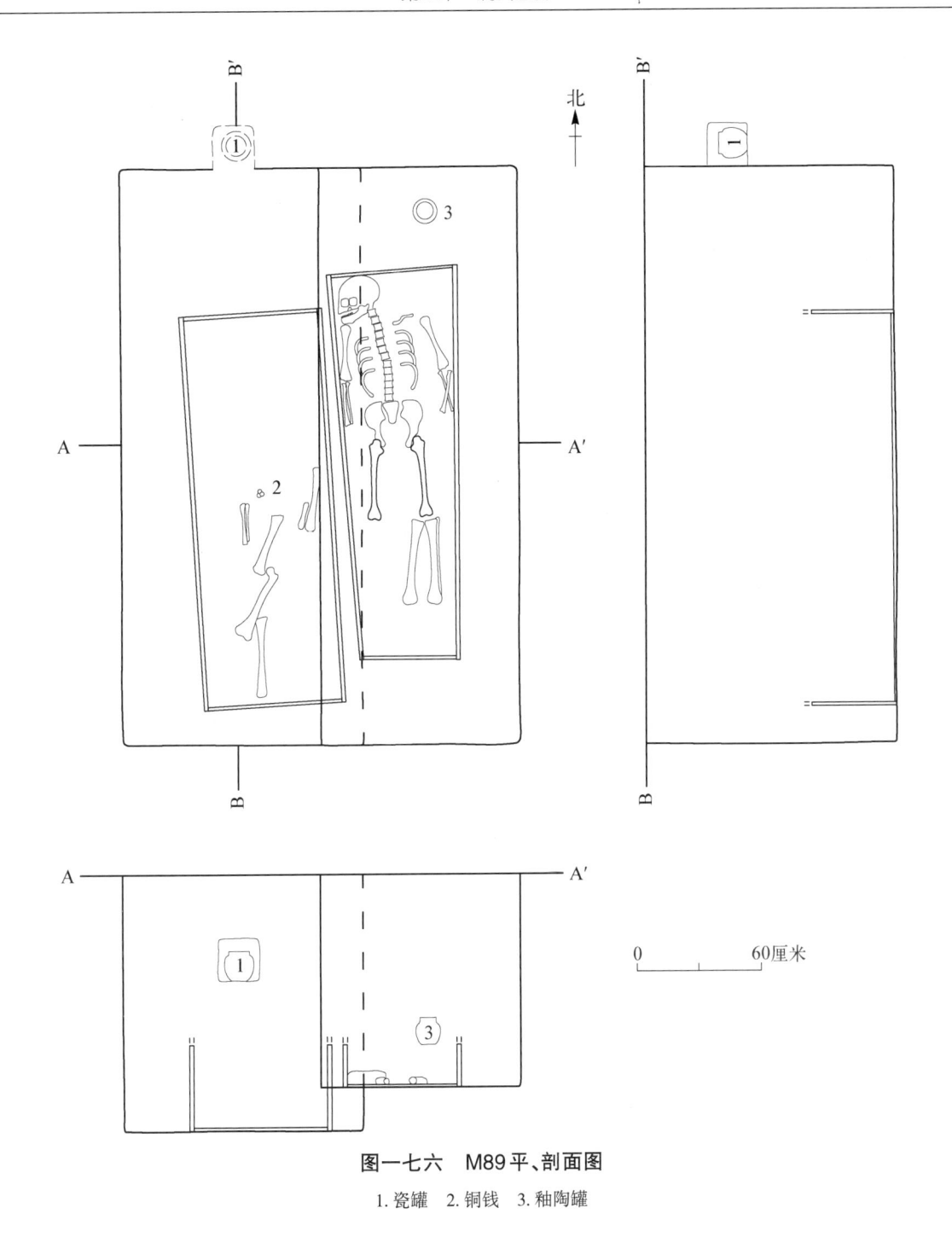

瓷罐 1件。M89：1，直口，圆唇，鼓腹，圈足，器身外壁施墨绿釉，口沿、近底处及圈足露胎。口径11.6、腹径15.8、底径9.4、高15厘米（图一七七，1；彩版八二，2）。

铜钱 5枚。

"顺治通宝"铜钱1枚。M89∶2-1，范铸，圆形方穿，正面铸有楷书"顺治通宝"四字，对读，背面铸有满文"宝泉"二字。钱径2.7、穿径0.6厘米（图一七八，1）。

"康熙通宝"铜钱4枚。M89∶2-2，范铸，圆形方穿，正面铸有楷书"顺治通宝"四字，对读，背面铸有满文"宝泉"二字。钱径2.7、穿径0.7厘米（图一七八，2）。

釉陶罐　1件。M89∶3，直口，圆唇，鼓腹，圈足，器身外壁施黄色酱釉。口径10.5、腹径11.3、底径7.9、高12.4厘米（图一七七，2；彩版八二，3）。

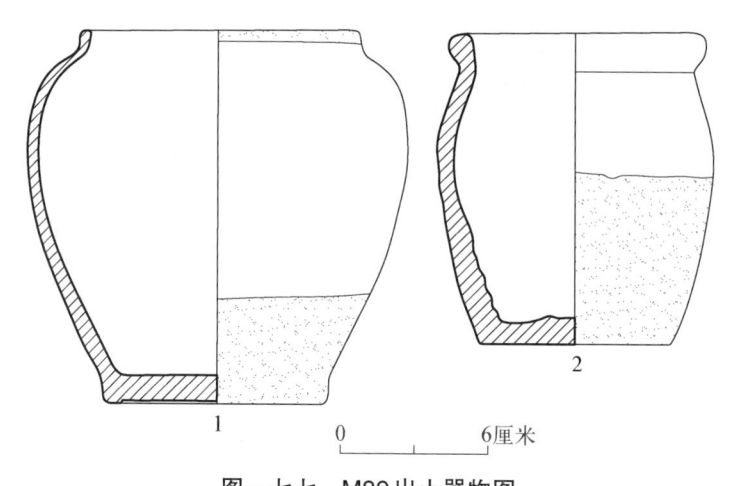

图一七七　M89出土器物图

1. 瓷罐（M89∶1）　2. 釉陶罐（M98∶3）

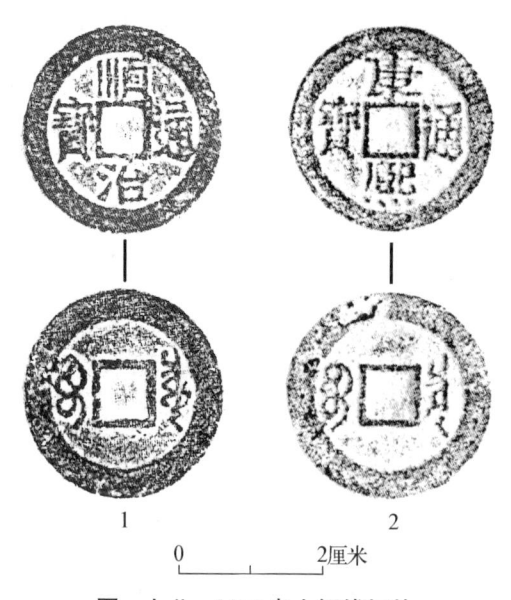

图一七八　M89出土铜钱拓片

1. 顺治通宝（M89∶2-1）　2. 康熙通宝（M89∶2-2）

第三十节 M91

一、墓葬形制与结构

M91 北邻M87,长方形竖穴土圹单棺墓,开口于②层下,方向355°,墓口距地表0.9米,墓圹长3.26米,宽1.48米,深1.15米。墓室四壁较整齐,内填花土,土质疏松。墓底置单棺,棺木已朽。棺长1.94米,宽0.42~0.48米,残高0.46米,棺痕厚0.04米。棺内墓主人为男性,骨架保存较完整,长1.57米,头向北,面向下(图一七九;彩版八三,1)。

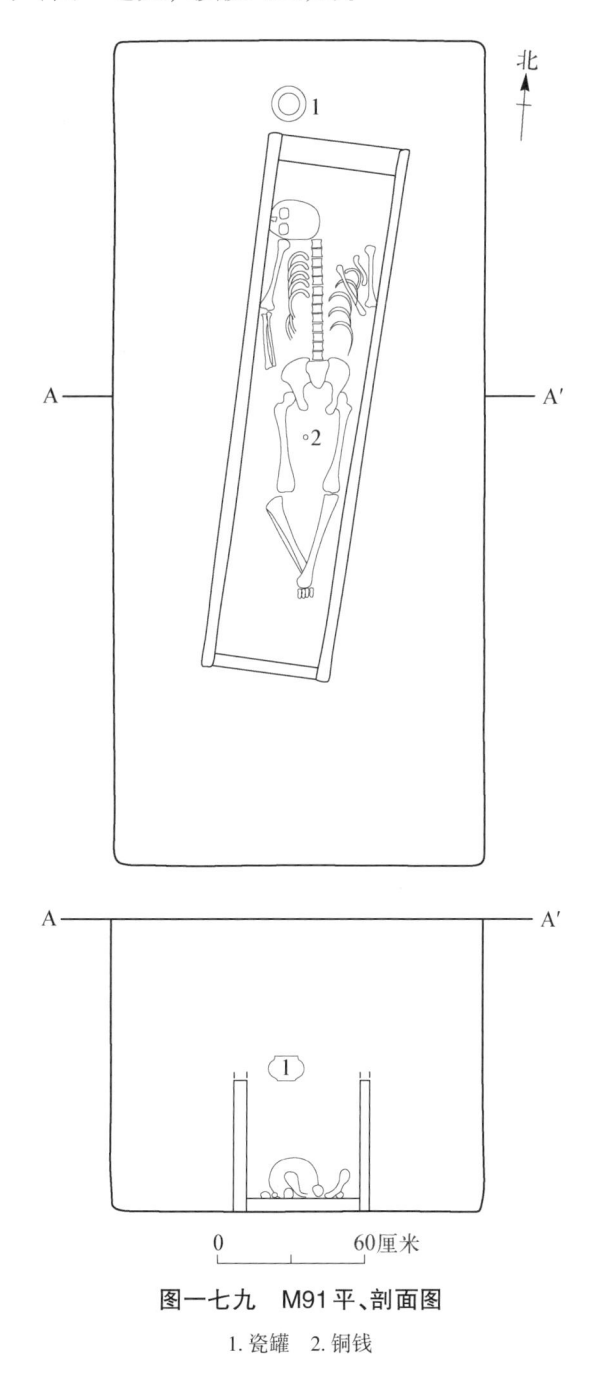

图一七九 M91平、剖面图
1. 瓷罐 2. 铜钱

二、随葬品

瓷罐 1件。M91：1，直口，圆唇，鼓腹，圈足，器身外壁施黑釉，近底处及圈足露胎。口径9.2、腹径12.8、底径8、高8.4厘米（图一八〇；彩版八三，2）。

铜钱 1枚。M91：2，范铸，圆形方穿，正面铸有楷书"康熙通宝"四字，对读，背面铸有满文"宝泉"二字。钱径2.6、穿径0.6厘米（图一八一）。

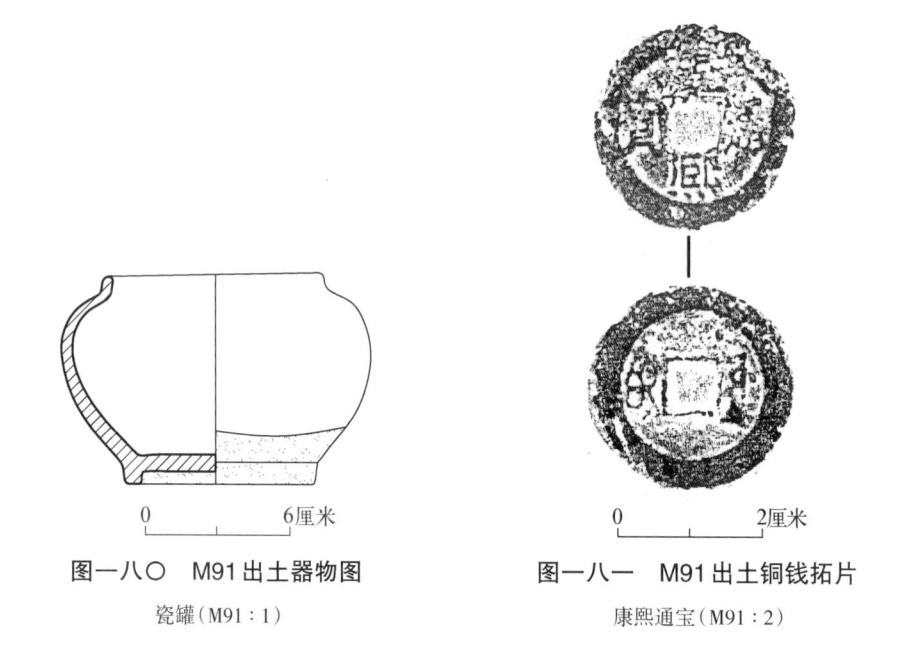

图一八〇　M91出土器物图
瓷罐（M91：1）

图一八一　M91出土铜钱拓片
康熙通宝（M91：2）

第三十一节　M97

一、墓葬形制与结构

M97 北邻M95，长方形竖穴土圹双棺合葬墓，开口于②层下，方向25°，墓口距地表0.9米，墓圹长2.6～2.64米，宽1.74～1.8米，墓底距墓口0.6～0.9米。墓室四壁较整齐，内填花土，土质疏松。墓底置双棺，棺木已朽。两棺间距0.08米，东棺打破西棺。东棺长1.08米，宽0.42～0.52米，残高0.05米，棺痕厚0.02米。棺内墓主人为男性，骨架保存较差，残长0.8米，头向北，面向上，系迁葬。西棺长1.78米，宽0.44～0.54米，残高0.35米，棺痕厚0.02米。棺内墓主人为女性，骨架保存较差，残长1.2米，头向北，面向上，仰身直肢葬（图一八二；彩版八四，1）。

二、随葬品

陶罐 1件。M97：1，泥质灰陶，轮制，敞口，圆唇，鼓腹，平底，肩部饰对称双系。口径12.4、腹径15.6、底径8.6、高15.2厘米（图一八三；彩版八四，2）。

铜钱 5枚。

图一八二　M97平、剖面图

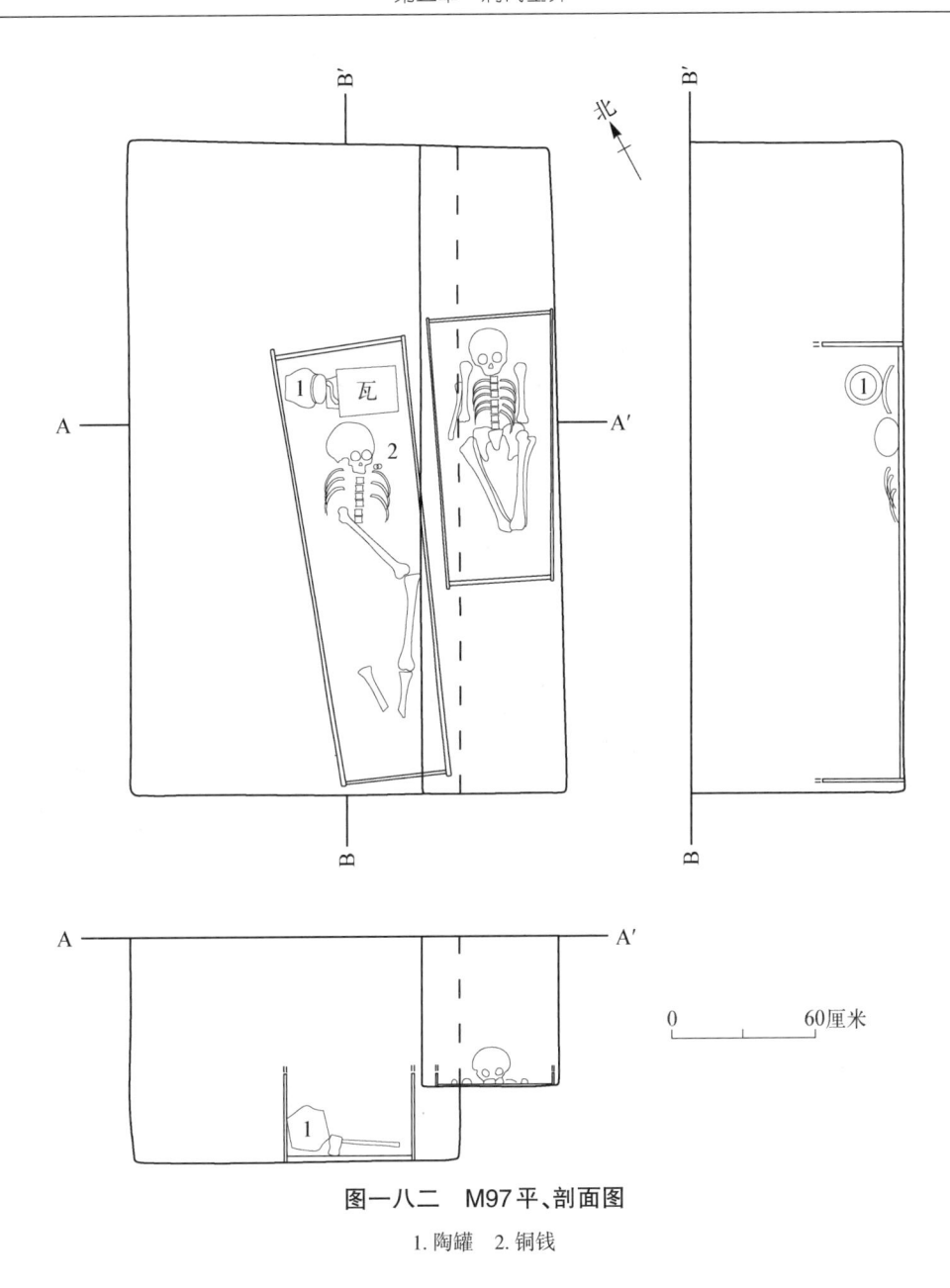

1. 陶罐　2. 铜钱

"治平元宝"铜钱1枚。M97：2-1，范铸，圆形方穿，正面铸有楷书"治平元宝"四字，旋读。钱径2.3、穿径0.6厘米（图一八四，1）。

"康熙通宝"铜钱1枚。M97：2-2，范铸，圆形方穿，正面铸有楷书"康熙通宝"四字，对读，背面铸有满文"宝泉"二字。钱径2.2、穿径0.5厘米（图一八四，2）。

"乾隆通宝"铜钱1枚。M97：2-3，范铸，圆形方穿，正面铸有楷书"乾隆通宝"四字，对读，背面铸有满文"宝泉"二字。钱径2.3、穿径0.5厘米（图一八四，3）。

"元祐通宝"铜钱1枚。M97：2-4，范铸，圆形方穿，正面铸有篆"元祐通宝"四字，旋读。钱径2.3、穿径0.6厘米（图一八四，4）。

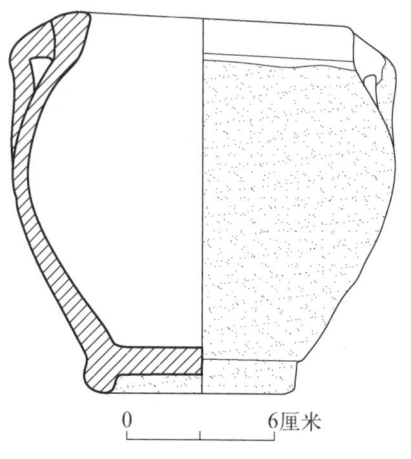

图一八三　M97出土器物图

陶罐（M97：1）

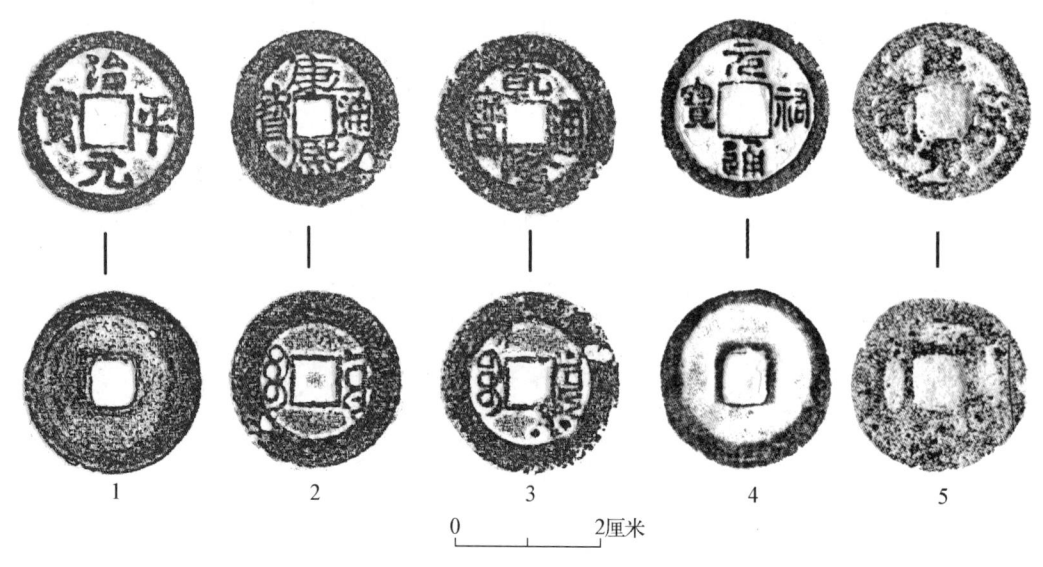

图一八四　M97出土铜钱拓片

1. 治平元宝（M97：2-3）　2. 康熙通宝（M97：2-1）　3. 乾隆通宝（M97：2-2）　4. 元祐通宝（M97：2-4）　5. 熙宁元宝（M97：2-5）

"熙宁元宝"铜钱1枚。M97：2-5，范铸，圆形方穿，正面铸有楷书"熙宁元宝"四字，旋读。钱径2.4、穿径0.6厘米（图一八四，5）。

第三十二节　M98

一、墓葬形制与结构

M98　西邻M18，被M18打破。长方形竖穴土圹双棺合葬墓，开口于②层下，方向0°，墓口距地表0.9米，墓圹长2.64~3.06米，宽1.82~2.06米，深1~1.04米。墓室四壁较整齐，内填花土，土质疏松。墓底置双棺，棺木已朽，西棺打破东棺，两棺间距0.08～0.1米。东棺长1.9米，宽0.42～0.5米，残高0.14米，棺痕厚0.02米。棺内仅残存墓主人部分肢骨，初步判断其为搬迁墓。西棺长1.8米，宽0.48～0.62米，残高0.1米，棺痕厚0.02米。棺内未发现墓主人骨架，初步判断其为搬迁墓（图一八五；彩版八五，1）。

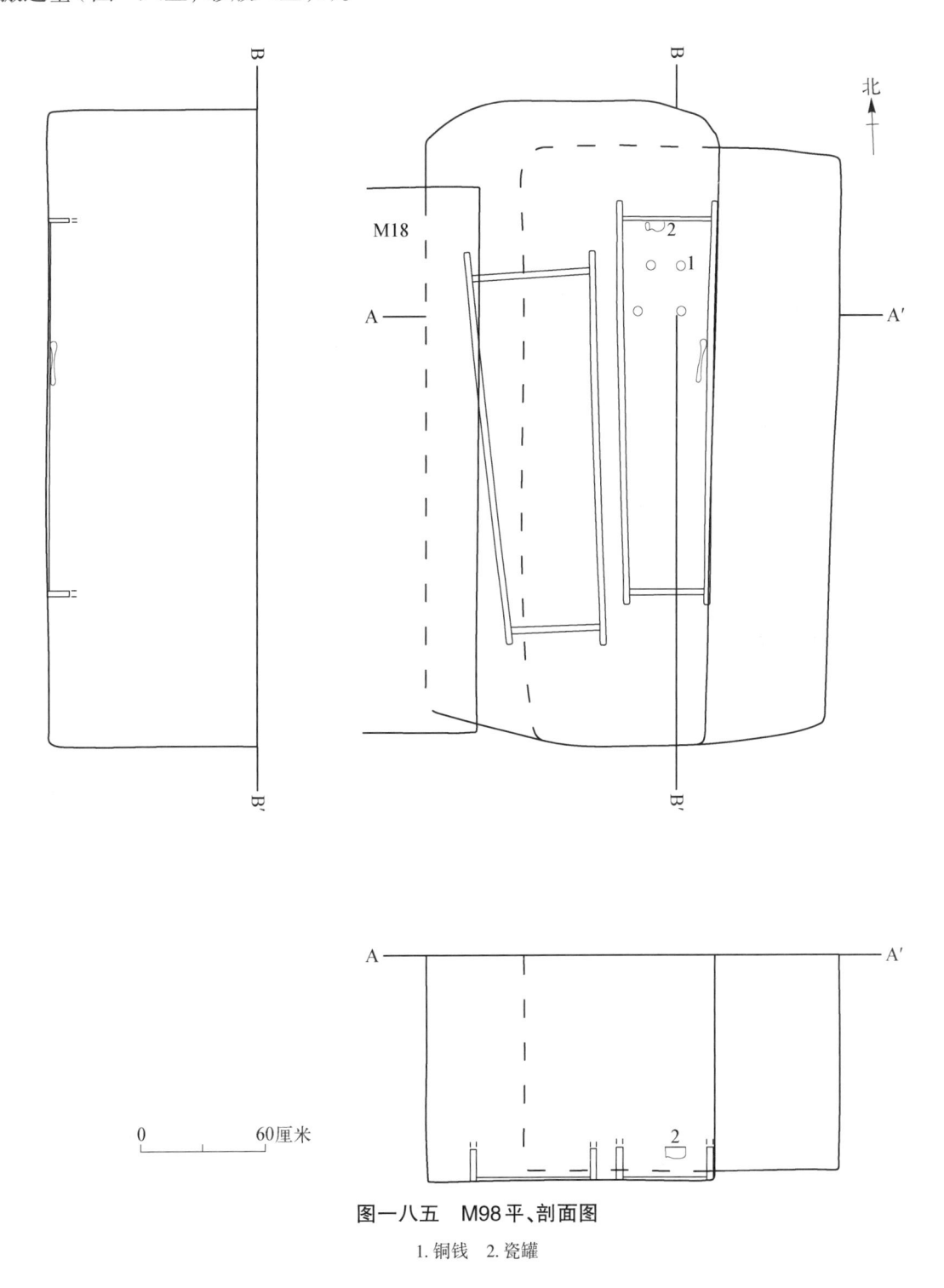

图一八五　M98平、剖面图

1. 铜钱　2. 瓷罐

二、随葬品

铜钱 3枚。

"万历通宝"铜钱1枚。M98：1-1，范铸，圆形方穿，正面铸有楷书"万历通宝"四字，对读。钱径2.5、穿径0.6厘米（图一八六，1）。

"顺治通宝"铜钱2枚。标本M98：1-2，范铸，圆形方穿，正面铸有楷书"顺治通宝"四字，对读。背面铸有"工"字。钱径2.5、穿径0.6厘米（图一八六，2）。

瓷罐 1件。M98：2，直口，圆唇，鼓腹，圈足，器身外壁施黑釉，口部、近底处及圈足露胎。口径8、腹径10.4、底径6、高10.6厘米（图一八七；彩版八五，2）。

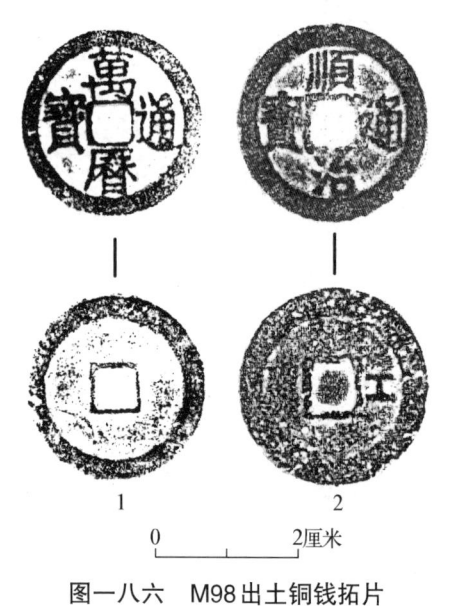

图一八六　M98出土铜钱拓片
1. 万历通宝（M98：1-1）　2. 顺治通宝（M98：1-2）

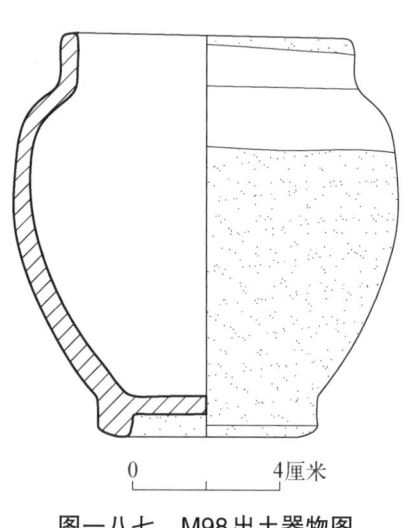

图一八七　M98出土器物图
瓷罐（M98：2）

第三十三节　M99

一、墓葬形制与结构

M99 东邻M18，长方形竖穴土圹双棺合葬墓，开口于②层下，方向15°，墓口距地表0.9米，墓圹长2.72～2.87米，宽1.92～2.14米，深0.6～0.94米。墓室四壁较整齐，内填花土，土质疏松。墓底置双棺，棺木已朽。西棺打破东棺，两棺间距0.16～0.4米。东棺长2.08米，宽0.56米，残高0.56米，棺痕厚0.02米。棺内墓主人为男性，骨架保存较差，长1.4米，头向北，面向西，侧身屈肢葬。西棺长2米，宽0.64～0.68米，残高0.2米，棺痕厚0.02米。棺内墓主人为女性，骨架保存较差，长1.3米，头向北，面向下，仰身直肢葬（图一八八；彩版八六，1）。

图一八八　M99平、剖面图

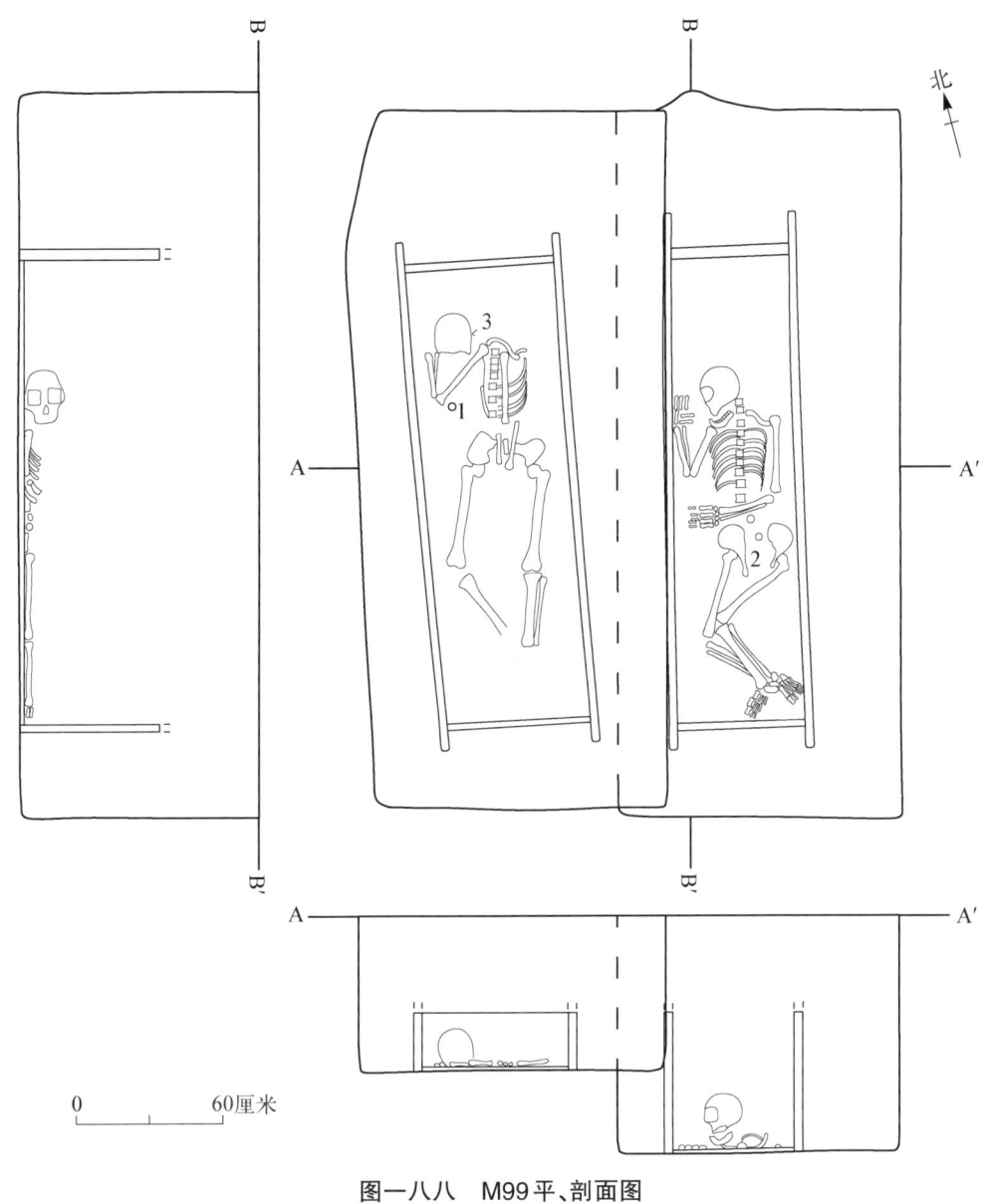

1、2. 铜钱　3. 银耳环

二、随葬品

铜钱　12枚。

"雍正通宝"铜钱2枚。M99:1-1，范铸，圆形方穿，正面铸有楷书"雍正通宝"四字，对读。背面铸有满文"宝泉"二字，钱径，穿径厘米（图一八九，2）。

M99:2，范铸，圆形方穿，正面铸有楷书"雍正通宝"四字，对读。背面铸有满文"宝泉"二字，钱径，穿径厘米（图一八九，3）。

"康熙通宝"铜钱10枚。标本M99:1-2，范铸，圆形方穿，正面铸有楷书"康熙通宝"四字，对读。背面铸有满文"宝泉"二字。钱径2.4、穿径0.5厘米（图一八九，1）。

银耳环 1件。M99：3，银质，鱼钩状，环首成蘑菇头状。直径2.5厘米（图一九〇；彩版八六，2）。

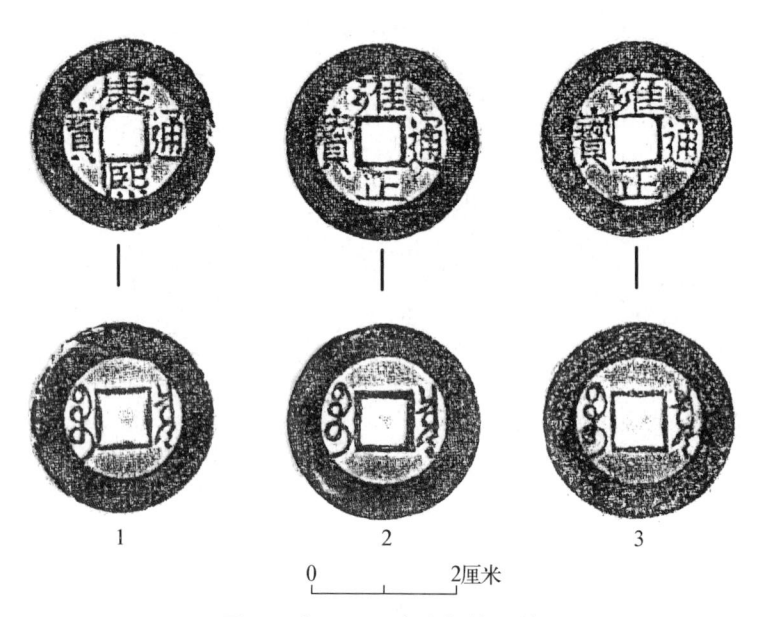

图一八九 M99出土铜钱拓片

1. 康熙通宝（M99：1-2） 2、3. 雍正通宝（M99：1-1、M99：2）

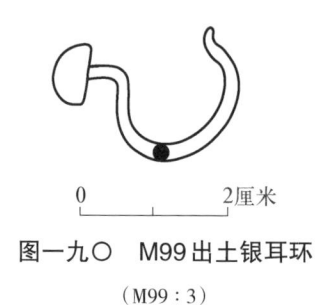

图一九〇 M99出土银耳环

（M99：3）

第四章 时代不明墓葬

第一节 M6

一、墓葬形制与结构

M6 北邻M7，长方形竖穴土圹双棺合葬墓，开口于①层下，方向5°，墓口距地表0.4米，墓圹长1.97～2.33米，宽1.48～1.68米，深0.6米。墓室四壁较整齐，内填花土，土质疏松。墓底置双棺，棺木已朽，东棺打破西棺，两棺间距0.04～0.06米，东棺高出西棺0.2米。东棺长1.84米，宽0.56～0.62米，残高0.18米，棺痕厚0.02米。棺内墓主人为女性，骨架保存一般，长1.52米，头向北，面向南，仰身直肢葬。骨架下铺有青灰，厚约0.01米。西棺长2.02米，宽0.48～0.56米，残高0.16米，棺痕厚0.02米。棺内墓主人为男性，骨架保存较完整，长1.78米，头向北，面向东，仰身直肢葬。骨架下铺有青灰，厚约0.01米（图一九一；彩版八七，1）。

二、随葬品

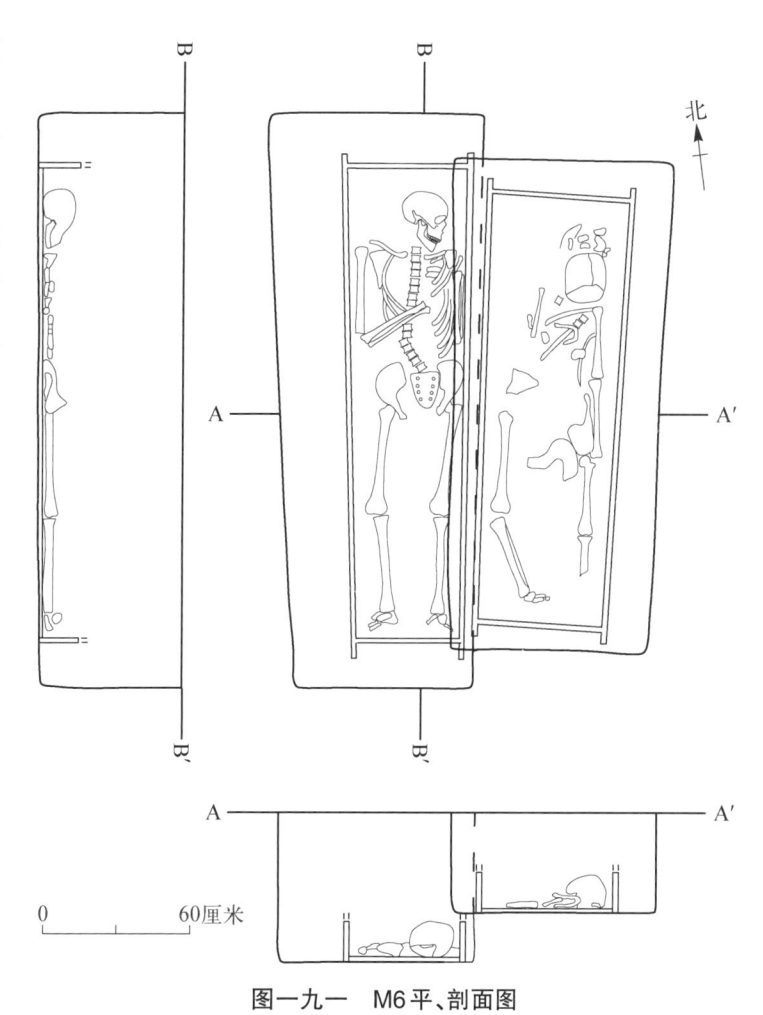

该墓未出土随葬品。

图一九一　M6平、剖面图

第二节 M8

一、墓葬形制与结构

M8 北邻M11，被M32打破。长方形竖穴土圹双棺合葬墓，开口于②层下，方向350°，墓口距地表0.9米，墓圹长2.42～2.74米，宽1.76～1.86米，深0.24～0.62米。墓室四壁较整齐，内填花土，土质疏松。墓底置双棺，棺木已朽，东棺打破西棺，两棺间距0.18～0.2米，东棺高出西棺0.38米。东棺长1.92米，宽0.44～0.56米，残高0.14米。棺内墓主人为女性，骨架保存一般，长1.34米，头向北，面向东，仰身直肢葬。西棺长1.94米，宽0.44米，残高0.26米，棺痕厚0.02米。棺内墓主人为男性，骨架保存较差，长1.61米，头向北，面向、葬式不详（图一九二；彩版八七，2）。

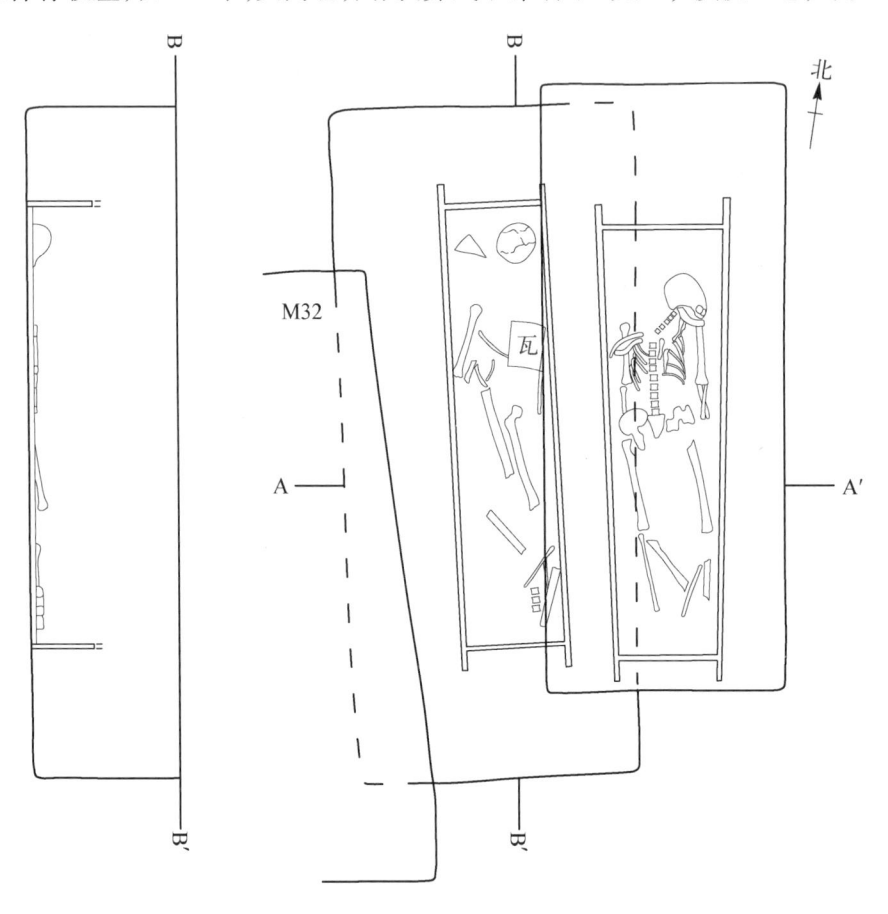

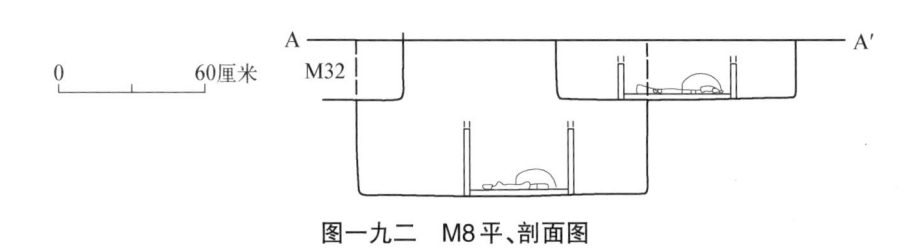

图一九二 M8平、剖面图

二、随葬品

该墓无随葬品出土。

第三节　M11

一、墓葬形制与结构

M11　西邻M13，长方形竖穴土圹双棺合葬墓，开口于②层下，方向355°，墓口距地表0.9米，墓圹长2.52～3.06米，宽2～2.2米，深0.84～0.88米。墓室四壁较整齐，内填花土，土质疏松。墓底置双棺，棺木已朽，东棺打破西棺，两棺间距0.08米。东棺长1.96米，宽0.56～0.62米，残高0.38米，棺痕厚0.02米。棺内墓主人为女性，骨架保存较差，长1.38米，头向北，面向东，葬式不详。骨架下铺有青灰，厚约0.02米。西棺长2.02米，宽0.6～0.66米，残高0.34米，棺痕厚0.02米。棺内墓主人为男性，骨架保存一般，长1.7米，头向北，面向东，侧身屈肢葬。骨架下铺有青灰，厚约0.02米（图一九三；彩版八八，1）。

二、随葬品

该墓未出土随葬品。

第四节　M16

一、墓葬形制与结构

M16　西邻M17，长方形竖穴土圹单棺墓，开口于②层下，方向355°，墓口距地表0.9米，墓圹长2.43米，宽0.96米，深0.78米。墓室四壁较整齐，内填花土，土质疏松。墓底置单棺，棺木已朽。棺长1.98米，宽0.4～0.5米，残高0.4米，棺痕厚0.02米。棺内墓主人为男性，骨架保存较完整，长1.68米，头向北，面向西，仰身直肢葬。骨架下铺有青灰，厚约0.01米（图一九四；彩版八八，2）。

二、随葬品

该墓未出土随葬品。

第五节　M20

一、墓葬形制与结构

M20　南邻M22，长方形竖穴土圹双棺合葬墓，开口于②层下，方向10°，墓口距地表0.9米，墓圹长2.68～2.72米，宽1.6～1.84米，深0.36～0.82米。墓室四壁较整齐，内填花土，土质疏松。墓底置双棺，棺木已朽，西棺打破东棺，两棺间距0.08～0.12米，西棺高出东棺0.46米。东棺长

图一九三　M11平、剖面图

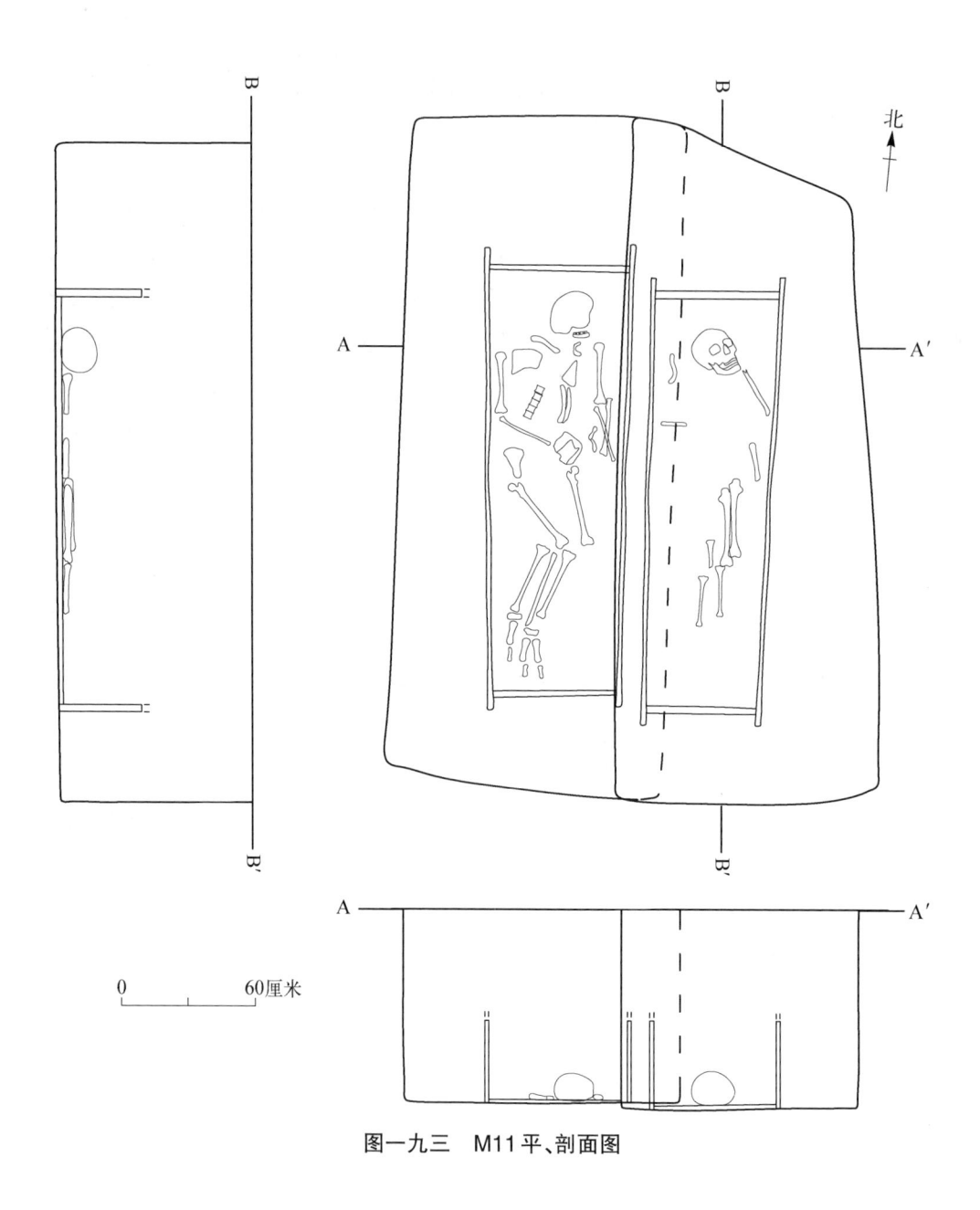

图一九四　M16平、剖面图

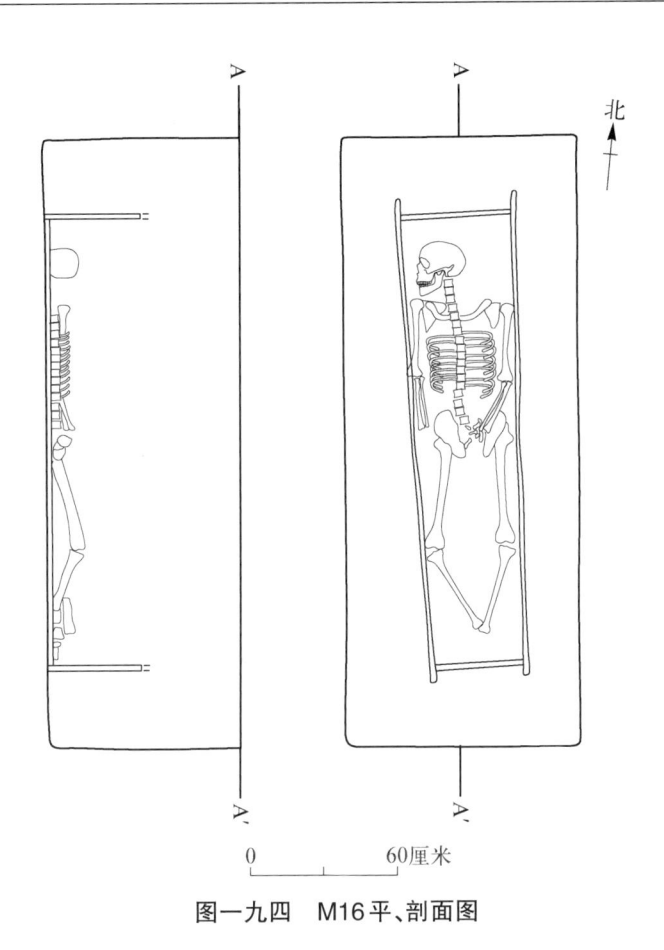

1.86米，宽0.54~0.6米，残高0.62米，棺痕厚0.02米。棺内墓主人为男性，骨架保存较差，长1.52米，头向北，面向西，仰身直肢葬。骨架下铺有青灰，厚约0.01米。西棺长1.86米，宽0.42~0.58米，残高0.16米，棺痕厚0.02米。棺内墓主人为女性，骨架保存较差，长1.46米，头向北，面向南，仰身屈肢葬。骨架下铺有青灰，厚约0.01米（图一九五；彩版八九，1）。

二、随葬品

该墓未出土随葬品。

第六节　M21

一、墓葬形制与结构

M21　西邻M20，长方形竖穴土圹单棺墓，开口于②层下，方向10°，墓口距地表0.9米，墓圹长2.26~2.3米，宽0.88~0.94米，深0.9米。墓室四壁较整齐，内填花土，土质疏松。墓底置单棺，棺木已朽。棺长1.94米，宽0.74米，残高0.2米，棺痕厚0.02米。棺内墓主人为男性，骨架保存较差，长1.66米，头向北，面向西，仰身直肢葬（图一九六；彩版八九，2）。

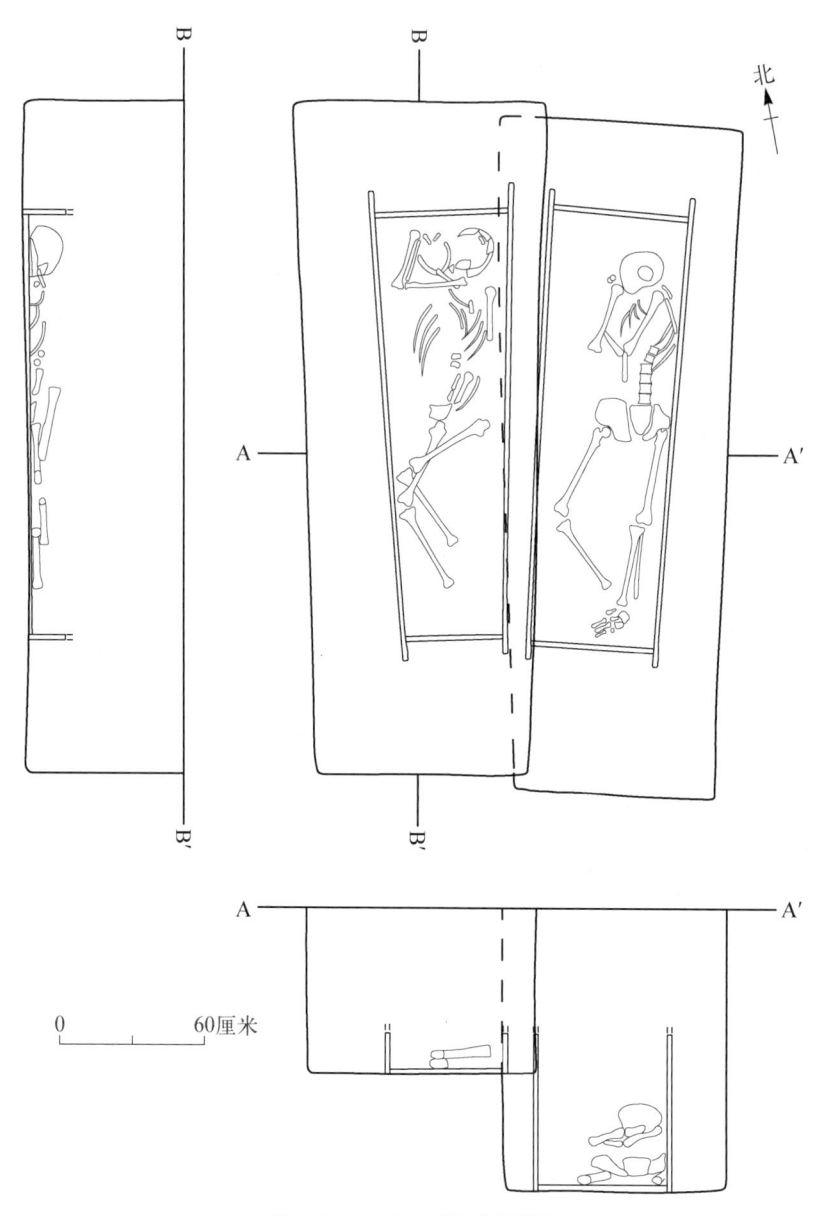

图一九五　M20平、剖面图

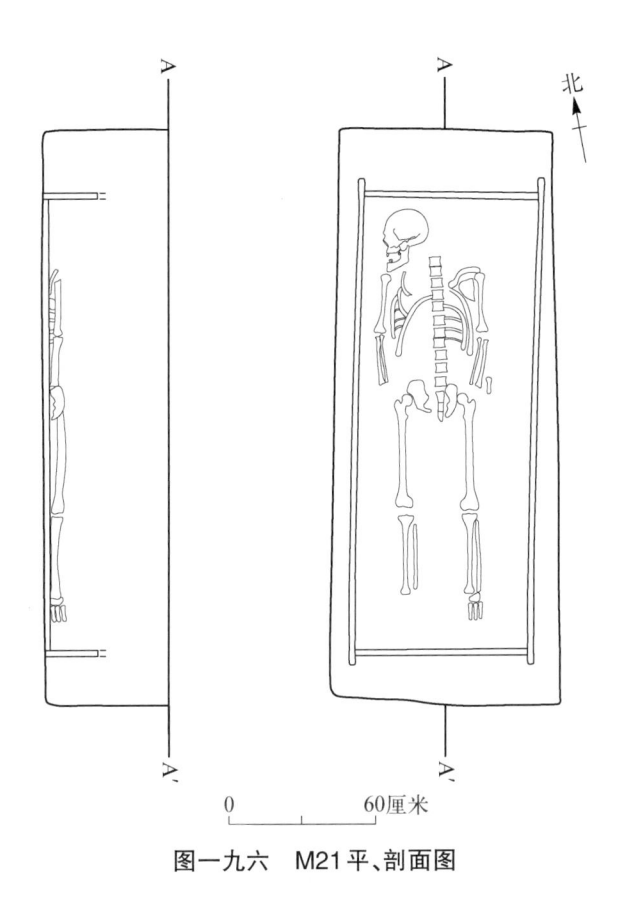

第四章　时代不明墓葬

图一九六　M21平、剖面图

二、随葬品

该墓未出土随葬品。

第七节　M23

一、墓葬形制与结构

M23　南邻M21，长方形竖穴土圹单棺墓，开口于②层下，方向10°，墓口距地表0.9米，墓圹长2.84米，宽1.72米，深0.9米。墓室四壁较整齐，内填花土，土质疏松。墓底置单棺，棺木已朽。棺长2米，宽0.62～0.7米，残高0.38米，棺痕厚0.04米。棺内墓主人为男性，骨架保存较差，长1.6米，头向北，面向东，仰身直肢葬（图一九七；彩版九〇，1）。

二、随葬品

该墓未出土随葬品。

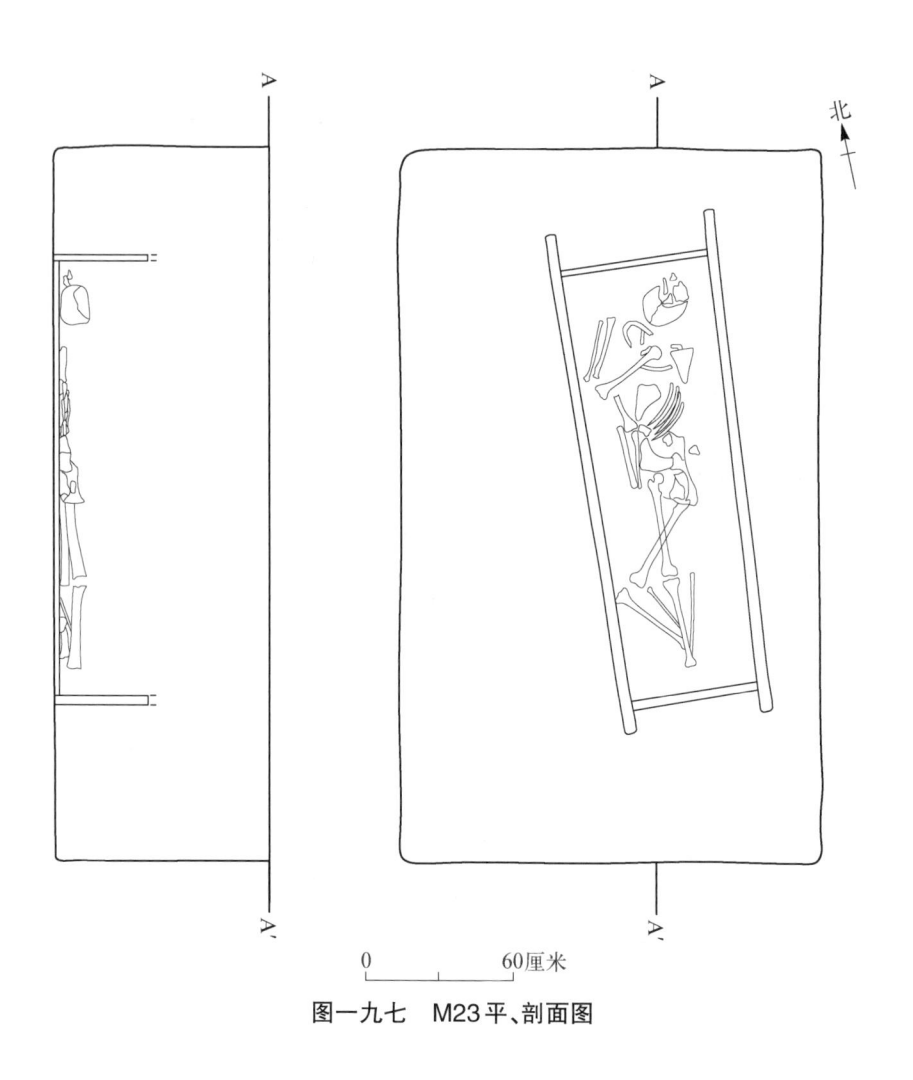

图一九七　M23平、剖面图

第八节　M28

一、墓葬形制与结构

M28　西邻M29,长方形竖穴土圹单棺墓,开口于①层下。方向355°,墓口距地表0.4米,墓圹长2.44米,宽1.02米,深0.4米。墓室四壁较整齐,内填花土,土质疏松。墓底置单棺,棺木已朽。棺长2.06米,宽0.44~0.58米,残高0.24米,棺痕厚0.02米。棺内墓主人为女性,骨架保存较完整,长1.62米,头向北,面向上,仰身直肢葬(图一九八;彩版九〇,2)。

二、随葬品

该墓未出土随葬品。

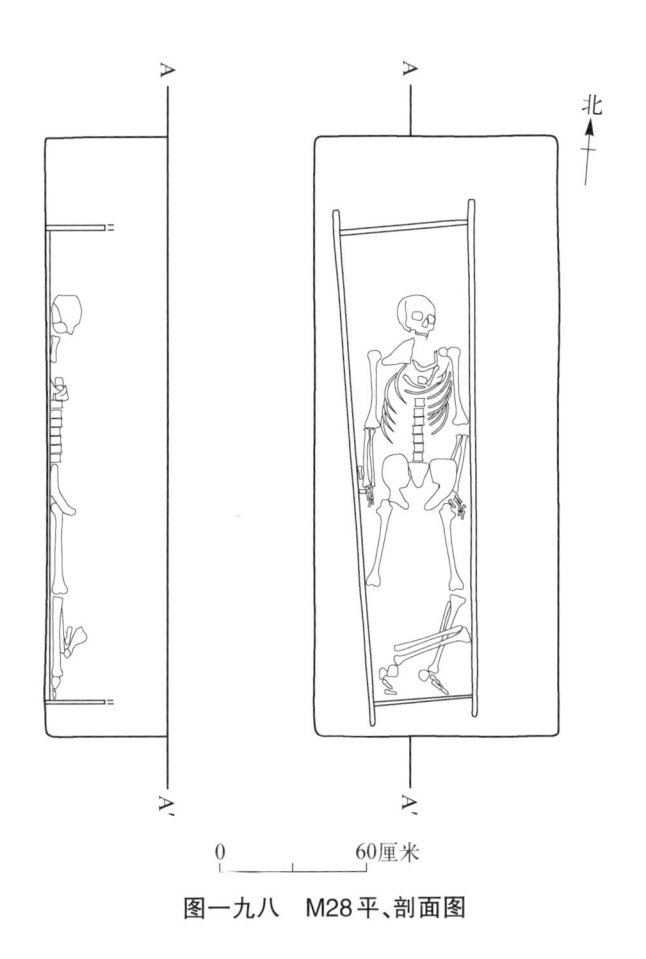

图一九八　M28平、剖面图

第九节　M29

一、墓葬形制与结构

M29　长方形竖穴土圹单棺墓,开口于①层下,方向357°,墓口距地表0.4米,墓圹长2.34米,宽0.64~0.76米,深0.38米。墓室四壁较整齐,内填花土,土质疏松。墓底置单棺,棺木已朽。棺长1.86米,宽0.42~0.66米,残高0.12米。棺内墓主人为女性,骨架保存较完整,头向北,面向西,仰身直肢葬(图一九九;彩版九一,1)。

二、随葬品

该墓未出土随葬品。

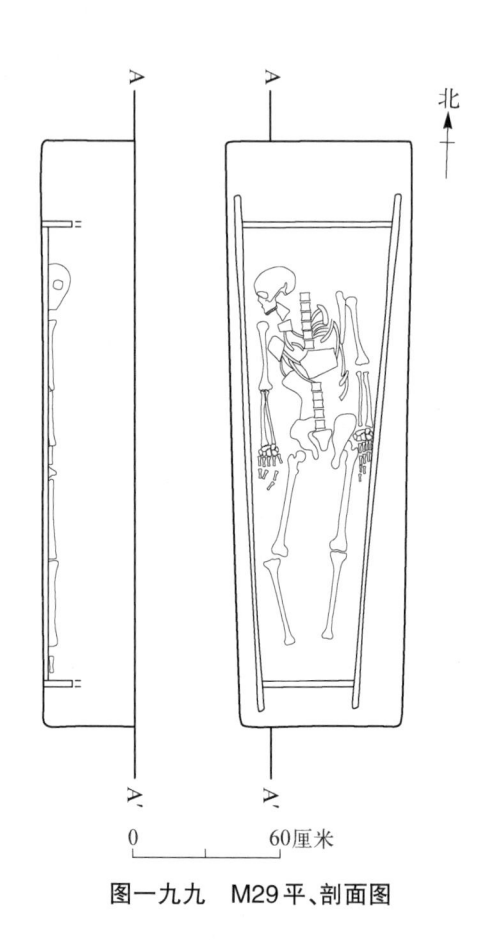

图一九九　M29 平、剖面图

第十节　M31

一、墓葬形制与结构

M31　东邻 M12,被 M12 打破。长方形竖穴土圹单棺墓,开口于②层下,方向2°,墓口距地表0.9米,墓圹长2.95米,宽1.34~1.54米,深1.32米,墓室四壁较整齐,内填花土,土质疏松。墓底置单棺,棺木已朽。棺长1.9米,宽0.5~0.57米,残高0.4米,棺痕厚0.02米。棺内墓主人为男性,骨架保存较差,长1.62米,头向北,面向南,葬式不详(图二〇〇;彩版九一,2)。

二、随葬品

该墓未出土随葬品。

第四章 时代不明墓葬

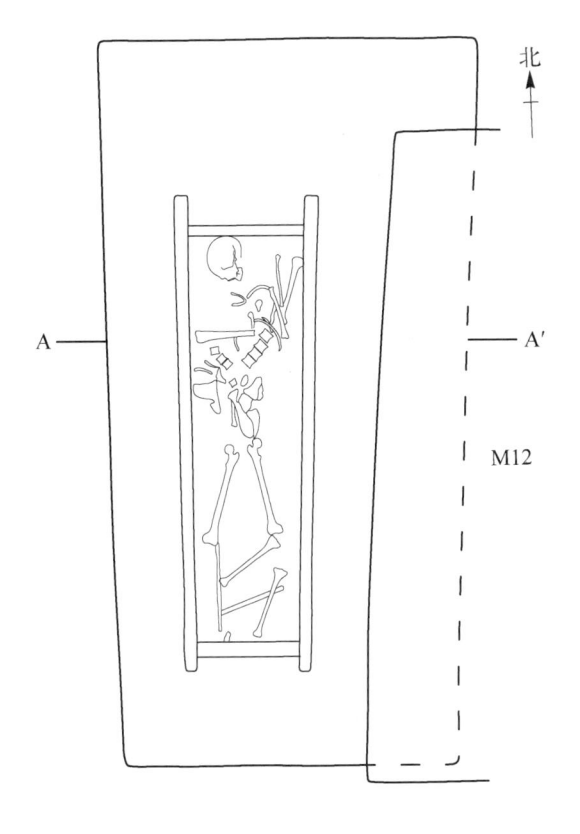

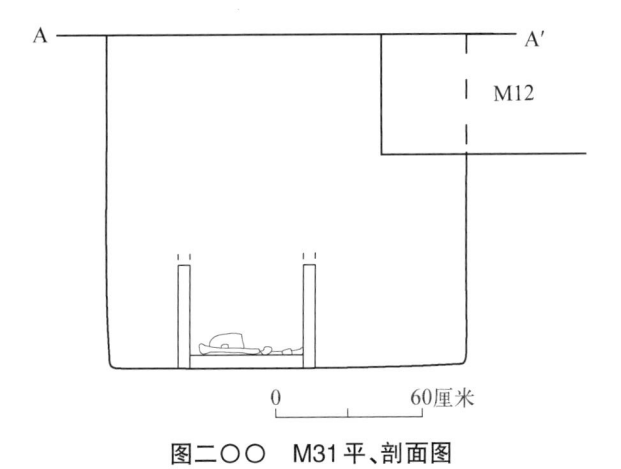

图二〇〇 M31平、剖面图

第十一节　M46

一、墓葬形制与结构

M46　东邻M47，长方形竖穴土圹双棺合葬墓，开口于②层下，方向0°，墓口距地表0.9米，墓圹长2.43米，宽1.64～1.68米，深1米。墓室四壁较整齐，内填花土，土质疏松。墓底置双棺，棺木已朽。西棺打破东棺，两棺间隔0.26米。东棺长1.88米，宽0.46～0.56米，残高0.4米。棺内墓主人为男性，骨架保存较完整，长1.68米，头向北，面向东，仰身直肢葬。西棺长1.8米，宽0.48～0.62米，残高0.2米。棺内墓主人为女性，骨架保存较完整，长1.48米，头向北，面向西，仰身直肢葬（图二〇一；彩版九二，1）。

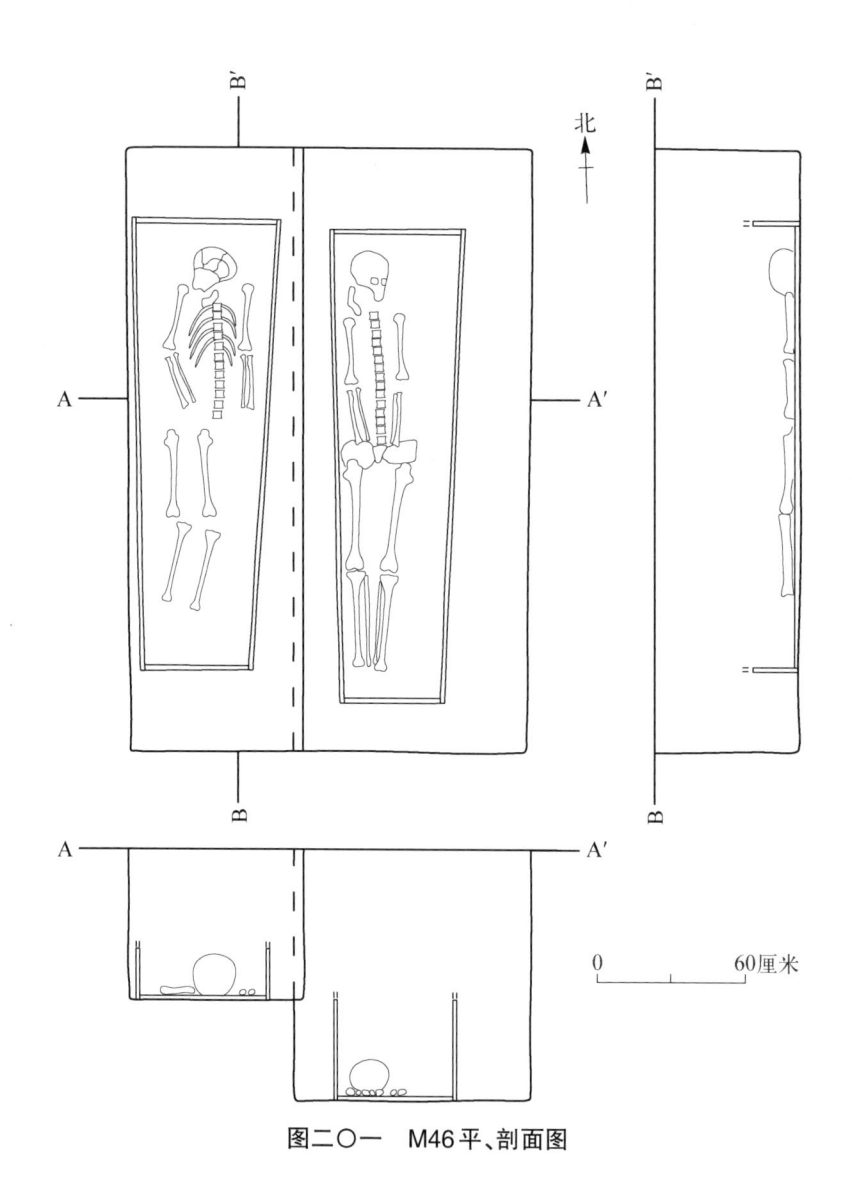

图二〇一　M46平、剖面图

二、随葬品

该墓未出土随葬品。

第十二节 M48

一、墓葬形制与结构

M48 西邻M47,长方形竖穴土圹单棺墓,开口于②层下,方向20°,墓口距地表0.9米,墓圹长2.35米,宽1.24~1.28米,深1米。墓室四壁较整齐,内填花土,土质疏松。墓底置单棺,棺木已朽。棺长1.82米,宽0.46~0.5米,残高0.3米。棺内墓主人为男性,骨架保存较差,长1.5米,头向北,面向下,葬式不明(图二○二;彩版九二,2)。

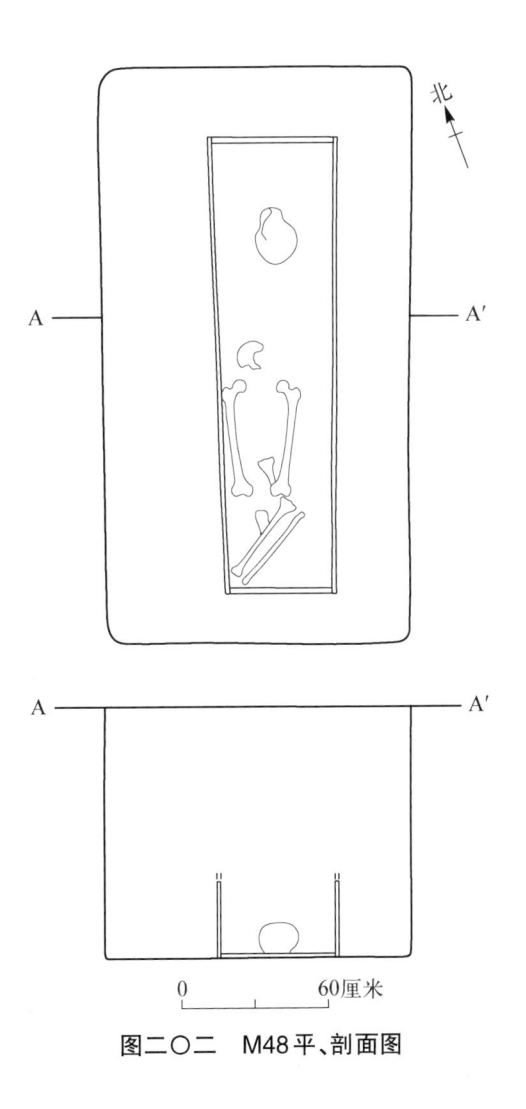

图二○二 M48平、剖面图

二、随葬品

该墓未出土随葬品。

第十三节 M53

一、墓葬形制与结构

M53 北邻M48,长方形竖穴土圹双棺合葬墓,开口于②层下,方向3°,墓口距地表0.9米,墓圹长2.82米,宽1.72米,深1.2~1.35米。墓室四壁较整齐,内填花土,土质疏松。墓底置双棺,西棺打破东棺,棺木已朽。两棺间隔0.28~0.4米。东棺长2.02米,宽0.34~0.46米,残高0.3米。棺内墓主人为男性,骨架保存较差,长1.42米,头向北,面向上,仰身直肢葬。西棺长2.07米,宽0.45~0.47米,残高0.15米。棺内墓主人为女性,骨架保存较差,长1.73米,头向北,面向上,仰身直肢葬(图二〇三;彩版九三,1)。

二、随葬品

该墓未出土随葬品。

第十四节 M55

一、墓葬形制与结构

M55 北邻M42,长方形竖穴土圹单棺墓,开口于②层下,方向0°,墓口距地表0.9米,墓圹长2.43米,宽0.92~1.02米,深0.9米。墓室四壁较整齐,内填花土,土质疏松。墓底置单棺,棺木已朽。棺长1.52米,宽0.28~0.48米,残高0.2米。棺内墓主人为男性,骨架保存较差,长1.04米,头向北,面向东,仰身直肢葬(图二〇四;彩版九三,2)。

二、随葬品

该墓未出土随葬品。

第十五节 M70

一、墓葬形制与结构

M70 西邻M69,不规则状竖穴土圹四棺合葬墓,开口于②层下,方向0°,墓口距地表0.9米,墓圹长2.48~3.21米,宽3~3.2米,深1.2~1.5米。墓室四壁较整齐,内填花土,土质疏松。墓底置四棺,自东向西依次编号A、B、C、D,棺木已朽。B棺打破A棺,C棺打破B棺,D棺打破C棺。1棺长1.89米,宽0.36~0.5米,残高0.4~0.45米,棺痕厚0.02米。棺内墓主人为女性,骨架

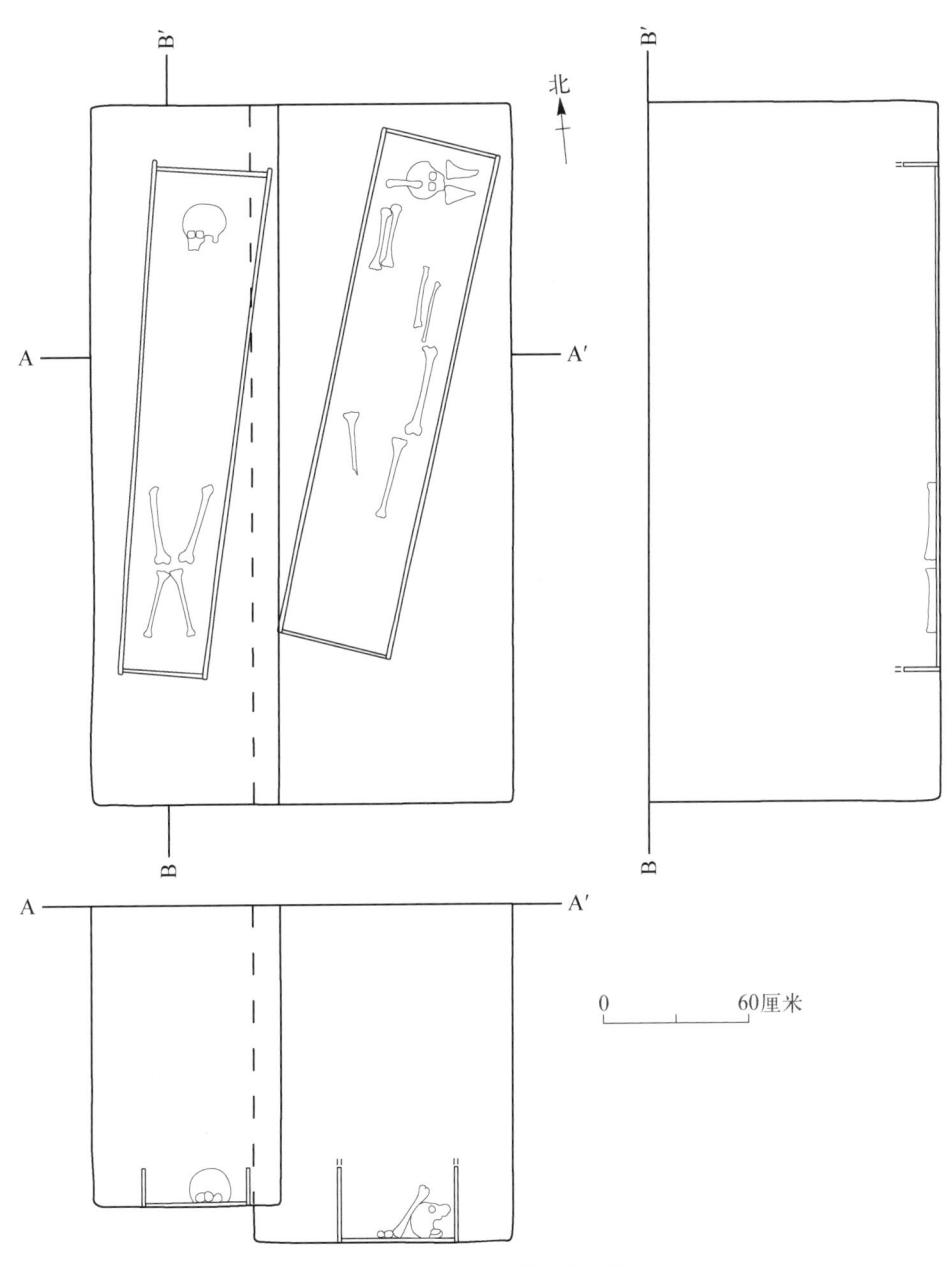

图二〇三 M53平、剖面图

图二〇四　M55平、剖面图

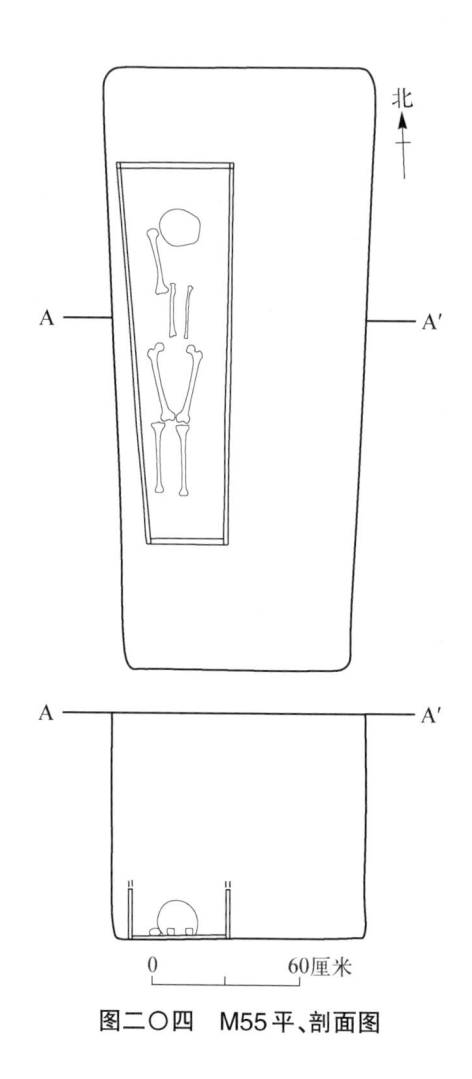

保存较差，长1.67米，头向北，面向北，仰身直肢葬。B棺长1.86米，宽0.4~0.5米，残高0.6~0.7米，棺痕厚0.02米。棺内墓主人为男性，骨架保存较差，长1.62米，头向北，面向下，仰身直肢葬。D棺长2.2米，宽0.4米，残高0.4米，棺痕厚0.01米。棺内墓主人为女性，骨架保存较差，长1.48米，头向北，面向下，仰身直肢葬。C棺长2.2米，宽0.38~0.45米，残高0.5米，棺痕厚0.01米。棺内墓主人为女性，骨架保存较完整，长1.48米，头向北，面向上，仰身直肢葬（图二〇五；彩版九四）。

二、随葬品

该墓未出土随葬品。

第四章　时代不明墓葬

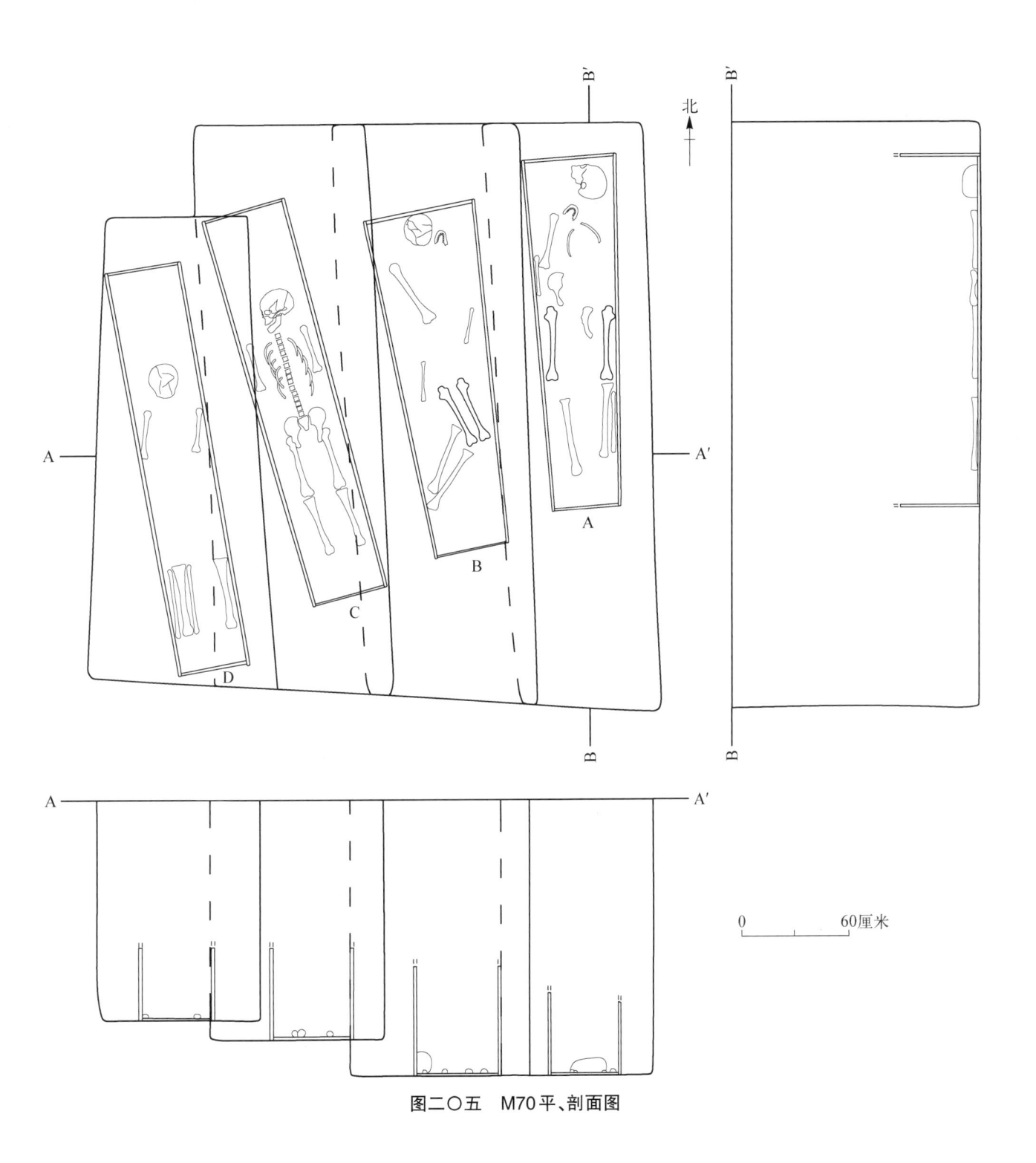

图二〇五　M70平、剖面图

第十六节 M72

一、墓葬形制与结构

M72 北邻M65，打破M65。长方形竖穴土圹双棺合葬墓，开口于②层下，方向350°，墓口距地表0.9米，墓圹长2.62米，宽2.11～2.32米，深0.65米。墓室四壁较整齐，内填花土，土质疏松。墓底置双棺，棺木已朽。东棺长1.76米，宽0.32～0.6米，残高0.15米，棺痕厚0.01米。棺内未发现墓主人骨架，应为搬迁墓。西棺长1.74米，宽0.42～0.54米，残高0.15米，棺痕厚0.01米。棺内未发现墓主人骨架，推测应为搬迁墓（图二〇六；彩版九五）。

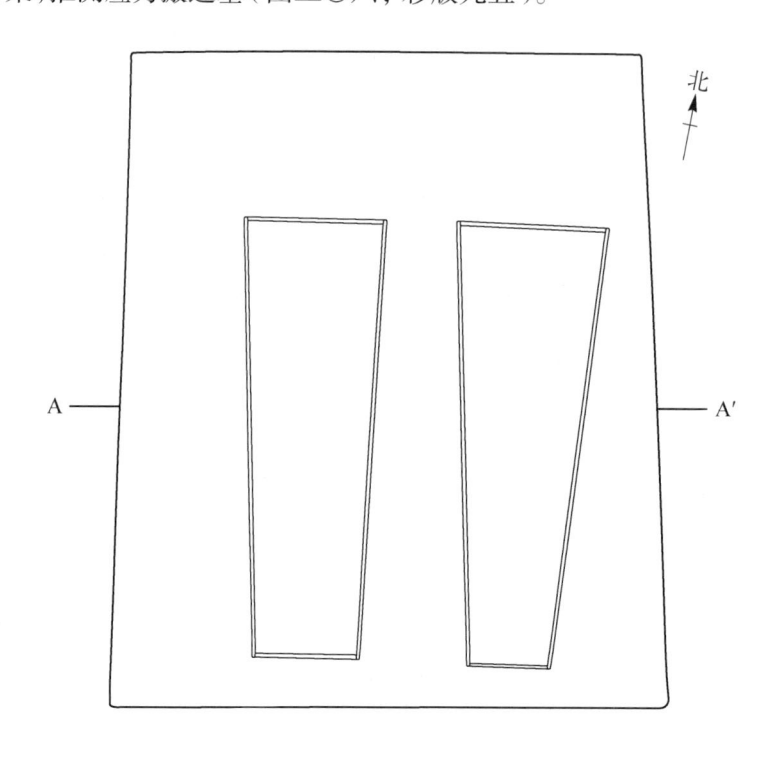

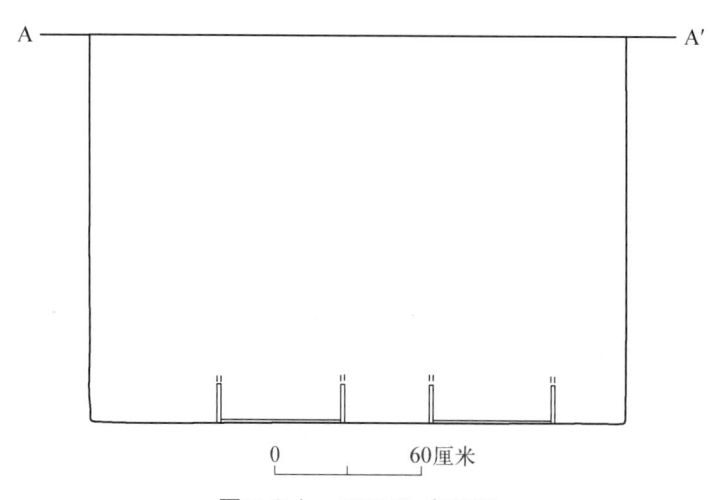

图二〇六 M72平、剖面图

二、随葬品

该墓未出土随葬品。

第十七节　M74

一、墓葬形制与结构

M74　北邻M3,被M3打破。长方形竖穴土圹单棺墓,开口于②层下,方向2°,墓口距地表0.9米,墓圹长1.68米,宽0.7~0.76米,深0.76米。墓室四壁较整齐,内填花土,土质疏松。墓底置单棺,棺木已朽。棺长1.2米,宽0.31~0.37米,残高0.24米,棺痕厚0.02米。棺内墓主人为男性,骨架保存较差,头向北,面向西,葬式不明(图二〇七;彩版九六,1)。

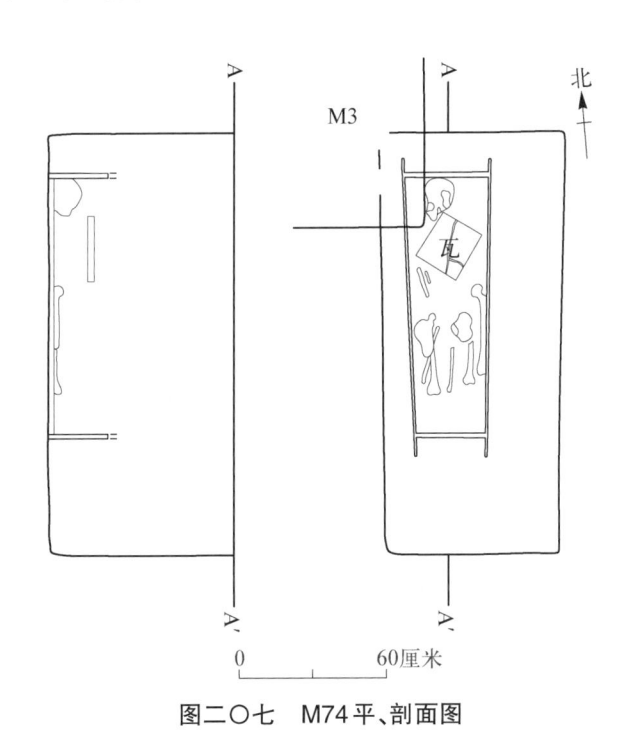

图二〇七　M74平、剖面图

二、随葬品

该墓未随葬品出土。

第十八节　M78

一、墓葬形制与结构

M78　东邻M79,长方形竖穴土圹双棺合葬墓,开口于②层下,方向5°,墓口距地表0.9米,墓圹长2.84米，宽2.36～2.56米，深1.2米。墓室四壁较整齐，内填花土，土质疏松。墓底置双棺，棺木已朽。两棺间距0.5米。东棺长1.88米，宽0.5～0.68米，残高0.4米，棺痕厚0.03～0.08米。棺内墓主人为男性，骨架保存较差，长1.64米，头向北，面向东，仰身直肢葬。西棺长1.74米，宽0.6～0.62米，残高0.4米，棺痕厚0.04米。棺内墓主人为女性，骨架保存较差，长1.32米，头向北，面向下，葬式不明（图二〇八；彩版九六，2）。

二、随葬品

该墓未出土随葬品。

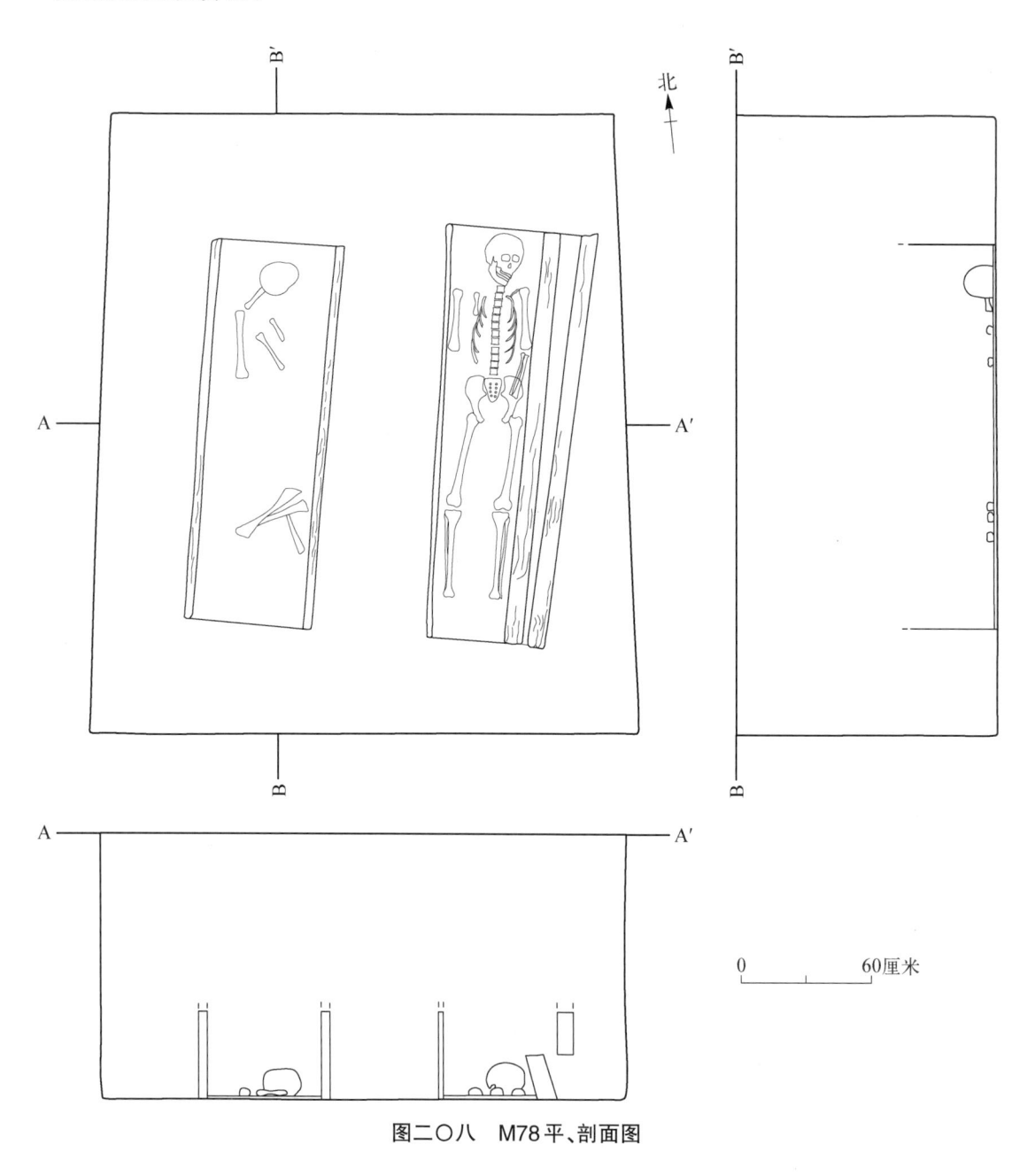

图二〇八　M78平、剖面图

第十九节　M86

一、墓葬形制与结构

M86　北邻M78，长方形竖穴土圹单棺墓，开口于②层下，方向175°，墓口距地表0.9米，墓圹长2.73米，宽1.12~1.22米，深1.03米。墓室四壁较整齐，内填花土，土质疏松。墓底置单棺，棺木已朽。棺长2.02米，宽0.68米，残高0.46米，棺痕厚0.02米。棺内墓主人为男性，骨架保存较完整，长1.54米，头向南，面向西，仰身直肢葬（图二〇九；彩版九七，1）。

二、随葬品

该墓未出土随葬品。

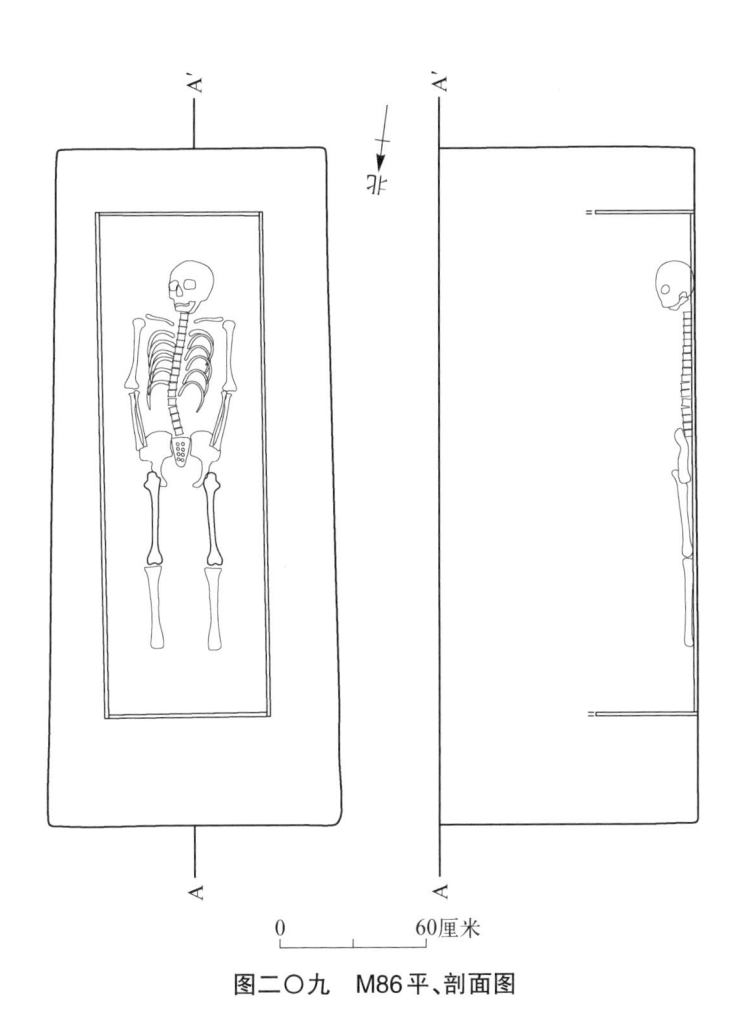

图二〇九　M86平、剖面图

第二十节 M94

一、墓葬形制与结构

M94 北邻 M93,长方形竖穴土圹单棺墓,开口于②层下,方向0°,墓口距地表0.9米,墓圹长2.23米,宽0.8~1米,深0.7米。墓室四壁较整齐,内填花土,土质疏松。墓底置单棺,棺木已朽。棺长1.86米,宽0.6~0.72米,残高0.2米,棺板厚0.02米。棺内墓主人为男性,骨架保存较完整,长1.62米,头向北,面向东,仰身直肢葬(图二一〇;彩版九七,2)。

二、随葬品

该墓未出土随葬品。

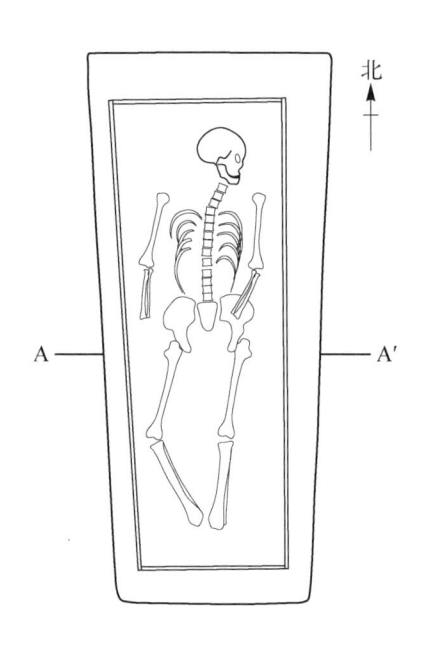

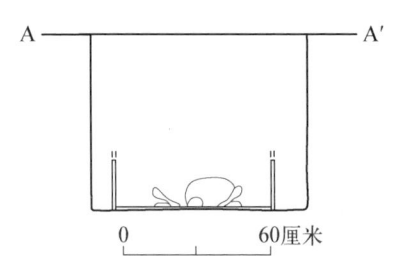

图二一〇 M94平、剖面图

第二十一节 M100

一、墓葬形制与结构

M100 西邻M26,长方形竖穴土圹单棺墓,开口于②层下,方向5°,墓口距地表0.8米,墓圹长2.44米,宽1.04～1.16米,深0.6米。墓室四壁较整齐,内填花土,土质较硬。墓底置单棺,棺木已朽。棺长2米,宽0.44～0.5米,残高0.34米。棺内墓主人为女性,骨架保存较完整,长1.52米,头向北,面向东,仰身直肢葬,骨架下铺有青灰,厚约0.01米(图二一一;彩版九八)。

二、随葬品

该墓无随葬品出土。

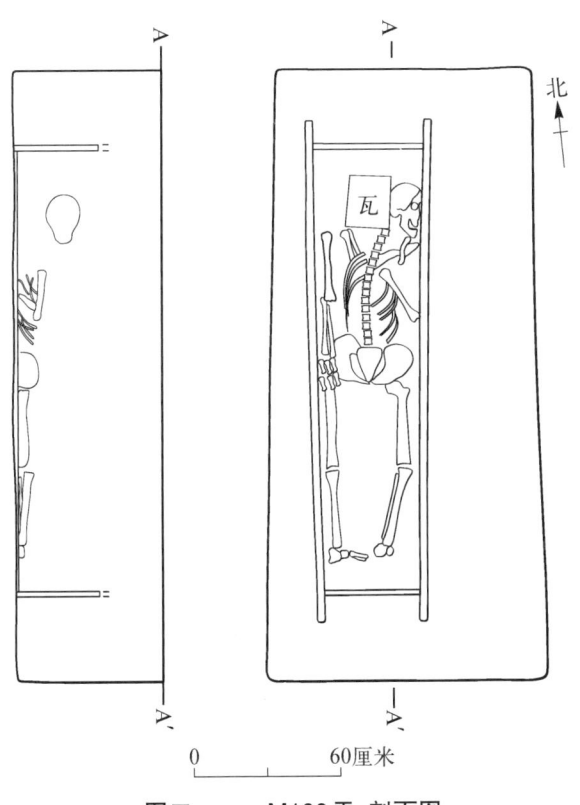

图二一一 M100平、剖面图

第五章 窑 址

Y1 开口于②层下,平面近似"马蹄"形,方向355°,由于破坏严重仅残留下部。土圹长9.85米,宽1.35～5.54米,深0.52～1.28米。由操作间、窑门、火门、窑室组成(图二一二;彩版九九、一○○)。

操作间: 位于窑体的南部,近似不规则形,并向南部延伸,为人工挖掘而成,四壁没有修饰的痕迹。窑底距窑口0.7～1.16米,长4.86米,宽4.05米。底部为炭化物堆积,上部为灰褐色花土,土质疏松,包含有红烧土块、碎砖块、夹云母红陶片和夹砂灰陶片。

窑门: 位于操作间的北部,立面近似长方形。长0.76米,宽0.86米,深1.16米。由砖砌筑而成,东壁残存3～4层砖,长0.76米,残高0.18～0.24米,西壁残存4～5层砖,残长0.48米,残高0.24～0.3米。内填灰褐色花土,土质疏松。包含有红烧土块、碎砖块、夹砂红陶片。

火门: 位于窑门的北部,立面近似长方形。进深0.56米,宽0.74米,深1.16米。由砖砌筑而成,已倒塌。东壁残存6层,长0.56米,高0.36米。西壁无存,封门砖残存3层。内填灰褐色花土,土质较疏松,包含有红烧土块、碎砖块。

窑室: 位于火门的北部。长2.82米,宽4.8米,深0.52～1.28米。由火膛、窑床和烟囱组成。

火膛: 位于窑室的南部,近似半椭圆形。长3.8米,宽0.7米,深1.28米。由砖砌筑而成,南壁仅残存8层砖。底部为炭化物堆积,上部为黑色花土,土质疏松。包含有红烧土块、碎砖块、夹砂红陶片。

窑床: 位于窑室中部,近似长方形。长4.76米,宽2.14米,深0.52～0.7米。四壁由砖砌筑而成,其中窑床东西两侧残存一层砖,窑西壁可以清晰看出当时人修筑窑室使用工具的痕迹。窑床局部可以清晰看出当时摆放砖坯的痕迹。根据窑壁上的残存痕迹初步判断,其为穹隆顶。窑壁四周红烧土厚0.18米。窑床底部烧结面厚约0.04米,红烧土厚约0.14米。内填灰褐色花土,包含有红烧土块、碎砖块、夹砂红陶片,窑床底部包含有大量木炭颗粒和窑顶坍塌的烧结土块。

烟囱: 位于窑室的北部,数量2个。东部烟囱破坏较严重,现存为半椭圆形,长1.14米,宽0.76米,残高0.7米;东部烟囱距西部烟囱间1.74米,西烟囱为近长方形,长0.54米,宽0.64米,残高0.7米。北、东、西均有烧结面,保存较好,厚约0.04米,红烧土厚约0.14米,烟囱底部有烟道,东烟囱2个,西烟囱3个,从东向西依次分为A、B、C、D、E。长0.18～0.3米,高0.18米,每个间距0.18～0.22米。内填灰褐色花土,包含有红烧土块、碎砖块。

图二一二 Y1平、剖面图

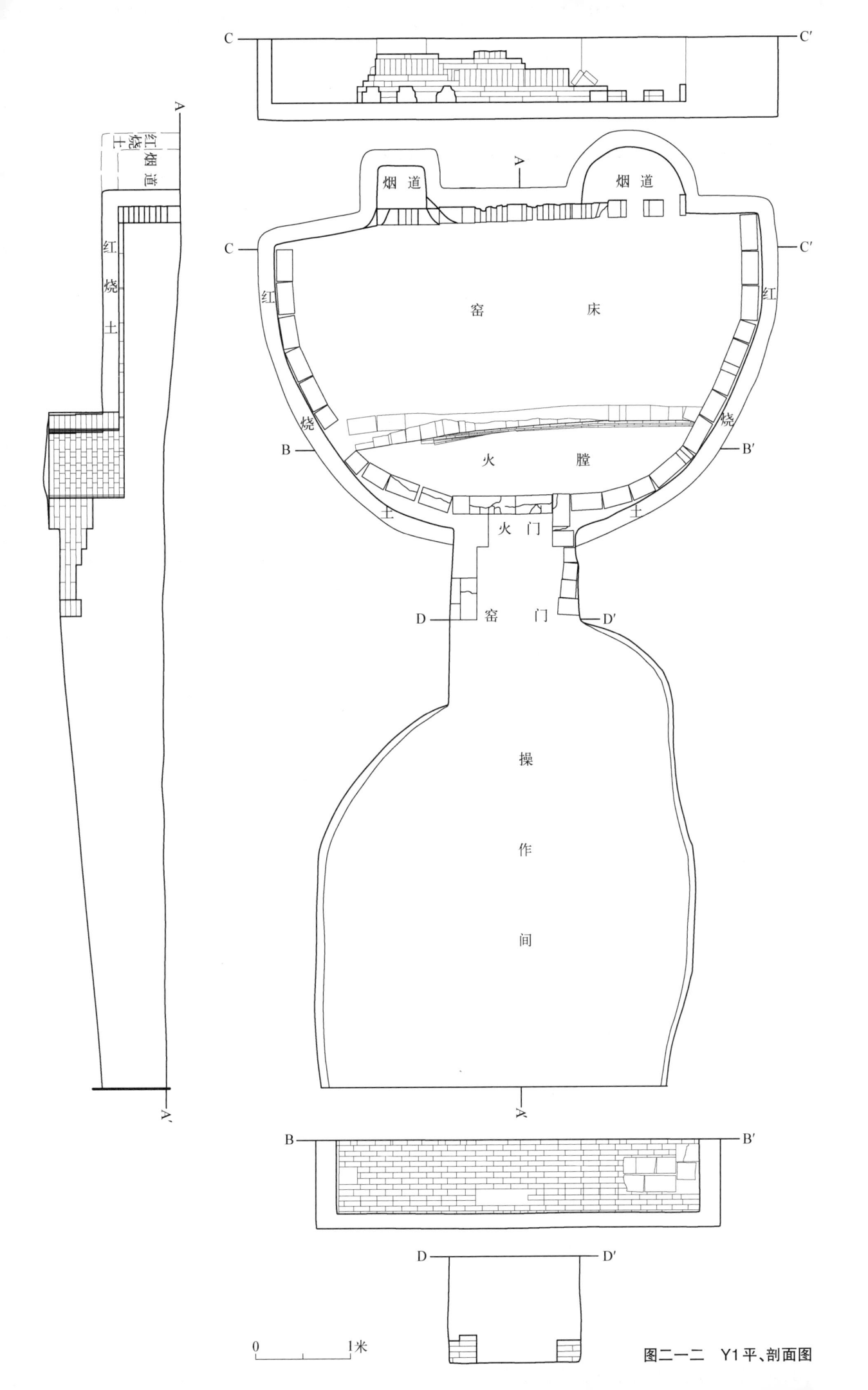

第六章　结　语

第一节　明代墓葬综合分析

明代墓葬46座，编号为M1、M2、M15、M33、M34、M35、M36、M38、M39、M40、M41、M42、M43、M44、M45、M47、M49、M50、M51、M52、M54、M56、M57、M58、M59、M60、M61、M62、M63、M64、M65、M66、M67、M68、M69、M73、M76、M79、M80、M81、M85、M90、M92、M93、M95、M96。

墓葬形制方面。46座墓葬基本相同，均为竖穴土圹墓。以夫妻合葬的双棺墓为主，共31座，编号为M1、M2、M33、M36、M39、M41、M43、M44、M45、M49、M50、M51、M52、M54、M56、M58、M59、M60、M61、M62、M63、M64、M65、M66、M68、M73、M76、M79、M81、M85、M93。单棺墓次之，共12座，编号为M15、M34、M35、M38、M40、M42、M47、M69、M80、M90、M92、M96。三棺墓仅2座，编号为M57、M67。此外还有龟镇墓（明堂）1座（M95）。

随葬品方面，以出土釉陶器、陶器类的各式陶罐——焰食罐为主，此类陶罐形制在奥运场馆[1]、丰台王佐[2]、丰台丽泽[3]、大兴小营与西红门[4]、海淀中坞[5]等地多有发现，如M33、M47出土的釉陶罐与朝阳区北顶娘娘庙出土的M11∶2[6]形制基本相同；M51出土四系瓷罐与北京射击场明代墓葬M76∶1[7]形制相似。金属材质的头饰出土极少，这也是明墓与清墓的重要区别之一。铜钱方面，明代墓葬以随葬宋代货币为主，明朝本朝货币较少。主要原因是宋代铜钱发行量极大，因岁贡和贸易大量流入北方，致使辽金铸币需求较小。至元代，随着货币纸币化，且受中亚影响金银铸币量较少。明代发行宝钞，曾一度禁铸钱，加之白银货币化广泛流行，最终导致铸币量保持低位，因而民间大量使用宋代货币。

---

[1] 北京市文物局、北京市文物研究所：《北京奥运场馆考古发掘报告》，科学出版社，2007年。
[2] 北京市文物研究所：《丰台王佐遗址》，科学出版社，2010年。
[3] 北京市文物研究所：《丽泽墓地——丽泽金融商务区园区规划绿地工程发掘报告》，科学出版社，2016年。
[4] 北京市文物研究所：《大兴古墓葬考古发掘报告集》，科学出版社，2020年。
　　北京市文物研究所：《小营与西红门——北京大兴考古发掘报告》，上海古籍出版社，2018年。
[5] 北京市文物研究所：《海淀中坞——北京市南水北调配套工程团城湖调节池工程考古发掘报告》，科学出版社，2017年。
[6] 北京市文物研究所：《北京历史文化论丛》第四辑，上海古籍出版社，2010年，第455页。
[7] 北京市文物局、北京市文物研究所：《北京奥运场馆考古发掘报告》，科学出版社，2007年，第612页。

第二节 清代墓葬综合分析

清代墓葬33座，编号为M3、M4、M5、M7、M9、M10、M12、M13、M14、M17、M18、M19、M22、M24、M25、M26、M27、M30、M32、M37、M71、M75、M77、M82、M83、M84、M87、M88、M89、M91、M97、M98、M99。

墓葬形制方面。33座清代墓葬的墓葬形制基本相同，均为竖穴土圹墓。墓葬中有单棺墓15座，编号为M5、M12、M13、M18、M19、M24、M26、M27、M30、M32、M37、M83、M88、M91、M97。双棺墓12座，编号为M3、M7、M9、M14、M22、M77、M82、M84、M87、M89、M98、M99。三棺墓2座，编号为M4、M71。四棺墓4座，编号为M10、M17、M25、M75。

随葬品方面，以出土釉陶器、陶器类的各式陶罐——焰食罐为主，陶罐形制为北京地区清代墓葬所常见。铜簪、耳环等金属材质的头饰数量明显增多，大部分为北京地区清代墓葬所常见，其中M4出土铜簪与朝阳北顶娘娘庙M15∶2[①]形制基本相同。铜钱方面，清代墓葬以出土本朝货币为主，少部分为明代、宋代的货币，货币种类的差异是清墓区别于明墓的另一个显著特征。

第三节 墓葬布局与性质

墓葬区可分为南、北两区。北区墓葬分布较为规整，彼此间打破关系较少，墓葬呈三角形分布。其中M95龟镇墓位于北区的最北部（端），其余墓葬依次排列。根据出土铜钱、遗物综合判断，北区墓葬以明代墓葬为主，少数为清代中前期墓葬，应为明、清时期的家族墓地。其中，时代不明的M46、M48、M53、M55为明代墓葬的可能性较大，而M70、M72、M78、M86、M94则为清代墓葬的可能性较大。

南区墓葬分布较为散乱，排列不规整，彼此间打破关系较多，除M1、M2、M15为明代墓葬外，其余出土有铜钱的墓葬均为清代中前期，最早为顺治通宝，最晚为道光通宝。因此推测南区墓地应为清代中前期附近村庄的公共墓地。其中，时代不明的M6、M8、M11、M16、M20、M21、M23、M28、M29、M31、M74、M100为清代墓葬的可能性较大。

本次考古发掘进一步丰富了大兴魏善庄地区的明、清时期墓葬的材料，让学界对该地区墓葬的形制、结构、特点有了一定的认识，同时也对该地区明清时期家族墓地的丧葬习俗有了充分了解。本次发掘为研究该区域墓葬的分布范围、丧葬习俗及瓷器、陶器、铜器、银器等种类、形制类型、工艺等提供了宝贵的材料。

[①] 北京市文物研究所：《北京市朝阳区北顶娘娘庙东侧墓葬发掘报告》，《北京文博》2009年第3期。

第四节　其他类型古代遗迹综合分析

其他类型古代遗迹仅发现窑址1座。这座窑址平面呈马蹄形，该形状的窑址为北京地区东汉窑址的常见形制，这类窑通常为烧制墓砖而建，虽然只有1座，但却暗示着魏善庄地区有东汉砖室墓存在的可能，因窑址通常位于墓地附近。这一发现为今后东汉墓的探寻提供了线索。

附录一：明代墓葬登记表

墓号	层位	方向	形状与结构	墓圹 长×宽×深（米）	深度	葬具数量	葬棺 （长×宽×高）（米）	性别	葬式	头向	随葬品	备注
M1	②层下	0°	长方形竖穴土圹墓	2.68×1.84～2.08×0.9～1.2	0.9	双棺	东：1.86×0.4～0.56×0.38 西：1.46×0.32～0.44×0.2	东棺：女 西棺：男	东：仰身直肢 西：迁葬	北	青花瓷碗1，剪边五铢2	打破M2，西棺打破东棺
M2	②层下	3°	长方形竖穴土圹墓	2.96～3×1.68×1.16～1.36	0.9	双棺	东：1.9×0.36～0.44×0.2 西：1.92×0.48～0.56×0.4	东棺：男 西棺：女	仰身直肢	北	陶壶1，陶罐1，镇墓石1，万历通宝1	被M1打破，东棺打破西棺
M15	②层下	352°	长方形竖穴土圹墓	2.72×1.42～1.68×0.72	0.9	单棺	1.94×0.44～0.54×0.24米				万历通宝2	搬迁墓
M33	②层下	20°	长方形竖穴土圹墓	3.02×1.9×1.1	0.9	双棺	东：2.08～2.2×0.42～0.47×0.55 西棺：1.88×0.5×0.55	东棺：男 西棺：女	仰身直肢	北	釉陶罐2，天圣元宝11，绍圣元宝1，熙宁元宝1	
M34	②层下	0°	长方形竖穴土圹墓	2.2～2.85×2.45～2.5×0.8～1	0.9	双棺	东：1.88×0.48～0.5×0.25 西：1.84×0.46～0.48×0.4	东棺：男 西棺：女	东：仰身直肢 西：仰身屈肢	北	陶罐1，釉陶罐1，元祐通宝1，天禧通宝1，熙宁元宝1	西棺打破东棺
M35	②层下	10°	长方形竖穴土圹墓	2.2×1.1～1.35×0.85	0.9	单棺	1.6×0.46～0.7×0.3		仰身直肢	北	天禧通宝1	搬迁墓
M36	②层下	0°	长方形竖穴土圹墓	2.61×1.48～1.52×1.2	0.9	双棺	东：1.8×0.46～0.5×0.2 西：1.86×0.42～0.56×0.3	东棺：女 西棺：男	仰身直肢	北	圣宋元宝1，嘉靖通宝2，陶罐1	
M38	②层下	20°	长方形竖穴土圹墓	2.84×1.62×0.9	0.9	单棺	2.8×0.5×0.5	男、女	仰身直肢	北	釉陶罐1	

续表

墓号	层位	方向	形状与结构	墓圹 长×宽×深（米）	深度	葬具数量	墓棺（长×宽×高）（米）	性别	葬式	头向	随葬品	备注
M39	②层下	20°	长方形竖穴土圹墓	2.54×2.33×1.02	0.9	双棺	东：2.02×0.46～0.56×0.4 西：2.06×0.52～0.6×0.4	东棺：男 西棺：女	仰身直肢	北	釉陶罐2,景定元宝1,元祐通宝1,开元通宝1,嘉祐通宝1	
M40	②层下	110°	长方形竖穴土圹墓	2.51×1.42×1.1	0.9	单棺	2.04×0.4～0.56×0.3	男	仰身直肢	北	釉陶罐1	
M41	②层下	35°	长方形竖穴土圹墓	2.5～2.9×2.2～2.3×1.2～1.25	0.9	双棺	东：2.04×0.46～0.64×0.45 西：1.82×0.48～0.5×0.4	东棺：男 西棺：女	仰身直肢	北	陶壶2	西棺打破东棺
M42	②层下	20°	长方形竖穴土圹墓	2.35×1.35×0.4	0.9	单棺	1.78×0.55～0.6×0.15	男	仰身直肢	北	陶壶1	
M43	②层下	5°	长方形竖穴土圹墓	2.54～2.93×1.65～1.7×1.3～1.4	0.9	双棺	东：2×0.4～0.56×0.5 西：1.8×0.42～0.48×0.4	东棺：男 西棺：女	仰身直肢	北	釉陶罐1	西棺打破东棺
M44	②层下	10°	长方形竖穴土圹墓	2.54×2.28～2.48×0.8	0.9	双棺	东：1.82×0.46～0.52×0.4 西：1.64×0.38～0.45×0.3	东棺：男 西棺：女	仰身直肢	北	釉陶罐2	
M45	②层下	20°	长方形竖穴土圹墓	2.22～2.42×2.28～2.42×1.2～1.4	0.9	双棺	东：2.08×0.4～0.58×0.5 西：1.99×0.48～0.58×0.3	东棺：男 西棺：女	仰身直肢	北	釉陶罐1,政和通宝1,嘉靖通宝3	西棺打破东棺
M47	②层下	20°	长方形竖穴土圹墓	2.24×0.88～1.08×0.36	0.9	单棺	1.7×0.4～0.5×0.2	男	仰身直肢	北	釉陶罐1	
M49	②层下	355°	长方形竖穴土圹墓	2.53～2.72×1.82～2×1.15～1.5	0.9	双棺	东：1.8×0.33～0.58×0.15 西：1.82×0.6～0.68×0.5	东棺：男 西棺：女	仰身直肢	北	陶罐2,宣德通宝1,熙宁元宝1,永乐通宝1	东棺打破西棺

附录一：明代墓葬登记表　　　　　165

续表

墓号	层位	方向	形状与结构	墓圹 长×宽×深（米）	深度	葬具数量	棺椁 （长×宽×高）（米）	性别	葬式	头向	随葬品	备注
M50	②层下	0°	长方形竖穴土圹墓	2.46～2.56×2.1～2.24×1.2～1.4	0.9	双棺	东：1.86×0.47×0.44 西：1.9×0.46～0.52×0.3	东棺：男 西棺：女	仰身直肢	北	釉陶罐1，陶壶1	西棺打破东棺
M51	②层下	10°	长方形竖穴土圹墓	2.68×0.98～1.08×2.1	0.9	双棺	东：1.92×0.46～0.56×0.2 西：1.6×0.66～0.72×0.2	东棺：女 西棺：男	仰身直肢	北	陶罐1，釉陶罐1，嘉靖通宝1	西棺打破东棺
M52	②层下	15°	长方形竖穴土圹墓	2.92～3.04×1.24～1.52×1～1.2	0.9	双棺	东：1.8×0.42×0.1 西：1.9×0.42～0.5×0.3	东棺：男 西棺：女	仰身直肢	北	瓷罐1，陶罐1，景佑元宝1，圣佑元宝1，开元通宝1，元丰通宝1，宋元通宝1	东棺打破西棺
M54	②层下	0°	长方形竖穴土圹墓	2.63×2.32～2.43×1.24～1.3	0.9	双棺	东：1.85×0.44×0.48 西：1.86×0.42～0.52×0.44	东棺：男 西棺：女	仰身直肢	北	嘉靖通宝5，天启通宝1	东棺打破西棺
M56	②层下	0°	长方形竖穴土圹墓	2.61～2.83×1.86～2.08×1.1～1.4	0.9	双棺	东：1.8×0.4～0.46×0.3 西：2.04×0.54×0.5	东棺：女 西棺：男	仰身直肢	北	瓷罐1	西棺打破东棺
M57	②层下	10°	长方形竖穴土圹墓	3.15～3.48×2.6～2.85×1.2～1.3	0.9	三棺	东：1.8×0.42～0.52×0.4 中：1.86×0.36～0.46×0.2 西：1.84×0.5～0.6×0.2	东棺：男 中棺：女 西棺：女	仰身直肢	北	瓷罐1，陶壶1，陶罐1，嘉靖通宝1	被M58打破，中棺、西棺打破东棺
M58	②层下	5°	长方形竖穴土圹墓	2.65～2.75×1.65～1.75×1.25	0.9	双棺	东：1.75×0.42～0.54×0.45 西：1.8×0.5～0.6×0.45	东棺：男 西棺：女	仰身直肢	北	瓷罐2	打破M57东棺，打破西棺
M59	②层下	0°	长方形竖穴土圹墓	2.24×1.62～1.83×1.62	0.9	双棺	东：1.84×0.54～0.66×0.2 西：1.8×0.6～0.66×0.2	东棺：男 西棺：女	仰身直肢	北	陶罐1	东棺打破西棺

续表

墓号	层位	方向	形状与结构	墓圹 长×宽×深（米）	深度	葬具数量	葬棺 （长×宽×高）（米）	性别	葬式	头向	随葬品	备注
M60	②层下	10°	长方形竖穴土圹墓	2.65~2.85×2.04×1.3~1.4	0.9	双棺	东：1.98×0.42~0.5×0.48 西：1.78×0.39~0.48×0.38	东棺：男 西棺：女	仰身直肢	北	天启通宝1、嘉靖通宝3	西棺打破东棺
M61	②层下	0°	长方形竖穴土圹墓	2.74×2.21×1.3	0.9	双棺	东：1.76×0.4~0.46×0.4 西：1.75×0.35~0.5×0.4	东棺：男 西棺：女	仰身直肢	北	崇祯通宝2、瓷罐2	
M62	②层下	0°	长方形竖穴土圹墓	2.74×1.72×1.12	0.9	双棺	东：1.84×0.42×0.15 西：1.74×0.41~0.48×0.15	东棺：男 西棺：女	仰身直肢	北	陶罐1、瓷罐1	西棺打破东棺
M63	②层下	5°	长方形竖穴土圹墓	3.06×1.82~2.05×0.9	0.9	双棺	东：1.72×0.4~0.5×0.15 西：1.86×0.46~0.52×0.15	东棺：男 西棺：女	仰身直肢	北	瓷罐1	西棺打破东棺
M64	②层下	0°	长方形竖穴土圹墓	2.48×1.53~1.62×1.15	0.9	双棺	东：1.82×0.4~0.44×0.25 西：1.68×0.38~0.48×0.25	东棺：男 西棺：女	仰身直肢	北	瓷罐1、五铢2	东棺打破西棺
M65	②层下	10°	长方形竖穴土圹墓	2.52×1.5×0.75	0.9	双棺	东：1.7×0.43~0.52×0.25 西：1.8×0.43×0.25	东棺：男 西棺：女	仰身直肢	北	万历通宝4	被M72打破，东棺打破西棺
M66	②层下	350°	长方形竖穴土圹墓	2.44×1.52~1.8×1.1	0.9	双棺	东：1.98×0.48~0.66×0.3 西：2.02×0.5×0.3	东棺：男 西棺：女	仰身直肢	北	陶罐1	西棺打破东棺
M67	②层下	355°	长方形竖穴土圹墓	2.85~3.25×3~3.45×1.1~1.4	0.9	三棺	东：1.7×0.52~0.63×0.4 中：1.86×0.42~0.46×0.15 西：1.86×0.4~0.49×0.5	东棺：女 中棺：男 西棺：女	仰身直肢	北	釉陶罐1	中棺打破西棺，东棺打破中棺
M68	②层下	5°	长方形竖穴土圹墓	2.75~2.95×2.34~2.4×1.35	0.9	双棺	东：1.94×0.38~0.46×0.45 西：1.92×0.44~0.56×0.4	东棺：男 西棺：女	仰身直肢	北	瓷罐2、崇祯通宝4	西棺打破东棺
M69	②层下	20°	长方形竖穴土圹墓	2.72~2.8×1.92~2.1×1.6	0.9	单棺	2.2×0.42~0.56×0.5	男	仰身	北	崇祯通宝1、瓷罐1	
M73	②层下	5°	长方形竖穴土圹墓	2.36~2.82×2.03~2.3×1.1~1.2	0.9	双棺	东：1.92×0.5~0.66×0.3 西：1.78×0.4~0.48×0.2	东棺：男 西棺：女	仰身直肢	北	崇祯通宝1	西棺打破东棺

附录一：明代墓葬登记表

续表

墓号	层位	方向	形状与结构	墓圹 长×宽×深（米）	深度	葬具数量	墓棺（长×宽×高）（米）	性别	葬式	头向	随葬品	备注
M76	②层下	0°	长方形竖穴土圹墓	2.34~2.95×1.94×1.1~1.3	0.9	双棺	东: 1.7×0.42~0.6×0.15 西: 1.88×0.36~0.52×0.3	东棺:男 西棺:女	仰身直肢	北	瓷罐2	西棺打破东棺
M79	②层下	0°	长方形竖穴土圹墓	2.76×1.44~1.68×1.05	0.9	双棺	东: 2.12×0.38~0.56×0.15 西: 2.02×0.42~0.56×0.15	东棺:男 西棺:女	仰身直肢	北	瓷罐1	东棺打破西棺
M80	②层下	0°	长方形竖穴土圹墓	2.43×1.3~1.42×1.3	0.9	单棺	1.92×0.46~0.66×0.1		仰身直肢		陶罐1	搬迁墓
M81	②层下	0°	长方形竖穴土圹墓	2.55×2.04×0.6	0.9	双棺	东: 1.62×0.6~0.66×0.54 西: 1.78×0.4~0.44×0.54	东棺:男 西棺:女	仰身直肢	北	万历通宝6, 天启通宝3, 崇祯通宝4	
M85	②层下	0°	长方形竖穴土圹墓	3.22×1.92×0.8~1.3	0.9	双棺	东: 1.9×0.68~0.8×0.5 西: 0.96×0.36×0.1	东棺:男 西棺:女	仰身直肢	北	陶罐1	西棺打破东棺
M90	②层下	0°	长方形竖穴土圹墓	2.56×1.23×1.1	0.9	单棺	1.8×0.55~0.7×0.2	男	仰身直肢	北	瓷罐1	
M92	②层下	5°	长方形竖穴土圹墓	2.78×1.76×1.2	0.9	单棺	1.9×0.74×0.2				瓷罐1	搬迁墓
M93	②层下	5°	长方形竖穴土圹墓	2.32~2.46×1.56~1.6×0.9~1.2	0.9	双棺	东: 1.78×0.5~0.58×0.2 西: 1.65×0.5×0.2	东棺:男 西棺:女	仰身直肢	北	瓷罐1	东棺打破西棺
M95	②层下	355°	龟镇墓	1.48×1.46×0.6	0.9						铜镜1, 陶盏2	
M96	②层下	10°	长方形竖穴土圹墓	2.45×2.04~2.08×0.9	0.9	单棺	1.8×0.42~0.5×0.3	男	仰身直肢	北	陶罐1, 咸平元宝1	

附录二：清代墓葬登记表

墓号	层位	方向	形状与结构	墓圹 长×宽×深（米）	深度	葬具数量	墓棺（长×宽×高）（米）	性别	葬式	头向	随葬品	备注
M3	②层下	0°	长方形竖穴土圹墓	2.48×1.8×0.2~0.3	0.9	双棺	东：1.86×0.5×0.2 西：1.9×0.52~0.62×0.2	东棺：女 西棺：男	仰身直肢	北	乾隆通宝2	打破M74
M4	②层下	5°	长方形竖穴土圹墓	2.53~2.72×3.12~3.74×0.2~0.3	0.9	三棺	东：1.78×0.46~0.6×0.2 中：2.02×0.68×0.2 西：1.88×0.58×0.1	东棺：女 中棺：女 西棺：男	仰身直肢	北	铜簪4，嘉庆通宝1，道光通宝2	东棺打破中棺，中棺打破西棺
M5	②层下	15°	长方形竖穴土圹墓	2.26×1.33×1.04	0.9	单棺	1.88×0.5~0.54×0.38				乾隆通宝2	搬正墓
M7	①层下	5°	长方形竖穴土圹墓	2.78×1.63×0.66~0.7	0.9	双棺	东：1.88×0.48~0.56×0.12 西：2.12×0.52~0.68×0.16	东棺：女 西棺：男	仰身直肢	北	道光通宝5，嘉庆通宝1，乾隆通宝5，陶罐1，铜簪1	东棺打破西棺
M9	②层下	355°	长方形竖穴土圹墓	2.42~2.66×1.72~1.88×0.48~0.8	0.9	双棺	东：2.08×0.6~0.64×0.3 西：2.02×0.42~0.5×0.28	东棺：女 西棺：男	仰身直肢	北	康熙通宝25，铜簪3	被M32打破，西棺打破东棺
M10	②层下	5°	长方形竖穴土圹墓	2.82~3.24×4.2~4.9×0.8~1.1	0.9	四棺	A：2.1×0.5~0.64×0.4 B：1.9×0.64×0.4 C：2.04×0.52~0.72×0.2 D：1.86×0.46×0.3	A：女 B：女 C：男 D：男	不详		嘉庆通宝2，道光通宝1	A棺打破B棺，B棺打破C棺，C棺打破D棺
M12	②层下	352°	长方形竖穴土圹墓	2.6×1.06~1.3×0.42	0.9	单棺	1.9×0.58×0.14		不详	北	顺治通宝1，康熙通宝1	打破M31
M13	②层下	355°	长方形竖穴土圹墓	2.11×1.12×0.4	0.6	单棺	2×0.45~0.5×0.2	女	仰身屈肢	北	乾隆通宝1	打破M14
M14	②层下	347°	长方形竖穴土圹墓	3.06~3.16×2.04~2.4×1~1.2	0.9	双棺	东1.9×0.76~0.86×0.42 西1.98×0.5~0.66×0.6	东棺：女 西棺：男	东：侧身屈肢 西：仰身屈肢	北	康熙通宝1	被M13打破，西棺打破东棺

续表

墓号	层位	方向	形状与结构	墓圹 长×宽×深（米）	深度	葬具数量	墓棺（长×宽×高）（米）	性别	葬式	头向	随葬品	备注
M17	②层下	356°	长方形竖穴土圹墓	2.86～3.14×4.46～4.66×0.82～1.1	0.9	四棺	A2.5×0.8～0.9 B2×0.58～0.66 C1.82×0.64～0.74 D1.88×0.34～0.36	A：男 B：女 C：女 D：女	A：仰身屈肢 B：仰身屈肢 C：侧身屈肢 C：侧身屈肢	北	康熙通宝80	D棺打破C棺，C棺打破B棺，B棺打破A棺
M18	②层下	13°	长方形竖穴土圹墓	2.44×1.34×0.62	0.9	单棺						打破M98，搬迁墓
M19	②层下	355°	长方形竖穴土圹墓	2.34×0.9～0.96×1.1	0.9	单棺	1.48×0.47～0.5×0.24	男	不详	北	瓷罐1	
M22	②层下	5°	长方形竖穴土圹墓	2.75×2.16×0.9	0.9	双棺	东：1.8×0.54～0.56×0.4 西：1.86×0.54～0.64×0.6	东棺：男 西棺：女	仰身直肢	北	银耳环1	打破M24，西棺打破东棺
M24	②层下	355°	长方形竖穴土圹墓	2.64×1.9～2.02×0.56	0.9	单棺	1.74×0.42～0.54×0.18	男	仰身直肢	北	无	打破M25，被M22打破
M25	②层下	15°	长方形竖穴土圹墓	2.66～2.82×3.88～4.04×0.9～1.1	0.9	四棺	A：1.66×0.46～0.56×0.24 B：2×0.46～0.58×0.2 C：2×0.54～0.74×0.4 D：2.06×0.56～0.72×0.36	A棺：女 B棺：女 C棺：女 D棺：男	A：仰身直肢 B：侧身屈肢 C：不详 D：不详	北	康熙通宝1，乾隆通宝7	被M24打破，A棺打破B棺，B棺打破C棺，C棺打破D棺
M26	②层下	0°	长方形竖穴土圹墓	2.56×1.24～1.52×0.62	0.9	单棺	1.78×0.38～0.54×0.18	女	仰身屈肢	北	瓷罐2、天禧通宝1、乾隆通宝1	

续表

墓号	层位	方向	形状与结构	墓圹 长×宽×深（米）	深度	葬具数量	葬棺（长×宽×高）（米）	性别	葬式	头向	随葬品	备注
M27	②层下	0°	长方形竖穴土圹墓	3.16×0.92×0.2	0.9	单棺	2.16×0.6×0.1	男	仰身直肢	北	康熙通宝2	打破M30
M30	②层下	0°	长方形竖穴土圹墓	2.78~2.94×1.21~1.58×1.2	0.9	单棺	2.02×0.5~0.6×0.4	男	侧身屈肢	北	康熙通宝2、嘉庆通宝1、镇墓石1	被M27打破
M32	②层下	348°	长方形竖穴土圹墓	2.63×0.11~0.16×0.4	0.9	单棺	1.98×0.42~0.66×0.2	女	仰身直肢	北	铜簪1、银耳环1、乾隆通宝2、嘉庆通宝4	打破M8、M9
M37	②层下	3°	长方形竖穴土圹墓	2.16×0.9×0.25	0.9	单棺	1.66×0.5×0.1	男	仰身直肢	北	嘉庆通宝1、康熙通宝1	
M71	②层下	10°	长方形竖穴土圹墓	2.22~2.35×2.93×3.12×0.8~0.9	0.9	三棺	东：1.92×0.35~0.44×0.2 中：1.76×0.4~0.58×0.3 西：1.64×0.34~0.4×0.1	东棺：女 中棺：男 西棺：女	仰身直肢	北	陶罐1、瓷罐1、雍正通宝1	东棺、西棺打破中棺
M75	②层下	0°	长方形竖穴土圹墓	2.43~2.63×2.85×4.24×0.76~1.3	0.9	四棺	A：1.68×0.52~0.66×0.6 B：1.9×0.42~0.5×0.1 C：1.72×0.46~0.58×0.6 D：1.72×0.42×0.06	A棺：女 B棺：女 C棺：女 D棺：男	仰身直肢	北	瓷罐1、釉陶罐1、嘉靖通宝4、崇祯通宝1、顺治通宝6	D棺打破C棺，B棺打破A、C棺
M77	②层下	0°	长方形竖穴土圹墓	2.89×2.1~2.24×0.4	0.9	双棺	东：1.9×0.7×0.3 西：2×0.56~0.66×0.3	东棺：男 西棺：女	仰身直肢	北	瓷罐2、顺治通宝14	东棺打破西棺
M82	②层下	0°	长方形竖穴土圹墓	2.55~2.85×2.12~2.2×1.17~1.2	0.9	双棺	东：1.98×0.46×0.4 西：2×0.62~0.8×0.4	东棺：男 西棺：女	仰身直肢	北	瓷罐1、万历通宝6、顺治通宝2、康熙通宝3、崇祯通宝1、咸平元宝1、嘉靖通宝1	西棺打破东棺

附录二：清代墓葬登记表

续表

墓号	层位	方向	形状与结构	墓圹 长×宽×深（米）	深度	葬具数量	墓棺（长×宽×高）（米）	性别	葬式	头向	随葬品	备注
M83	②层下	0°	长方形竖穴土圹墓	2.56×1.2×0.6	0.9	单棺	1.86×0.54～0.6×0.3	男	仰身直肢	北	万历通宝1、康熙通宝4	
M84	②层下	5°	长方形竖穴土圹墓	3.07～3.2×2.2～2.5×1.05	0.9	双棺	东：2.2×0.66～0.8×0.48 西：2.18×0.56～0.72×0.53	东棺：男 西棺：女	仰身直肢	北	瓷罐2，顺治通宝17、康熙通宝6、雍正通宝4、崇祯通宝1、铜簪2	东棺打破西棺
M87	②层下	0°	长方形竖穴土圹墓	2.53×1.95～0.35～0.6	0.9	双棺	东：1.58×0.48～0.52×0.3 西：1.85×0.48～0.66×0.15	东棺：男 西棺：女	仰身直肢	北	康熙通宝3	打破M88，西棺打破东棺
M88	②层下	350°	长方形竖穴土圹墓	2.6×2×0.5～0.75	0.9	双棺	东：1.5×0.46～0.56×0.05 西：1.68×0.6～0.66×0.35	西棺：男	西：仰身直肢	北	无	被M87打破，东棺打破西棺，东棺为搬迁墓
M89	②层下	0°	长方形竖穴土圹墓	2.73×1.81×1～1.2	0.9	双棺	东：1.82×0.44～0.62×0.2 西：1.86×0.68×0.4	东棺：男 西棺：女	仰身直肢	北	瓷罐1，顺治通宝1、康熙通宝4、釉陶罐1	东棺打破西棺
M91	②层下	355°	长方形竖穴土圹墓	3.26×1.48×1.15	0.9	单棺	1.94×0.42×0.48×0.46	男	仰身直肢	北	瓷罐1，康熙通宝1	
M97	②层下	25°	长方形竖穴土圹墓	2.6～2.64×1.74～1.8×0.6～0.9	0.9	双棺	东：1.08×0.42～0.52×0.05 西：1.78×0.44～0.54×0.35	东棺：男 西棺：女	仰身直肢	北	陶罐1，治平元宝1、康熙通宝1、乾隆通宝1、元祐通宝1、熙宁元宝1	东棺打破西棺

续表

墓号	层位	方向	形状与结构	墓圹 长×宽×深（米）	深度	葬具数量	墓棺（长×宽×高）（米）	性别	葬式	头向	随葬品	备注
M98	②层下	0°	长方形竖穴土圹墓	2.64～3.06×1.82～2.06×1～1.04	0.9	双棺	东：1.9×0.42～0.5×0.14 西：1.8×0.48～0.62×0.1	无		北	万历通宝1，顺治通宝2，瓷罐1	被M18打破，搬迁墓
M99	②层下	15°	长方形竖穴土圹墓	2.72～2.87×1.92～2.14×0.6～0.94	0.9	双棺	东：2.08×0.56×0.56 西：2×0.64～0.68×0.2	东棺：男 西棺：女	东：侧身屈肢 西：仰身直肢	北	康熙通宝10，银耳环1	西棺打破东棺

彩　版

彩版一

东区墓地全景

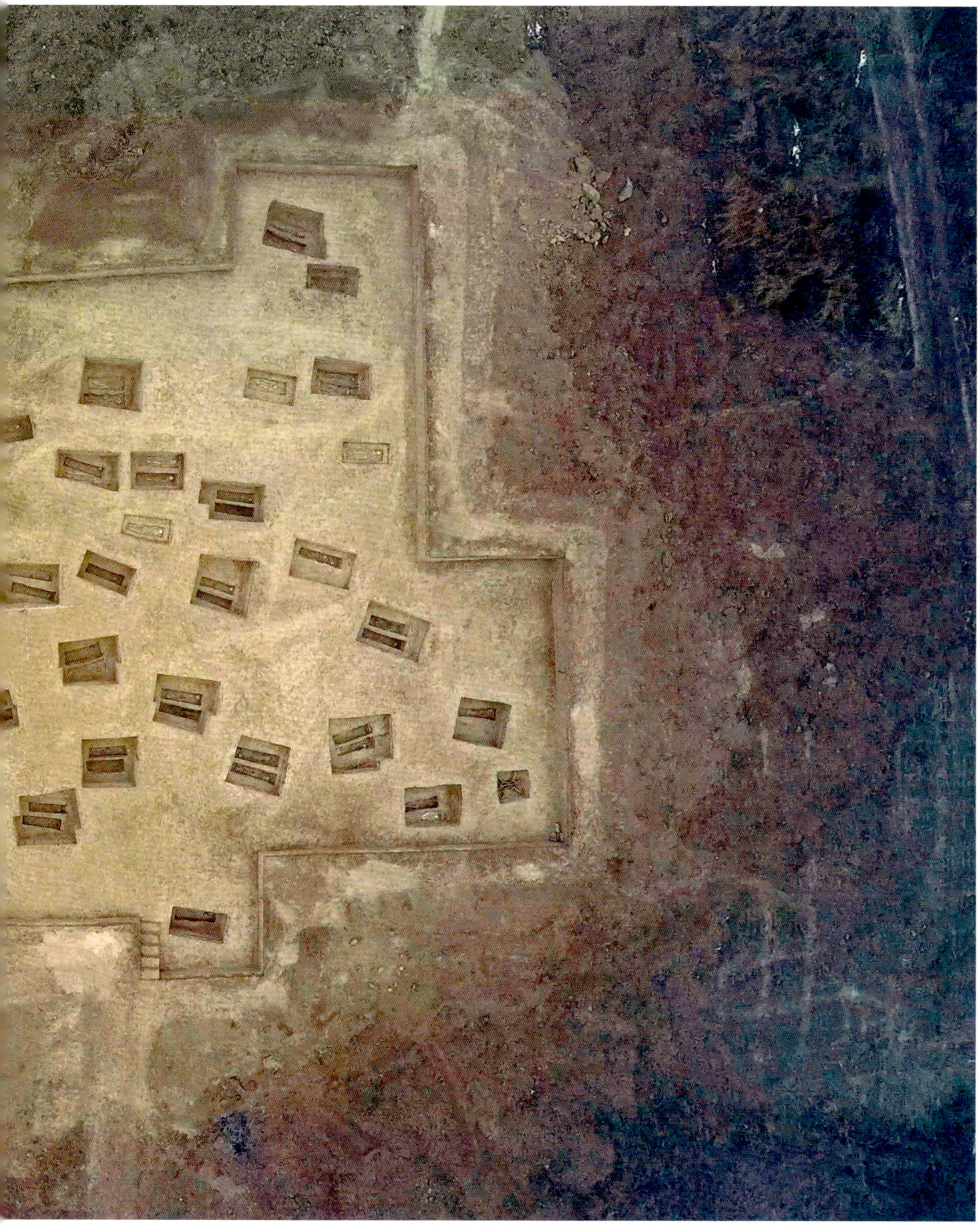

西区墓地全景

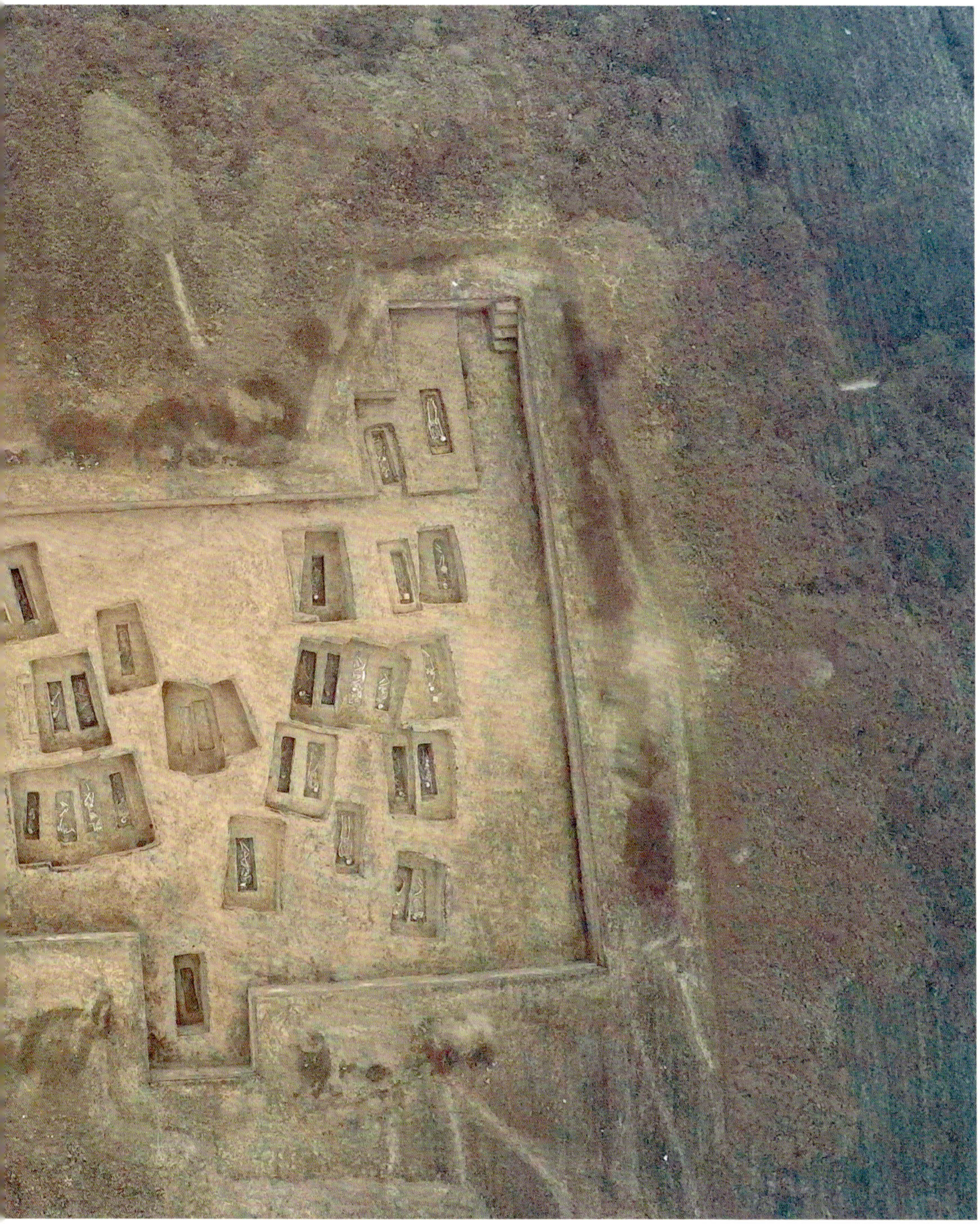

彩版三

M1

彩版四

1. M1 局部

2. M1 局部

3. 瓷碗（M1∶1）

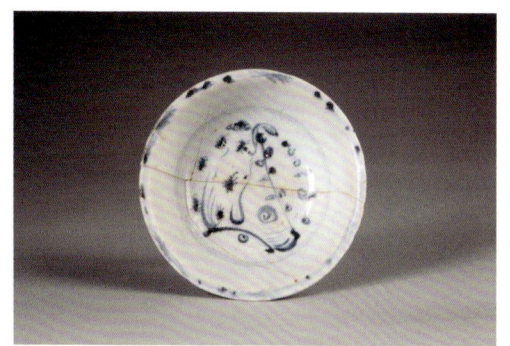

4. 瓷碗（内部）（M1∶1）

5. 瓷碗（底部）（M1∶1）

M1 与出土器物

彩版五

M2

1. M2 局部

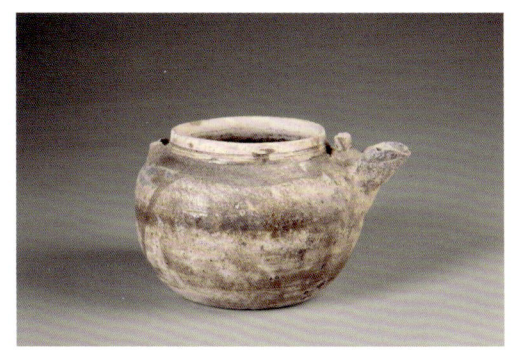

2. 陶壶（M2：3）

3. 陶罐（M2：4）

4. 镇墓石（M2：2）

M2 与出土器物

彩版七

M15

2. M33

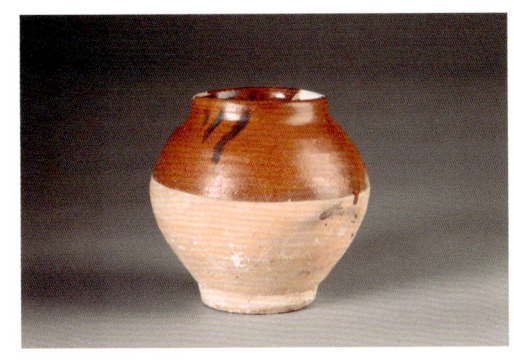

2. 釉陶罐（M33:1） 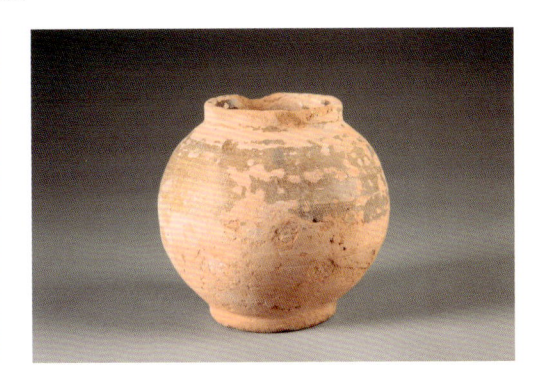 　　　3. 釉陶罐（M33:2）

M33 与出土器物

彩版八

彩版九

M35

彩版一〇

2. M36

2. 陶罐（M57∶1）

M36 与出土器物

彩版一一

2. M38

2. 釉陶罐（M38：1）

M38 与出土器物

彩版一二

1. M39（揭顶前）

2. M39 局部

M39

彩版一三

1. M39（揭顶后）

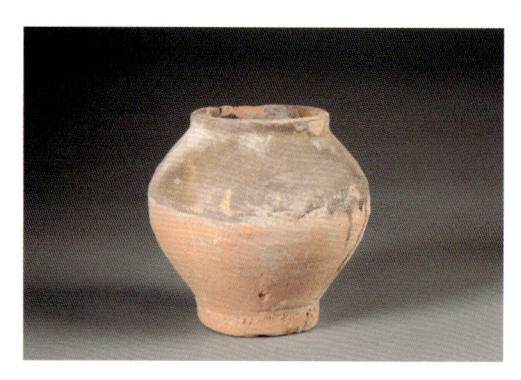

2. 釉陶罐（M39：1） 　　　　　　3. 釉陶罐（M39：2）

M39 与出土器物

彩版一四

1. M40

2. 釉陶罐（M40：1）

M40 与出土器物

彩版一五

1. M41

2. 陶壶（M41:1）  　　　3. 陶壶（M41:2）

M41 与出土器物

彩版一六

1. M42

2. 陶壶（M42∶1）

M42 与出土器物

彩版一七

1. M43

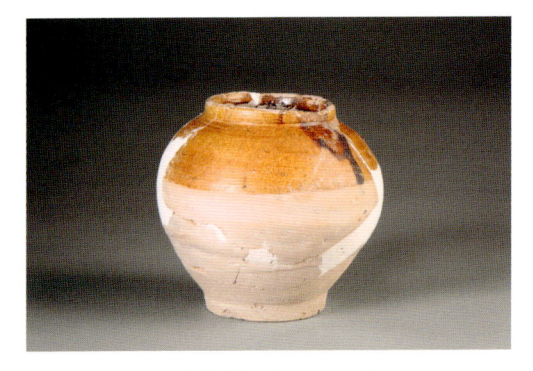

2. 釉陶罐（M43：1）

M43 与出土器物

1. M44

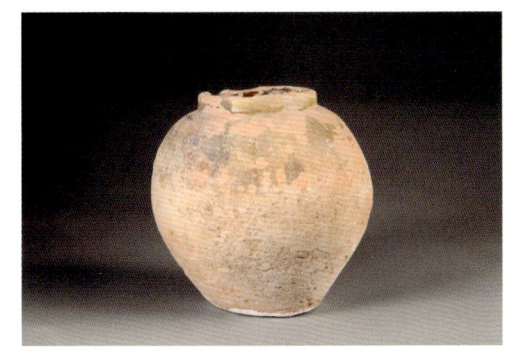

2. 釉陶罐（M44∶1） 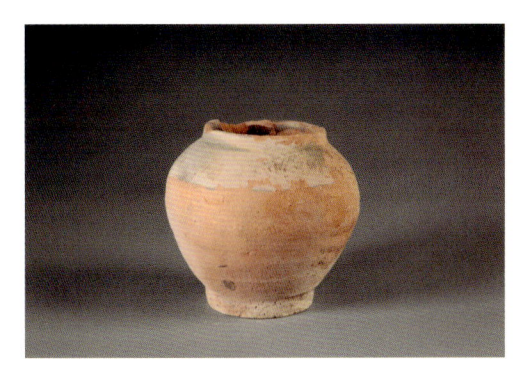　　　3. 釉陶罐（M44∶2）

M44 与出土器物

彩版一九

1. M45

2. 陶罐（M45：1）

M45 与出土器物

1. M47

2. 釉陶罐（M47∶1）

M47 与出土器物

彩版二一

1. M49

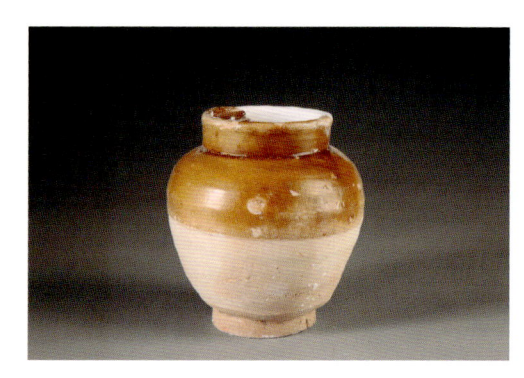

2. 釉陶罐（M49∶1） 　　　3. 釉陶罐（M49∶2）

M49 与出土器物

1. M50

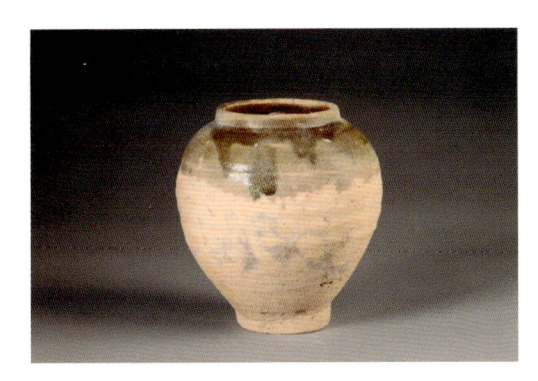

2. 釉陶罐（M50：1）　　3. 陶壶（M50：2）

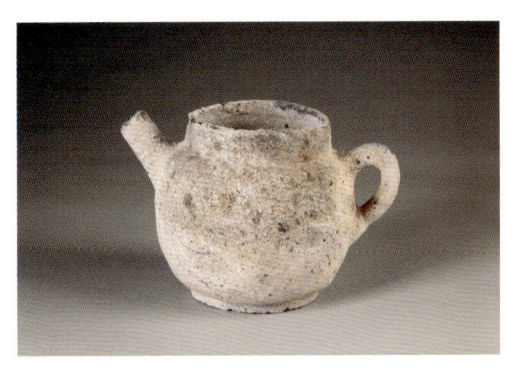

M50 与出土器物

彩版二三

1. M51

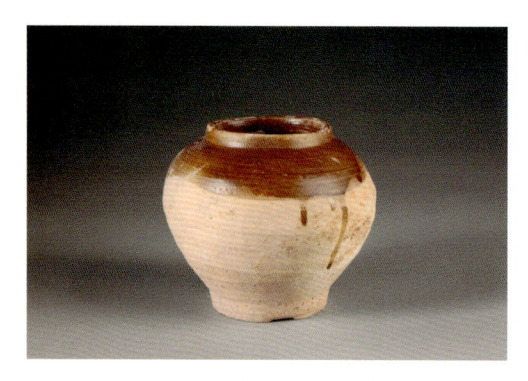

2. 釉陶罐（M51：1）　　　　　3. 陶罐（M51：3）

M51 与出土器物

1. M52

2. 瓷罐（M52：2）　　　3. 釉陶罐（M52：4）

M52 与出土器物

彩版二四

彩版二七

1. M57

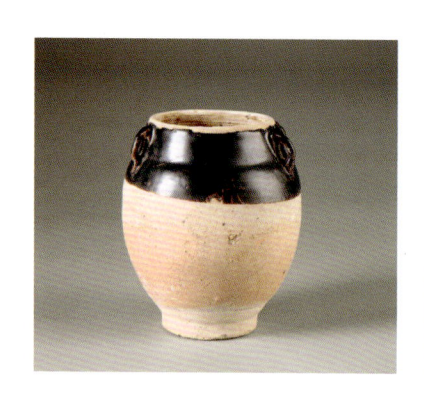

2. 瓷罐（M57：1） 　　3. 陶壶（M57：2） 　　4. 陶罐（M57：3）

M57 与出土器物

彩版二八

1. M58

2. 瓷罐（M58:1）　　　3. 瓷罐（M58:2）

M58 与出土器物

彩版二九

1. M59

2. 陶罐（M59：1）

M59 与出土器物

M60

彩版三一

1. M61

2. 瓷罐（M61∶2） 　　　　　3. 瓷罐（M61∶3）

M61 与出土器物

彩版三二

1. M62

2. 陶罐（M62：1） 　　3. 瓷罐（M62：2）

M62 与出土器物

彩版三三

1. M63

2. 瓷罐（M63∶1）

M63 与出土器物

彩版三四

1. M64

2. 瓷罐（M64∶1）

M64 与出土器物

M65

彩版三六

1. M66

2. 陶罐（M66∶1）

M66 与出土器物

彩版三七

1. M67

2. 釉陶罐（M67：1）

M67 与出土器物

彩版三八

1. M68

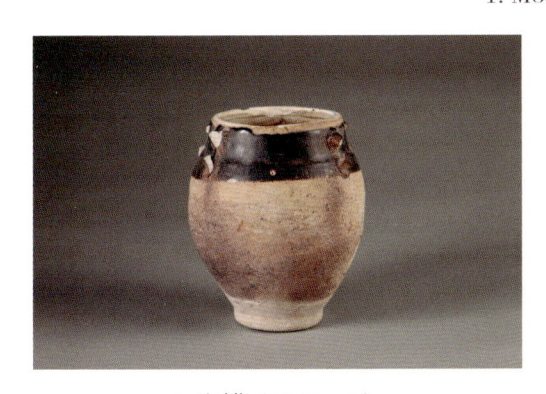

2. 瓷罐（M68：1） 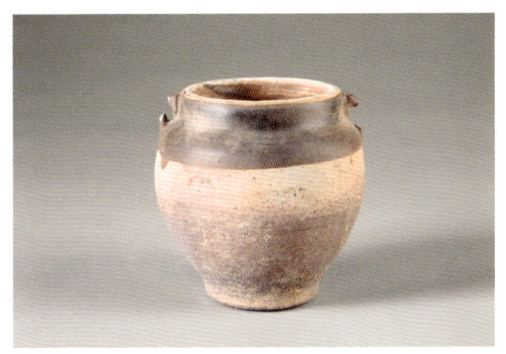　　　3. 瓷罐（M68：2）

M68 与出土器物

彩版三九

1. M69

2. 瓷罐（M69∶1）

M69与出土器物

M73

彩版四一

1. M76

2. 瓷罐（M76∶1）  　　　3. 瓷罐（M76∶2）

M76 与出土器物

彩版四二

1. M79

2. 瓷罐（M79∶1）

M79 与出土器物

彩版四三

1. M80

2. 陶罐（M80∶1）

M80 与出土器物

M81

彩版四五

1. M85

2. 陶罐（M85∶1）

M85 与出土器物

1. M90

2. 瓷罐（M90∶1）

M90 与出土器物

彩版四六

彩版四七

2. M92

2. 釉陶罐（M92∶1）

M92 与出土器物

2. M93

2. 瓷罐（M93∶1）

M93 与出土器物

彩版四九

1. M95

2. M95

M95（一）

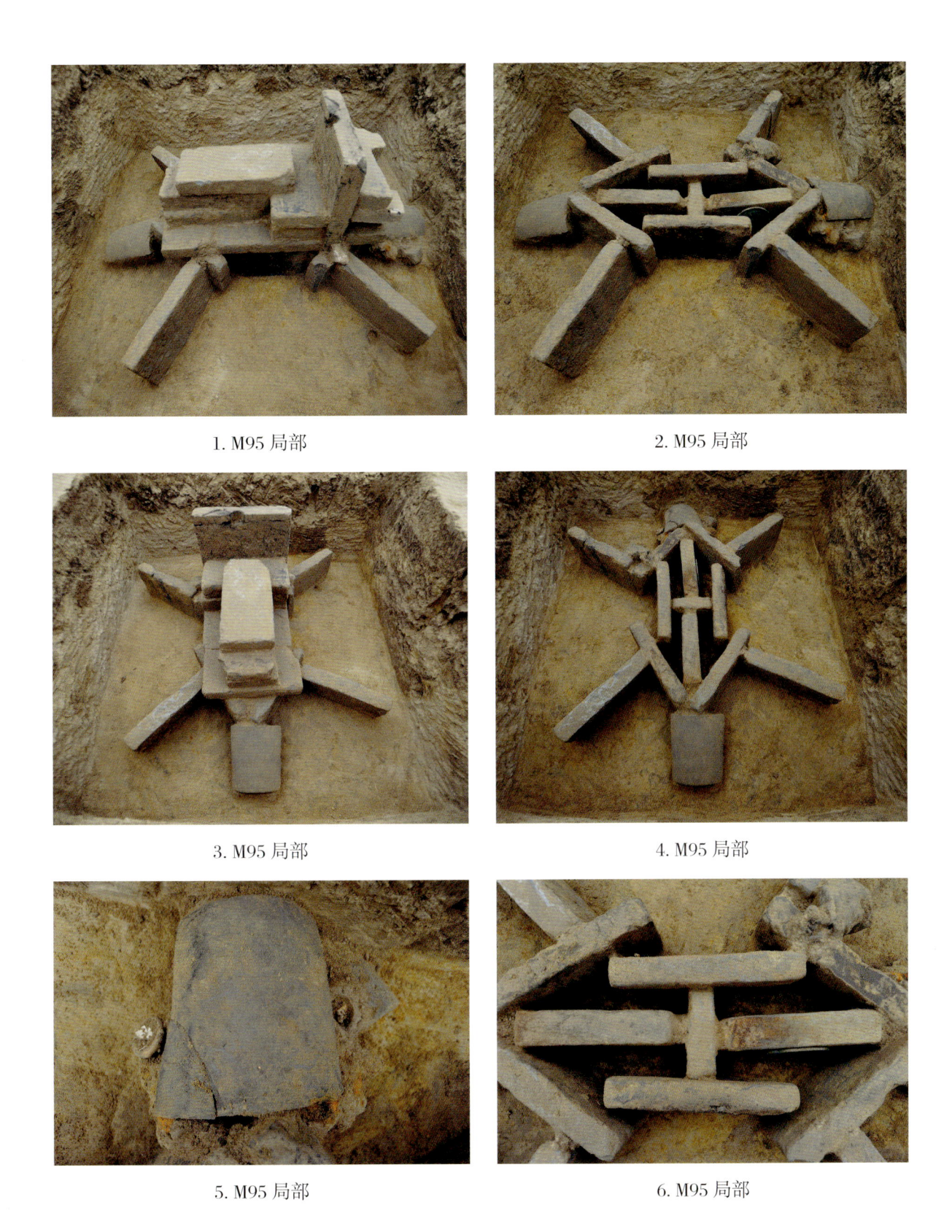

1. M95 局部　　　　　　　　　　　　2. M95 局部

3. M95 局部　　　　　　　　　　　　4. M95 局部

5. M95 局部　　　　　　　　　　　　6. M95 局部

M95（二）

彩版五一

1. M95 局部

2. 铜镜（M95:1）

3. 铜镜（上铭文）（M95:1）

4. 铜镜（下铭文）（M95:1）

5. 陶盏（M95:2）

6. 陶盏（M95:3）

M95 与出土器物

彩版五二

2. M96

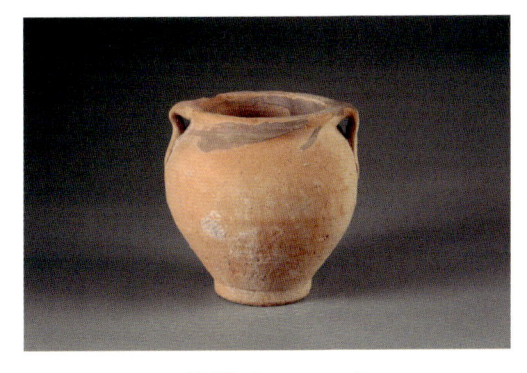

2. 陶罐（M96∶1）

M96 与出土器物

彩版五三

M3

M4

彩版五五

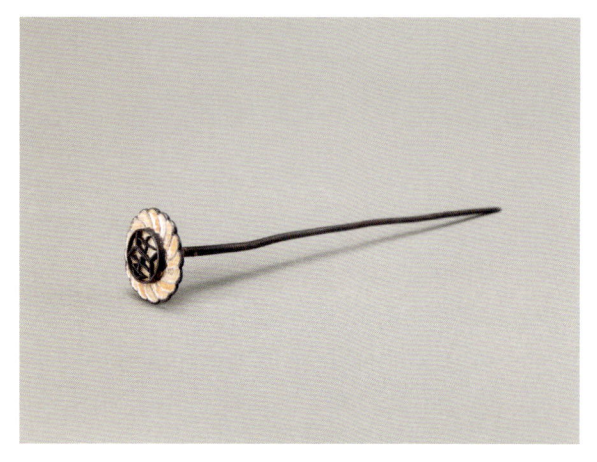

1. 铜簪（M4:1）

2. 铜簪头（M4:1）

3. 铜簪（M4:2）

4. 铜簪头（M4:2）

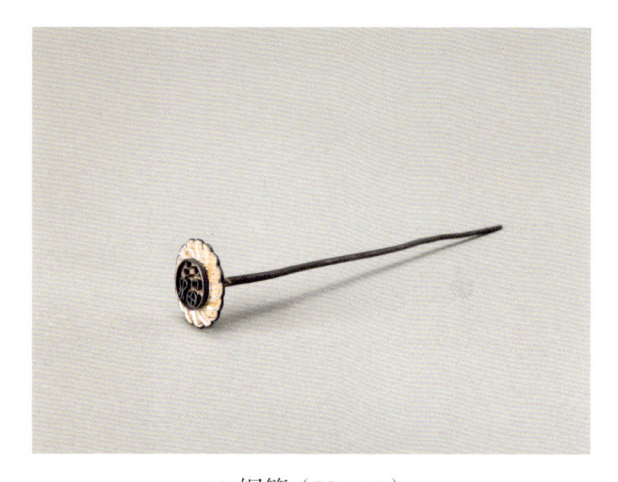

5. 铜簪（M4:4）

6. 铜簪头（M4:4）

M4 出土器物

M5

彩版五七

2. M7

2. 陶罐（M7:1）

M7 与出土器物

彩版五八

1. M9

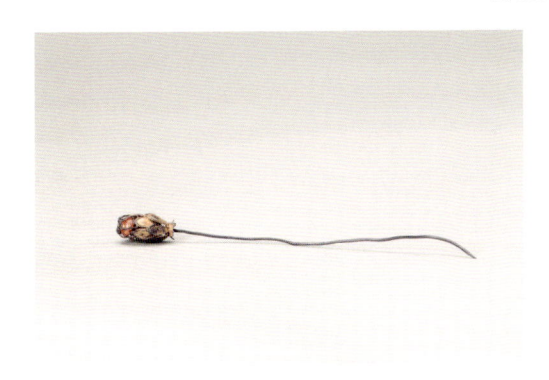

2. 铜簪（M9∶3）  3. 铜簪头（M9∶3）

M9 与出土器物

M10

彩版六〇

M12

M13

彩版六二

M14

M17

彩版六四

M18

彩版六五

1. M19

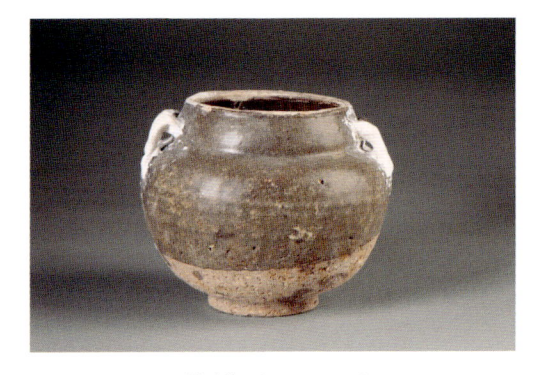

2. 瓷罐（M19∶1）

M19 与出土器物

1. M22

2. 银耳环（M22∶1）

M22 与出土器物

M24

M25

彩版六九

1. M26

2. 陶罐（M26∶1）　　3. 银耳环（M26∶3）　　4. 酱釉双系瓷罐（M26∶4）

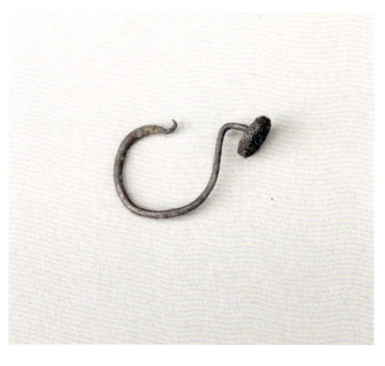

M26 与出土器物

M27

彩版七一

2. M30

2. 镇墓石（M30∶2）

M30 与出土器物

彩版七二

1. M32

2. 银耳环（M32∶2）

M32 与出土器物

M37

彩版七四

1. M71

2. M71 局部

3. 陶罐（M71∶1）

4. 瓷罐（M71∶2）

M71 与出土器物

彩版七五

1. M75

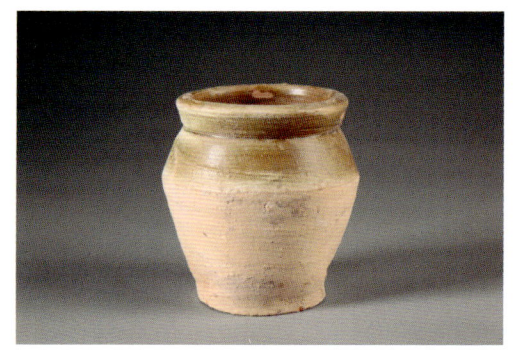

2. 瓷罐（M75：1）　　　3. 陶罐（M75：2）

M75 与出土器物

1. M77

2. 瓷罐（M77∶1） 　　　3. 瓷罐（M77∶2）

M77 与出土器物

彩版七六

彩版七七

1. M82

2. 瓷罐（M82:1）

M82 与出土器物

M83

彩版七九

1. M84

2. 瓷罐（M84∶1）　　　3. 瓷罐（M84∶2）

M84 与出土器物

M87

M88

1. M89

2. 瓷罐（M89:1） 3. 釉陶罐（M89:3）

M89 与出土器物

彩版八三

1. M91

2. 瓷罐（M91∶1）

M91 与出土器物

1. M97

2. 陶罐（M97：1）

M97 与出土器物

彩版八四

彩版八五

1. M98

2. 瓷罐（M98∶2）

M98 与出土器物

1. M99

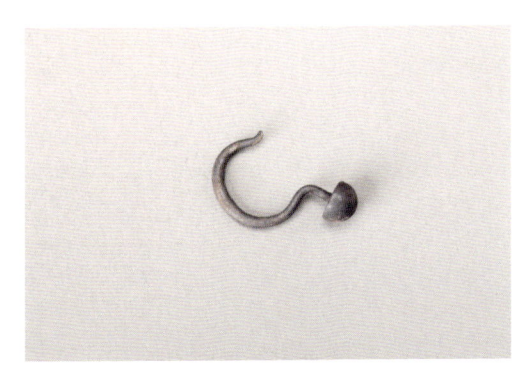

2. 银耳环（M99∶1）

M99 与出土器物

彩版八七

1. M6

2. M8

M6、M8

1. M11

2. M16

M11、M16

彩版八九

1. M20

2. M21

M20、M21

1. M23

2. M28

M23、M28

彩版九一

1. M29

2. M31

M29、M31

1. M46

2. M48

M46、M48

彩版九三

1. M53

2. M55

M53、M55

M70

M72

彩版九六

1. M74

2. M78

M74、M78

彩版九七

1. M86

2. M94

M86、M94

1. M100

2. M100 局部

M100

彩版九九

1. Y1

2. Y1 局部

3. Y1 局部

Y1

1. Y1 局部

2. Y1 局部

3. Y1 局部

Y1